U0499881

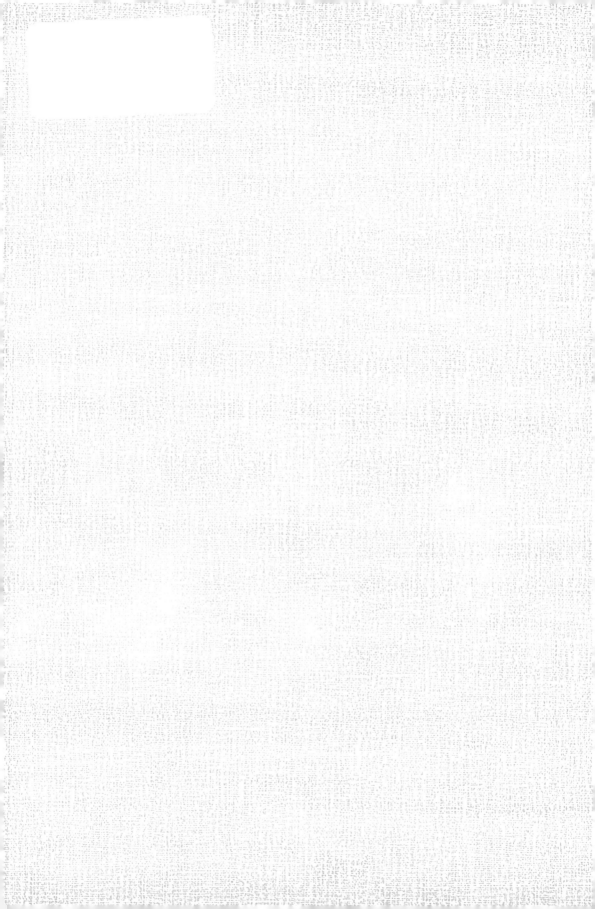

国家社科基金项目"新经济背景下人口结构变化对我国贸易高质量发展的影响研究"（20BJY184）成果

新经济背景下人口结构变化
对我国贸易高质量发展的影响研究

张　燕◎著

中国财经出版传媒集团

经济科学出版社
Economic Science Press

·北 京·

图书在版编目（CIP）数据

新经济背景下人口结构变化对我国贸易高质量发展的
影响研究／张燕著．－－北京：经济科学出版社，2024.
12. －－ ISBN 978 - 7 - 5218 - 6462 - 5

Ⅰ. F722.9

中国国家版本馆 CIP 数据核字第 2024T8R859 号

责任编辑：周国强
责任校对：李　建
责任印制：张佳裕

新经济背景下人口结构变化对我国贸易高质量发展的影响研究
XINJINGJI BEIJINGXIA RENKOU JIEGOU BIANHUA DUI WOGUO MAOYI
GAOZHILIANG FAZHAN DE YINGXIANG YANJIU
张　燕　著

经济科学出版社出版、发行　新华书店经销
社址：北京市海淀区阜成路甲 28 号　邮编：100142
总编部电话：010 - 88191217　发行部电话：010 - 88191522
网址：www. esp. com. cn
电子邮箱：esp@ esp. com. cn
天猫网店：经济科学出版社旗舰店
网址：http://jjkxcbs. tmall. com
北京季蜂印刷有限公司印装
710 × 1000　16 开　16.25 印张　250000 字
2024 年 12 月第 1 版　2024 年 12 月第 1 次印刷
ISBN 978 - 7 - 5218 - 6462 - 5　定价：98.00 元
（图书出现印装问题，本社负责调换。电话：010 - 88191545）
（版权所有　侵权必究　打击盗版　举报热线：010 - 88191661
QQ：2242791300　营销中心电话：010 - 88191537
电子邮箱：dbts@ esp. com. cn）

前　言

　　新一代信息通信技术飞速发展，已应用到社会的生产、交换与消费等各个环节。以信息通信技术为主要支撑，新经济蓬勃发展，一方面展现为新要素、新产品与新产业，另一方面与原有产业融合，产生新业态与新模式。与传统经济相比，新经济在基础设施、技术、要素、产品形态与消费方式方面呈现出鲜明的特征，为我国经济高质量发展注入了新动能。与此同时，我国人口结构加速转变，一方面生育率持续走低、人口老龄化已成为社会常态，另一方面人口规模巨大、空间分布不均衡、都市圈人口持续集聚。这都预示着我国正在经历深刻的经济结构变化。

　　对外贸易一直是我国国民经济的重要组成部分，贸易高质量发展是经济高质量发展的内在要求和应有之义。科技创新突飞猛进，人口结构加速转型，二者相叠加不仅改变着经济结构，也在重塑对外贸易发展的背景，形成新的机遇与挑战。新经济背景下人口结构变化究竟是有利于还是不利于对外贸易高质量发展？新经济的发展会不会强化人口结构变化对贸易高质量发展的作用，导致贸易高质量发展在区域、城市、行业之间的不平衡？抑或是弱化人口结构变化对贸易高质量发展的作用，缩小贸易高质量发展的空间差异？

为了探究以上问题，首先，本书从新经济的产生背景、研究现状以及基本概念三个层面对新经济的内涵进行界定，对新经济的基本特征进行概括，并采集国内外研究文献和研究报告，系统梳理新经济的测度方法与测度逻辑。其次，归纳和总结人口结构变化所引致的贸易效应、蕴含的机理以及理论分析框架，进而结合当前新经济发展的特征，探究新经济发展对以上机理和效应形成的冲击。再次，结合历次全国人口普查数据、中国海关数据等信息源，从国家或地区层面对我国人口结构变化的时空特征、对外贸易发展现状进行客观的描述分析。最后，为了对研究主题展开量化分析，从出口贸易结构、贸易效益、贸易可持续发展、贸易竞争新优势四个维度构建了城市贸易高质量发展水平的评价体系，从产业基础、应用程度两个维度构建了城市新经济发展水平的评价体系，并采用城市以及产品层面的微观数据分别进行测度和分析，分别对以上提出的问题进行回答。其中，基于城市贸易高质量发展测度数据，采用计量回归方法，对新经济背景下人口结构变化影响贸易高质量发展的效应与主要机制进行了实证分析；基于城市制造业贸易数据，从新经济地理学的产业集聚机制出发，探讨人口结构变化对不同类型行业带来的出口增长效应。

生产与消费、劳动力供给、人力资本是人口结构变化影响城市对外贸易高质量发展的重要机制，劳动力成本的上升会抑制对外贸易高质量发展，创新会促进城市对外贸易高质量发展。然而，新经济发展会扩大城市之间因人口规模、教育结构层次的差距带来的贸易发展质量差距。由于东部地区在人口规模和教育结构层次上高于其他地区，因此新经济发展水平较高的东部地区城市，将进一步获得贸易高质量发展优势。同时，新经济发展会降低用工成本对贸易高质量发展的负向作用，扩大创新对贸易高质量发展的促进作用。由于东部地区的劳动力成本较高，创新能力较强，因此新经济发展水平较高的东部地区城市，将通过劳动力成本机制、创新机制进一步获得贸易高质量发展优势。人口密集的城市已经不再是制造业获得出口增长的首选地点，尤其是对于劳动和资本密集型行业而言。对于技术和数字密集型行业而言，人口密集的城市仍然具有选址优势。

本书是国家社科基金项目成果，也是团队合作的结果。在第四章的撰写过程中，罗彬彬和方韵易进行了大量的资料和文字整理工作，另外，祝烨梅、赵安浩、苏绍逸对部分图表和格式的校对工作，在此表示感谢！希望我们的研究和思考工作，能够给读者带来一些启发。对于书中出现的错误和不当之处，恳请大家批评指正！

张　燕

2024 年 9 月 20 日

目　录

第一章

绪　　论

第一节　研究背景与意义

一、研究背景

党的十九大报告指出，我国经济已由高速增长阶段转向高质量发展阶段，正处在转变发展方式、优化经济结构、转换增长动力的攻关期。党的二十大报告指出，高质量发展是全面建设社会主义现代化国家的首要任务。对外贸易是我国开放型经济的重要组成部分和国民经济发展的重要推动力量，是畅通国内国际双循环的关键枢纽。

中共中央、国务院相继颁布《关于加快培育外贸竞争新优势的若干意见》（2015 年）、《关于加快外贸转型升级推进贸易高质量发展工作情况的报告》（2019 年）、《关于推进贸易高质量发展的指导意见》（2019 年）、《关于推进对外贸易创新发展的实施意见》（2020 年），2021 年商务部印发《"十四五"对外贸易高质量发展规划》，表明对外贸易高质量发展已上升到了战略高度。

综观改革开放以来对外贸易发展历程，从试点改革到扩大开放，再到深入全球贸易治理体系，我国对外贸易经历过爆发式的增长，取得了规模增长、结构升级、主体多元化、市场拓展等辉煌成就，成为世界制造中心和贸易大国。伴随国际国内经济形势的变化，传统的对外贸易模式遭遇发展瓶颈，贸易大国"大而不强"，长期处于国际分工与产业链的中低端。2008 年国际金融危机之后，对外贸易步入平稳增长期，年度总额偶有下跌、增速放缓，整体呈现平稳增长趋势。新冠疫情以来，我国对外贸易延续了增长势头，2022 年外贸发展顶住多重超预期因素冲击，贸易规模首次突破 40 万亿元人民币大关[①]，连续 6 年位于全球货物贸易第一大国的地位，展现出较强的韧性。

然而，当前国际国内经贸发展大环境正发生深刻的变化，一方面，国际局势动荡，全球经济整体减速，各国政策不确定性加剧，贸易保护主义与逆全球化措施增强，对外经贸关系与格局愈加复杂多变，尤其是 2020 年全球新冠疫情的暴发进一步加速全球经济衰退和逆全球化。另一方面，国内劳动力、资源等要素价格上升，环境与物流成本加大，尤其是我国正面临人口结构转变的巨大挑战，拥有大量廉价劳动力的历史早已翻篇。第七次人口普查数据显示 2020 年我国 65 岁及以上人口占总人口达到 13.5%[②]，国家统计局公布

---

① 我国进出口规模首次突破 40 万亿元［EB/OL］. 人民日报，http：//paper. people. com. cn/rmrb/html/2023 –01/14/nbs. D110000renmrb_01. htm，2023 –01 –14.

② 2020 年第七次全国人口普查主要数据［DB/OL］. https：//www. stats. gov. cn/sj/pcsj/rkpc/d7c/202303/P020230301403217959330. pdf.

2021 年和 2022 年我国 65 岁及以上年龄人口占比分别达到 14.2% 和 14.9%[①]。按照国际通行的标准，65 岁及以上人口占比达到 14%，意味着进入深度老龄化社会。与世界其他国家相比，我国人口结构变化凸显出人口规模大、集聚程度高、老龄化速度快三大特点。在进入深度老龄化社会的同时，我国人口结构呈现出地域和空间的不同步性，区域差异明显：大城市劳动力总供给规模较大，人口分布不均衡，老龄化进程城乡差异突出，人口流动进入调整期。人口结构变化的复杂形势对宏观经济各个领域产生了持续性的影响，为我国对外贸易高质量发展带来了挑战。

与此同时，伴随新一代信息技术革命的兴起，新经济正在蓬勃发展。以互联网、大数据、区块链、人工智能为代表的数字经济正成为促进经济高质量发展的新动能，成为推动我国经济社会进步的重要引擎。新经济的发展不仅展现为以高科技产业为龙头的新产品、新产业，例如，互联网金融、云计算、机器人、智能制造、数字产品、新能源、电动汽车、生物育种等，而且与原有产业融合带来了新业态，例如，电子商务、新零售、远程医疗、智能电网、智能家居、智慧农业。并且促进形成新的商业模式，打破原先垂直分布的产业链及价值链，实现产业要素重新高效组合，例如，各类平台商业模式，直播、社交商业模式，共享经济商业模式。新经济在投入要素、生产技术、产品形态及消费方式等方面与传统经济形成鲜明的差异。

人口结构转型加速、新经济蓬勃发展，两大现实背景相叠加，将对我国贸易高质量发展带来怎样的影响或形成怎样的约束？具体而言，人口结构变化对贸易高质量发展的影响会因区域、行业的新经济发展程度不同而呈现出差异吗？新经济发展是强化还是弱化人口结构对贸易的影响机制与效应？如何将人口结构变化转化为新形势下的人口结构优势，促进实现贸易高质量发展战略？这些问题是我国贸易高质量发展面临的新形势和新问题。探究新经

---

① 人口总量略有下降　城镇化水平继续提高［EB/OL］. 国家统计局，https：//www. stats. gov. cn/sj/sjjd/202302/t20230202_1896742. html，2023 - 02 - 02.

济发展背景下人口结构变化对我国贸易高质量发展带来的影响与实现贸易高质量发展目标一样，具有重要性和紧迫性。

二、研究意义

（一）理论价值

在借鉴人口经济学、宏观经济学、经济地理学相关理论基础上，基于国际贸易学理论体系，构建人口结构变化影响贸易高质量发展的前瞻性理论框架与机制，在理论框架与机制中嵌入新经济特征元素，系统探索新经济背景下人口结构变化影响贸易高质量发展的机理、路径与效应，区分并探究该效应在城市、行业间的差异。填补和拓展人口与贸易交叉研究领域。

（二）应用价值

有利于科学研判现阶段我国对外贸易发展质量，有利于系统评价我国现阶段新经济发展水平。深刻认识新经济背景下实现贸易高质量发展存在的内在约束与机遇，为该领域相关研究提供借鉴，为有关部门制定促进贸易高质量发展的政策体系提供咨政参考。

第二节　研究内容

一、研究对象与目标

以城市为研究对象，探究新经济背景下人口结构变化对我国贸易高质量发展的影响机制与效应。具体细化为两大研究目标。

（一）明确特征事实

一方面，对我国对外贸易发展现状进行描述分析，构建我国贸易高质量发展测度体系，测度与统计分析区域、城市贸易高质量发展水平；另一方面，评价我国区域、城市层面新经济发展水平。从区域和城市等层面多维度呈现我国人口结构变化的时空特征。

（二）探明影响机制，辨清影响效应

探明新经济背景下人口结构变化对我国贸易高质量发展的影响机制、路径与效应，以及该效应在区域、城市、行业层面呈现的差异与特性，并对其原因、其路径进行剖析。为我国贸易高质量发展政策体系构建提供借鉴。

二、总体框架

（一）提出问题

（1）背景分析。从国内外经贸发展条件、经贸关系、经贸战略政策方面展开背景分析：当前国际国内经贸发展大环境发生的变化；我国对外经贸关系与格局发生变化；我国人口结构变化呈现的特征；新经济在我国蓬勃发展的现状；党中央、国务院近期颁布的有关贸易高质量发展的指导意见和相关政策解读。

（2）问题提出。新经济背景下人口结构变化将对我国贸易高质量发展带来怎样的影响，其影响机理、路径与效应会呈现出哪些特征，人口结构变化影响贸易高质量发展是否会呈现出区域、行业之间的异质性。

（二）核心概念的界定，描述与测度

在借鉴已有研究基础上，界定核心概念，明晰其内涵与外延。运用合成指数测度方法，测度和量化核心指标。

（1）新经济内涵、统计测度方法进展以及我国省级新经济发展水平统计测度。

（2）我国贸易高质量发展水平的统计测度与描述。在解读党中央、国务院有关政策文件和新闻发布会的基础上，借鉴经济高质量测度体系的研究，构建我国贸易高质量发展测度体系，建立测度体系的一级、二级指标，拟在区域、城市层面进行多维度测度，全面认识现阶段我国贸易发展质量。

（3）我国人口结构变化的时空特征。在使用国家统计局数据源和统计年鉴的基础上，借鉴地理信息科学的方法，多维度综合考察我国人口结构变化的现状与时空特征。

（三）发掘新经济背景下人口结构变化影响贸易高质量发展的路径，建立理论框架与机制

（1）建立人口结构变化影响贸易高质量发展的理论框架。一方面，人口是生产要素也是消费储蓄主体，发掘理论机制离不开这些切入点；另一方面，人口结构变化不仅体现在人口年龄结构老化，还包括其他维度特征的演变（空间分布、集聚与流动、平均年龄、健康状况、受教育水平等）。因此本部分梳理归纳已有研究。首先，从影响效应、影响机制、人口结构衡量指标、技术方法等多角度展开综述；其次，以年龄结构、分布结构、人口密度、劳动年龄中位数等指标的变化为视角，多层次考察人口结构变化对贸易产生的影响；最后，以贸易竞争优势、贸易转型升级、贸易可持续发展、贸易新动能等作为贸易高质量发展的突破口，分解到贸易竞争力、贸易结构、贸易效益、贸易规模等层面，沿生产与消费两大主线，考量人口结构变化影响贸

易高质量发展的机制与路径。

（2）探究新经济发展对以上理论机制形成的冲击。新经济与传统经济在生产要素、生产技术、产品形态与消费方式方面均有所不同，并且渗透到传统行业。新经济的发展，展现出新产业、新业态与新模式，必然对人口结构变化影响贸易高质量发展的机制形成冲击。

（四）实证分析新经济背景下人口结构变化影响贸易高质量发展的效应

（1）利用目前国内外公开的以及可获取的数据源，对海量数据进行匹配和归类，最大合理程度定制样本，实证分析新经济背景下人口结构变化影响贸易高质量发展的效果。

（2）结合理论机制分析，进一步论证和检验新经济背景下人口结构变化影响贸易高质量发展的路径与机理。

（五）总结研究结论，提供研究启示和咨政参考

总结本书研究结论，提出研究展望或政策启示。为对外贸易高质量发展提供研究参考。

第三节　思路方法与章节内容设计

每章每节内容设计和研究解决的问题如图 1.1 所示。具体研究框架设计、内容简介、研究方法与数据来源如图 1.2 所示。

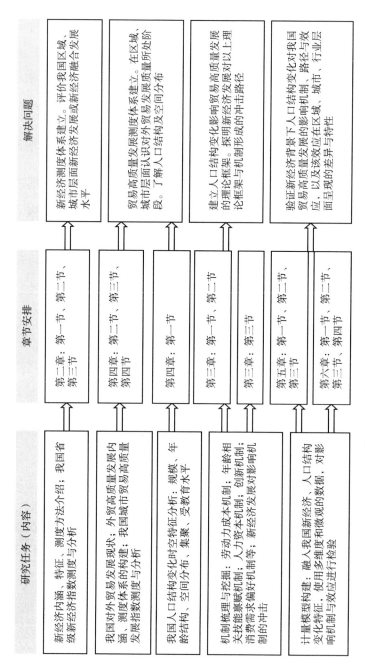

图1.1 研究任务、章节安排与解决的问题

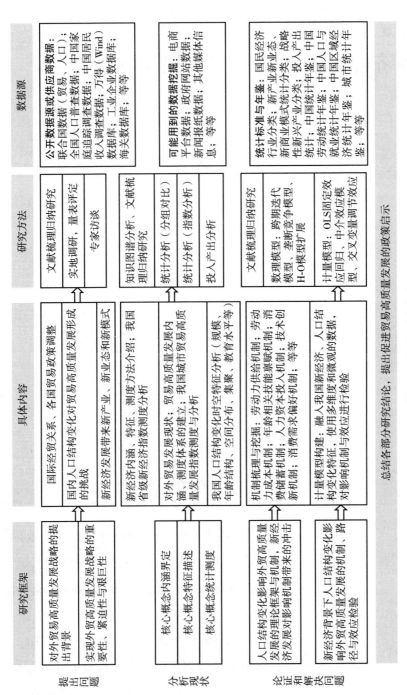

图1.2　研究思路与框架

| 第二章 |

新经济的内涵、特征与发展现状

第一节　新经济的内涵

一、新经济产生的背景

"新经济"一词在1996年美国《商业周刊》里首次出现，它是基于20世纪90年代美国经济运行状况而提出的概念。当时的美国社会经济呈现以下客观现象：创新"蜂聚"，一大批新兴高科技中小企业应运而生；人才、企业、国际市场的竞争空前激烈；资本市场融资方式不断创新；政府为市场机制发挥作用创造必要的政策与制度条件，直接干预减少。在此期间，美国宏观经济运行表现出以下特征：经济高增长、股价指数大幅上涨、失业率低、通货膨胀率低、一系列新技术革命推动经济长期繁荣（李金昌和洪兴建，2020；刘树成和李实，2000）。

然而，《商业周刊》1997年11月发表了一篇题为《新经济：其真实含义是什么？》的文章，认为"新经济"并不意味着经济周期已经消除、通货膨胀已经死亡、股市摆脱了调整而永远上升，"新经济"是指近几年来正在发生的两大现象或趋势，即经济全球化和信息技术革命。兰德菲尔德和弗劳梅尼（Landefeld & Fraumeni，2001）也认为新经济是一种现象、一种与传统经济截然不同的经济形态，即随着技术进步，产品和服务的质量得到提升，价格得以降低，从而引发了社会生产、分配和管理方式的深刻变革，该研究还把这种经济称为"第三次浪潮"或"信息革命"。樊纲（2000）从经济发展的角度出发，把新经济看作是发达国家经济现象中的组成部分，而在中国等发展中国家，传统产业仍是经济增长的主要推动力，新兴产业的发展受到了一定的限制，从国际比较来看，发达国家的"新经济"和新兴经济体的"旧经济"之间存在着较大差距。钱志新（2022）认为，从传统经济到新经济是经济发展的自然演化，新科技革命是新经济之本源，数字技术在新经济发展中起到核心作用。

我国新经济起源于20世纪90年代信息技术与信息产业的发展，随着信息基础设施的建设和数字技术的发展，我国也完成了"新经济1.0"向"新经济2.0"时代的演变，并逐渐形成以数字技术为核心动力的增长模式（吴华清等，2020）。2016年，我国政府工作报告首次写入"新经济"一词，报告提出，"当前我国发展正处于这样一个关键时期，必须培育壮大新动能，加快发展新经济。要推动新技术、新产业、新业态加快成长，以体制机制创新促进分享经济发展，建设共享平台，做大高技术产业、现代服务业等新兴产业集群，打造动力强劲的新引擎"。

二、国内新经济研究可视化分析

（一）科学知识图谱

科学知识图谱（以下简称知识图谱），它的研究对象主要是科学知识，能够将知识群体彼此间的关系网络、互动结构、动态演化等以可视化图表进行呈现。在分析科研数据信息尤其是文献信息时，能够全面描述信息数据的各维度关联特征，并以可视化图谱呈现知识特征和关联性，使得研究者直观解读数据分析结果。从广义应用角度来看，知识图谱能够对多种科学知识进行可视化分析，例如，人类的基因图谱、学科建设中的认知图谱、展示地貌的 GIS 图表等。从狭义应用角度来看，知识图谱主要对文献中的知识单元进行各层次分析，以呈现科学文献知识的结构、关联和演变过程。本章所指即为知识图谱狭义应用领域，本章使用 CiteSpace 可视化工具全面分析我国1998～2024 年关于新经济的研究作者、机构、关键词等维度呈现的特征，梳理其研究发展趋势、主题分布和热点演化，以期对新经济的研究现状、内涵演化有一个基础认知。

（二）信息来源

选取的文献信息数据源自知网（CNKI）所收录的中文社会科学引文索引（CSSCI）文献数据。在 CNKI 上检索以"新经济"为主题的中文文献，采用"主题 = 新经济""来源类别 = CSSCI""时间范围 = 1998～2024"的条件进行检索，共下载获取 6430 篇相关文献。经过手工文献筛选、查重等多项处理，最终筛选出与新经济研究内容相符的 546 篇文献作为分析样本，利用这些文献资料和关键词词频统计，以及作者合作网络构建模型，得到研究人员之间关系矩阵图，进而绘制出核心作者群结构图谱。

（三）可视化分析

1. 发文作者和研究机构

将属性（node type）设定为作者（author），时间切片为1年，则可获得新经济研究的作者所共享的知识图谱，如图2.1所示。根据网络中各节点间的关系以及文章所涉及的关键词和引述文献信息，对这些核心作者群进行分类统计。从图2.1可以观察到，在网络结构中，以作者任保平为核心的节点最为显著，其他较显著作者还包括吕拉昌、宋玉华、钞小静，这些作者都有各自相对稳定的作者群，高产作者之间的合作相对较少。独立于其他节点的作者，如张其仔、萧琛、王丽平、张幼文等占据了相当大的比例。

图2.1 新经济研究作者共现图

新经济研究发文机构可视化分析，如图 2.2 所示，较大的节点间连线较少，表明发文量大的各机构间合作发表不多。较大节点发文机构或研究单位包括西北大学、中国社会科学院、南京大学、中国人民大学等。

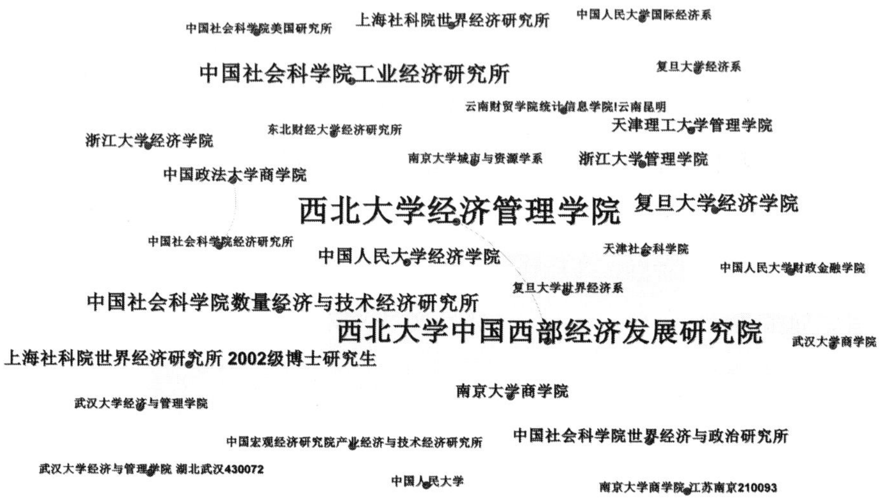

中国社会科学院美国研究所　　　上海社科院世界经济研究所　　　中国人民大学国际经济系

中国社会科学院工业经济研究所　　　　　　　　　　　复旦大学经济系

云南财贸学院统计信息学院I云南昆明

浙江大学经济学院　　东北财经大学经济研究所　　　　　　　天津理工大学管理学院

中国政法大学商学院　　　　　　南京大学城市与资源学系　浙江大学管理学院

西北大学经济管理学院　复旦大学经济学院

中国社会科学院经济研究所　　中国人民大学经济学院　　天津社会科学院　　中国人民大学财政金融学院

复旦大学世界经济系

中国社会科学院数量经济与技术经济研究所　　　　　　　　　　武汉大学商学院

西北大学中国西部经济发展研究院

上海社科院世界经济研究所 2002级博士研究生　　　南京大学商学院

武汉大学经济与管理学院

中国宏观经济研究院产业经济与技术经济研究所　　　中国社会科学院世界经济与政治研究所

武汉大学经济与管理学院 湖北武汉430072　　　中国人民大学　　　南京大学商学院 江苏南京210093

图 2.2　新经济研究发文机构共现图

2. 关键词共现

对关键词进行共现分析，可以发现该领域的研究热点。根据 CiteSpace 运算结果，得出新经济研究文献中关键词的共现结果，如图 2.3 所示。节点的大小反映了关键词出现的频率，随着节点增大，关键词出现的频率也随之增加；随着节点缩小，关键词出现的频率逐渐减少。在新经济研究领域中，出现频率较高且与新经济密切关联的词组包括：互联网、技术创新、知识经济、创新、新动能、信息技术、网络经济、人力资源、全球化、产业融合、体制变革、数字经济等。当中居于前 5 位的关键词为：新经济（275 次）、创新（17 次）、知识经济（15 次）、信息技术（15 次）、网络经济（9 次）。

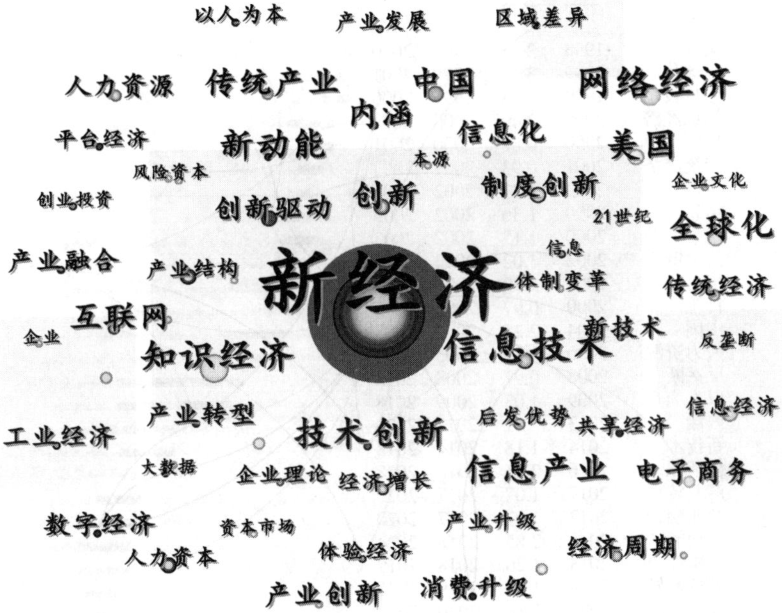

图 2.3 新经济研究关键词共现图

3. 突现词检测

"突现"是指在一段时间内突然增加。通过关键词突现检测,从中探测出引证频次变化率高、增长速度快的关键词,了解一段时间内的研究热点、趋势和前沿动态。对 CiteSpace 进行设置,保留前 25 个突现词,以关键词为节点进行图谱绘制,如图 2.4 所示。从图中可以看出,1998 年美国首先出现了有关新经济的研究,早期的研究热点集中在全球化和信息技术。2000 年前后,研究热点中依次增加了知识经济、价值、信息经济和信息产业。近几年,研究热点转向了新技术、新动能、创新驱动、产业融合、区域差异与数字经济。突现词分析表明新经济研究对技术革新的一贯重视,并且逐渐从技术与产业层面扩展到更广阔的经济领域,重视技术革新对经济的赋能效应。"数字经济"成为当前新经济研究最热门的话题。

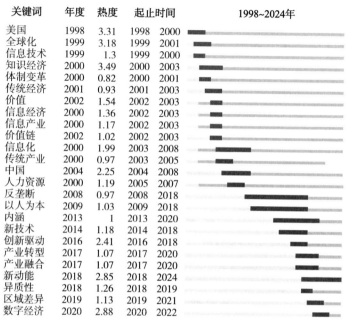

关键词	年度	热度	起止时间		1998~2024年
美国	1998	3.31	1998	2000	
全球化	1999	3.18	1999	2001	
信息技术	1999	1.3	1999	2000	
知识经济	2000	3.49	2000	2003	
体制变革	2000	0.82	2000	2001	
传统经济	2001	0.93	2001	2003	
价值	2002	1.54	2002	2003	
信息经济	2000	1.36	2002	2003	
信息产业	2000	1.17	2002	2003	
价值链	2002	1.02	2002	2003	
信息化	2000	1.99	2003	2008	
传统产业	2000	0.97	2003	2005	
中国	2004	2.25	2004	2008	
人力资源	2000	1.19	2005	2007	
反垄断	2008	0.97	2008	2018	
以人为本	2009	1.03	2009	2018	
内涵	2013	1	2013	2020	
新技术	2014	1.18	2014	2018	
创新驱动	2016	2.41	2016	2018	
产业转型	2017	1.07	2017	2020	
产业融合	2017	1.07	2017	2020	
新动能	2018	2.85	2018	2024	
异质性	2018	1.26	2018	2019	
区域差异	2019	1.13	2019	2021	
数字经济	2020	2.88	2020	2022	

图 2.4　关键词突现分析图

4. 高频关键词时间线

利用 CiteSpace 中的"Time Line View",能够呈现新经济研究领域一定时间跨度内的热点关键词。图 2.5 呈现的是一幅以时间为横轴的图谱,图中每一个词均代表着一种新经济研究领域现象或问题。从整体上看,1998～2024年新经济研究领域关注度最高的依次是"新经济""信息技术""技术创新""颠覆性创新""互联网"等,对产业升级以及就业与收入分配等宏观问题的关注度相对不高。早期对新经济的研究主要聚焦于"全球化""冲突""美国",而对其他现象研究相对较少。随着全球化进程的不断加快和信息技术发展速度提升,自 2016 年起,从节点数量和大小的角度来看,新经济领域的研究变得越来越精细,新经济领域的研究焦点呈现爆发式增长,研究范围不断拓展。

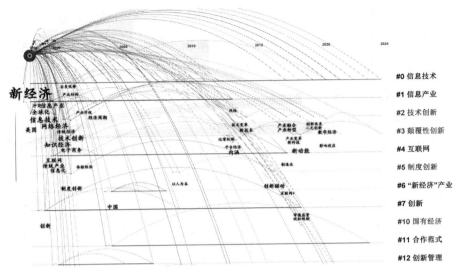

图 2.5　新经济研究热点变化趋势

三、新经济概念的界定

（一）基本概念

关于新经济的概念最早来自 1996 年 12 月美国《商业周刊》上的一篇专文《新经济的胜利》（*The Triumph of the New Economy*），该文将"新经济"定义为在经济全球化背景下，信息技术革命以及由信息技术革命带动的、以高新科技产业为龙头的经济形态，具有高增长率、低通胀率和低失业率的特征。次年 3 月，该周刊发文对"新经济"的特征进行归纳，总结成六点，即实际 GDP 大幅度增长、公司利润上涨、失业率低、通货膨胀率低、总进出口占 GDP 的比例上升、高科技产业贡献度在 GDP 中比重上升。

在"新经济"出现之后的二十多年，经济合作与发展组织（OECD）、欧盟以及美国曾对其概念进行过一系列学术探索与理论研究。"信息经济""共享经济""互联网经济""知识经济""数字经济""绿色经济""创新经济"

"服务经济"等接连出现，它们均从不同角度描述了新经济的特征，但是截至目前，学术界对新经济的认识仍处于不断深入和探索更新的阶段，能够被国际社会普遍接受的、统一的新经济的概念亟待形成。经济合作与发展组织曾指出新经济的内涵对于不同发展阶段的国家，或者是不同群体、不同机构来说，存在一定的差异。

国内学者对新经济的界定，主要是通过强调其技术特征来定义，重视其技术内核。刘仕国（2002）认为当前的新经济即为信息经济。马建堂（2016）认为，新经济是指在经济全球化条件下，由新一轮科技革命和产业革命所催生的新产品、新服务、新产业、新业态、新模式的综合。黄征学（2016）指出，21世纪的新经济是建立在以信息技术和智能制造为特征的新一轮技术和产业革命的基础上，以网络经济、生物经济和低碳绿色经济等新概念为重点，新的技术、新的商业模式和新的产业正在出现，并指出它可以被视为一种新的经济形式，同时彼此的交叉融合正在进行中。李国杰和徐志伟（2017）从信息技术的发展角度出发，认为新经济在本质上是工业经济向信息经济（数字经济）的过渡。徐运保（2018）认为在信息化和全球化的背景下，新经济是以信息技术为支撑，以大数据、云计算、万物互联及人工智能等作为基本手段，利用新能源、新制造、新零售三个主要推手实现三次产业的融合发展，并孕育新的产业，从三个维度（横纵深）不断优化经济发展的阶段或者过程。李金昌和洪兴建（2020）认为，当前我国新经济的"新"主要基于两个方面：一是新的动力源（即ICT技术），二是组织、制度和技术等多方面的创新。杨学山（2020）认为，数字资源在经济社会发展中的引领作用，ICT技术在经济发展技术体系中的带动作用，是数字经济快速增长的两个原因。

另外，是通过强调其对经济与社会结构的影响来界定，重视其外延。虞学群（2000）将新经济定义为一种可持续的经济增长模式，这种经济增长模式的基础是知识经济，核心是创新，支柱是信息产业，市场为全球，纽带是网络。陈宝森（2001）指出新经济应该定义为，以知识经济为基础，以技术和制度方面的重大创新和全球化推动的经济结构调整所引起的生产率的提升，以及以微观经济和宏观经济的良性互动为条件的经济增长模式。鲁志国和金雪军（2001）认为新经济是指与农业文明和工业文明不同的一种崭新的经济形态，这种经济形态是以知识为载体，以微电子技术、信息技术、生物技术为主要手段以技术创新为动力，面向全球化竞争的经济。黄群慧（2016）指出新经济是由新一轮科技和产业革命带动的新的生产、交换、消费、分配活动，并逐步替代原有的生产生活方式与经济增长模式。陈维涛（2017）认为新经济的驱动力源于新一轮科技革命和产业革命，而信息革命和经济全球化的结合是其本质所在，创新驱动是核心，主要表现为经济保持高速增长，经济结构持续优化升级，典型表现为"数字经济"。戚聿东和李颖（2018）认为，新经济的产生是创新的结果，包括技术创新、商业模式创新以及二者的融合。姜奇平（2017）认为一代人有一代的新经济，对于当前的新经济，该研究强调消费在增长动力中的主导作用、市场在动力机制中的主导作用以及经济结构由工业为主向以服务业为主的转变，认为新经济以服务化为主导、产业化为基础。许宪春等（2020）认为，以"互联网+"为重要形态的新经济在高质量发展中将起到积极作用。黄少安和王晓丹（2023）认为，狭义"数字化经济"是指专门从事数字化技术和数据要素的研发机构、产业、企业和个人及其活动和绩效所构成的经济；广义"数字化经济"是在狭义概念基础上，加上其他各产业和生产生活各方面采用数字化技术和数据要素所形成的经济活动和经济绩效。

我国国家统计局《中国国民经济核算体系》（2016年）中对新兴经济内涵和特征定义为，新兴经济指以新产业、新业态、新商业模式为主体，由互联网和新技术革命推动的，以信息化和产业化深度融合、商业模式和体制机制创新、人力资本的高效投入和减少对物质要素的依赖为标志的一种经济形态，表现为传统经济活动的转型升级和新兴经济活动的兴起。当代新兴经济主要包括分享经济、信息经济、生物经济、绿色经济、创意经济、智能制造经济等内容，并呈现以下四个主要特征：第一，以信息技术突破应用为主导的高新技术作为技术基础；第二，以信息（数据）为核心的经济要素提高社会生产效率；第三，以智能制造为先导融合构造现代产业体系；第四，以货物和服务多样化为导向创新社会分工形态。

（二）与信息经济、数字经济等概念的关系

根据以上关于新经济产生背景的分析，本章认为狭义的新经济特指美国20世纪90年代在信息技术革命和全球化共同作用下所表现的一种相对于传统经济的新的经济形态，它的关键特征为低通胀率低失业率，并且经济持续增长的一种经济形态。但是，当前随着国内外研究机构对新经济研究的持续深入，新经济应该从更广义的角度来认知内涵。从广义上来说，新经济包含信息经济、知识经济、网络经济、共享经济、数字经济、虚拟经济、体验经济、绿色经济等等，它们都是新经济的重要组成部分，都是新经济在不同时期、领域和发展阶段具体的呈现形态与特点。近几年，数字经济这一概念在中国开始普遍使用，数字经济与新经济有一脉相承的逻辑（安同良和魏婕，2023）。数字经济作为经济发展的新引擎，产业数字化、数字产业化，数字经济已经成为新经济的主要形态。

第二节　新经济的基本特征

新经济作为经济发展的新引擎或新动能，在生产资料、生产方式、组织形式和消费模式方面都有别于传统经济，主要体现在新技术与产业革命、新要素与新资产、人力资本重要性愈加显现、新基建与新基础设施体系、新型组织与新型业态、中小微型市场主体众多、生产端和消费端融合等方面。

一、新技术与产业革命

新科技革命势不可挡，新科技催生新经济。信息与通信技术（ICT）被普遍认为是驱动传统工业经济更替至新经济的关键技术。它能够带动和引领其他技术和设备创新，把各类经济主体和客体有机链接在互联网之中。互联网、移动互联网、大数据、量子计算、物联网、区块链、云计算、人工智能等等均是建立在信息通信技术的基础之上，呈集群式发展。

ICT 作为新的通用目的技术（GPT），融入生产、分配、交换和消费领域，提高生产效率，并催生新的生产与服务部门，促使再生产系统进一步扩张。它的快速发展与应用促使着国家（地区）所有经济行业的转型，孵化出一系列新产品、新工艺和新服务。信息技术生产和应用持续推动全要素生产率的增长，这种增长并不局限于生产部门，还扩大到金融、零售批发等服务部门，并且与传统产业交汇并提高其生产效率。

二、新要素与新资产

在数据开放、流动、共享的大数据时代，数据已成为新的生产要素，成为战略性资源。另外，经过数字化技术处理，传统的各类生产要素和产品，能够在不同程度上以"数据"形态呈现，数据对既有生产要素起到赋能作用。

资源的配置在很大程度上呈现出"数据"的配置，拥有重要"数据"相当于拥有生产要素甚至是稀缺资源。与土地、资本等传统生产要素相比，以数据资源为代表的新经济要素具有资源充裕性、无限复制性的内在特点，因此数字生产要素的无限供给对经济增长的推动作用可能高于传统要素。与此同时，数据也是企业的资产和副产品，海量数据资源具有极大的数据挖掘及分析应用价值,是企业获取经济利润的重要源泉,数据可被用于出售,可被用于营销、预测销售收入以及评估公司价值,使用数据能够帮助企业进行管理和科学决策,提高管理决策的效率和精确性,降低经营的不确定性风险。

三、人力资本重要性愈加显现

传统农业、工业和服务业主要使用自然资源、技术、资本和劳动力四大生产要素。在技术进步相对缓慢、自然资源有限和稀缺的情况下,劳动力和资本成为生产过程最主要的要素,也是产出增加的主要投入。然而,在新经济背景下,经济增长更多依赖于技术、知识、创新,这些都离不开人力资本而非普通劳动力。产品的开发、生产和应用环节更多依赖于高级人力资本及研发活动,有形资产、固定资产在生产部门的重要性下降。

四、新基建与新基础设施体系

传统经济的基础设施主要包括道路、机场、港口、管道、线路、能源等,重在节点之间的有形连接。新经济的发展不仅需要传统交通、能源等基础设施保障,还需要提供或建设特高压、城际高速铁路、城市轨道交通、新能源汽车充电桩等新型基础设施。另外,更需要建设以互联网为基础,能够提供数字转型、智能升级、融合创新等服务的基础设施体系。

新经济发展高度依赖于以互联网为代表的"云网端"等新基础设施,例如,移动通信设备、5G网络、工业互联网、人工智能、云平台、数据中心、各类超级网络平台等,已经成为社会的新基础设施,正是由于这些新基础设施的建立、投入和应用,以及与传统基础设施深度融合,产生了智能制造、互联网金融、云计算、机器人、共享医疗等新产业、新业态和新商业模式,引领生产和生活方式的巨大变革。

五、新型组织与新型业态

新经济依托互联网实现了跨地域、跨行业、多主体的组织运营和资源运作。各类经济主体，其生产、生活都离不开互联网。产业链、供应链上下游关联由单向线性关系转变为网络化交互协作关系，形成了开放、共享的网络化、平台化产业生态圈，平台成为新经济时代协调和配置资源的基本经济组织，成为价值创造和价值汇聚的重要单元。与传统生产组织的层级结构、垂直一体化、组织边界清晰的特征相比，新经济平台组织具有扁平化、组织边界模糊的特点。平台组织促进了产业间的融合，新业态新模式应运而生，同时，打破了传统组织边界，降低了个体进入经济的壁垒，传统的以工作单位为纽带的劳动关系也随之发生转变，就业形式除了雇佣就业外，自主创业、自由职业、兼职就业、外包就业等灵活性、临时性就业情况越来越多。

六、中小微型市场主体众多

中小微型企业是对中型企业、小型企业、微型企业、家庭作坊式企业的统称。新经济的发展，信息技术应用相对便捷、安全和成本低廉的特点，以及政府减税与融资政策的扶持，为中小微型企业提供了发展机遇，相对于传统的经济市场主体，新经济背景下一些市场区域的进入壁垒相对较低，为中小微型企业进入和生存提供了空间。在一些新兴行业，市场主体具有以下特征：第一，中小微型企业数量众多；第二，企业的产品标准化程度不高，以边缘式创新为主；第三，产品周期短且衍生速度快；第四，市场主体在生产经营、营销推广等方面，均具有显著的互联网特征；第五，市场分散型竞争特征显著。

七、生产端和消费端融合

传统经济生产过程和消费过程是分离的，企业以市场开发、生产经营为主，通过降低成本、扩大产能、提高生产效率来提高市场占有率，实现利润最大化。在新经济模式下，企业生产与消费者消费两端直接建立连接，产品开发更加注重消费者的需求和体验，并根据消费者需求智能化地管理供应链和服务链，力求以个性化、差异化、多样化产品更好地满足消费者的多元需求。企业在研发设计、加工制造、营销推广、售后服务等各个环节数据实时传输、同步进行，使供需更加匹配，企业生产链、创新链、供应链更具柔性。在新经济发展过程中，"提供服务"逐渐替代"提供实物"，成为企业经营活动的重心。

第三节　新经济的发展现状

一、新经济测度方法介绍

探究新经济的发展现状，首先要掌握新经济的测度方法。鉴于新经济指数在社会经济生活中的重要作用，主要国际机构（如经济合作与发展组织、欧盟等），以及一些国家都试图描绘新经济发展的理论基础与内涵，并且制定新经济指数的测度框架，以更好地发挥其衡量和预测作用。经济合作与发展组织是国际上提供新经济测度框架的权威国际组织之一，在《OECD 互联网经济展望（2012）》（*OECD Internet Economy Outlook 2012*）中，提出了测度互联网经济的三种思路：思路 1 考虑互联网的直接影响，测度相关活动产生的经济增加值或商务部门增加值；思路 2 则重视互联网对所有产业的动态影响，对生产率增加和经济增长的影响；思路 3 考虑互联网的间接影响，如对消费者剩余和社会总体福利水平的影响。在 2014 年《测度数字经济：一种新的视角》（*Measuring the Digital Economy：A New Perspective*）、历年《OECD 数字经济展望》（*OECD Digital Economy Outlook*）、2020 年《测度数字经济的蓝图：通用框架》（*A Roadmap toward A Common Framework for Measuring the Digital Economy*）中，从狭义和广义上提出了数字经济的内涵，并且构建了测度数字经济指数的基本框架，建议各国采用统一的框架体系测度。

中国信息通信研究院发布的《全球数字经济白皮书》（2022 年及 2023 年）、《中国数字经济发展白皮书（2021）》，认为数字经济是以数字化的知识和信息作为关键生产要素，以数字技术为核心驱动力量，以现代信息网络为重要载体，通过数字技术与实体经济深度融合，不断提高经济的数字化、网络化、智能化水平，加速重构经济发展与治理模式的新型经济形态。数字经济由"数字产业化""产业数字化""数字化治理""数据价值化"四个部分组成，即数字经济的"四化框架"。并提出了数字经济的测算框架，采用增加值测算方法对全球 47 个国家以及我国省级区域的数字经济规模进行了测算。

欧盟在 2005 年《欧盟 15 国的新经济：统计概况》（*The EU-15's New Economy：A Statistical Portrait*）报告中，将新经济视为一个完整的经济与社会系统，测度新经济至少要充分纳入三个部分：第一，知识经济背景下的 ICT 的应用；第二，新经济的动态影响，即新经济对地区宏观经济发展的影响；第三，新经济的国际竞争与全球化问题。该报告中构建的新经济统计框架包含了"ICT 与全球化""创新""宏观经济""知识要素"等七个模块。欧盟在《数字经济与社会指数（2022）》（*Digital Economy and Society Index 2022*）及历年版本①中均描述欧盟成员国数字经济的发展情况以及面临的挑

---

① 欧盟委员会自 2014 年开始，每年发布数字经济和社会指数（Digital Economy and Society Index，DESI）。

战，也是了解各成员国数字经济与社会发展程度的重要窗口。

美国信息技术与创新基金会（ITIF）从 1999 年开始编制新经济指数，并发布《美国新经济指数》（*The State New Economy Index*）。该报告认为，尽管不同地区或国家在全球经济中扮演着不同的角色，有些专业化于产品和企业创新，有些专业化于为企业总部或企业活动提供具有吸引力的营商环境，还有一些专业化于产品或服务的流水线生产，但是在这个时代，一个无可避免的趋势是，经济体的发展越来越依赖创新，因为新技术成为生产力和竞争力的关键驱动力。ITIF 的新经济测度体系的构建专注于体现一个核心问题——指标体系能够最大程度上体现基于创新驱动的新经济。

国内学者刘仕国（2002）建议，首先，从经济现象中判断是否存在新经济这一现象；其次，测度新经济部门的经济活动规模，如生产规模、贸易规模、就业规模等；最后，测度新经济部门的经济活动的间接影响。沈艳等（Shen et al. ，2016）界定了新经济部门的范围并采用大数据方法对新经济产业进行分类，建立了一个追踪我国新经济部门规模和变化的指数（新经济指数），目的是从衡量劳动力、资本和技术创新相对比率的角度来衡量新经济在整个经济中所占的份额。张美慧（2017）归纳了一些国际组织（经济合作与发展组织、欧盟）对新经济测度的研究成果，总结新经济测度的一些经验，为我国相关研究提供借鉴，建议在我国新经济指标体系中加强对全球化的重视。陈维涛（2017）着重对中国和美国"新经济"测度体系进行评析。李金昌和洪兴建（2020）就新经济的内涵、统计核算、指数评价、对经济社会的影响效应进行了深入探讨。周宏仁（2022）介绍了经济合作与发展组织和华为公司关于数字经济测度的研究，认为数字经济测度必须体现数字经济所带来的经济社会转型，即产业结构、经济体系、组织体系、社会结构的转型，并分析了国际货币基金组织（IMF）和联合国贸易和发展会议（UNCTAD）关于在国民经济核算体系中推动数字经济成分统计的观点和做法。陈梦根和张鑫（2022）基于投入产出序列表数据，结合数字经济内涵、信息经济理论及增长核算方法，提出数字经济测度理论，将数字经济划分为基础、融合和替代部门，建立数字经济规模和全要素生产率测算框架进行分析，研究发现我国数字经济规模年均实际增长率高达 11.24%，已经成为支撑经济增长的重要推动力量。

借鉴以上研究，可以将国内外新经济测度思路与方法应用归纳为三类。第一类基于国民经济核算原理开发，例如，《OECD 互联网经济展望（2012）》提供的"价值增值法""增长贡献法"、我国国家统计局"三新"经济统计、中国信息通信研究院发布的一系列《数字经济白皮书》、陈梦根和张鑫（2022）采用了"价值增值法"。沈艳等（Shen et al.，2016）创新性地利用"要素投入法"对中国新经济进行了核算，与前者相比，该方法的特点在于基于投入而非产出视角进行核算。第二类依据合成指数构建原理开发新经济指数测度体系，即"指数法"，目前较为流行。美国新经济指数报告、欧盟以及经济合作与发展组织的新经济（数字经济）指数测度体系、中国信息通信研究院《中国综合算力评价白皮书（2023 年）》等报告、财智 BBD 新经济指数均使用了该方法。另外，国内学者关于我国新经济指数的测度，姚鹏和张其仔（2019a，2019b）、任保平和宋雪纯（2020）、马少晔和陈良华（2020）、钞小静等（2021）均使用了该方法。第三类试图从更丰富的内涵考察新经济的影响，例如，对消费者剩余、社会总体福利等经济福利的影响，以此判断新经济发展水平，目前尚未开发出具体应用方法。

以上三类方法具有如下特点：第一类方法，聚焦"新产业"，容易忽略新经济对其他行业和整个经济社会的动态影响，若纳入新产业在传统产业的渗透，则需要从传统产业中分离出新经济的贡献，尚无公认的国际标准，国内可参考的分离标准是国家统计局《新产业新业态新商业模式统计分类（2018）》，即从三次产业中，根据投入产出表，分别剥离出"三新"经济活动增加值，目前公开的数据有国家统计局 2017～2020 年"三新"经济增加值统计数据，以及一些研究机构的增加值测度数据，受限于数据可得性，测度口径较为宏观。第二类方法，虽然不能够测出新经济的实际规模，但是合成指数方法具有较强的开放性和较高的应用价值，可以通过构建多维度多层次指标体系，兼容已有测度研究的思想，系统考察新经济活动水平、演进趋势尤其是区位分布特征，对经济活动和政策制定极具借鉴价值，该方法已被广泛使用并引入中国新经济测度领域。接下来，本章重点梳理国内外使用合成指数法测度新经济发展水平的代表文献。

二、国外"新经济"指数测度

（一）经济合作与发展组织新经济指数测度

经济合作与发展组织认为准确和具有可操作性的定义是制定新经济衡量框架和指标体系的基石。国际货币基金组织在 2018 年《测度数字经济》（*Measuring the Digital Economy*）报告中表示：缺乏对"数字经济""数字部门"普遍认可的定义，以及缺乏针对互联网平台及平台服务明确的行业和产品分类，是衡量数字经济的障碍；关于数字经济的定义是复杂的，找到一个得到各方认同的标准定义具有一定的挑战性。该报告将已有关于数字经济的定义和指数测度思路，按照"前因""后果"分为两种。第一种定义遵循自下而上的方法，即依据行业（产业、部门）或企业的产出与生产过程，来决定是否将其归入数字经济。具体而言，以传统方式将数字经济描述为数字部门或数字产业中特定指标的总和，例如，总增加值、总就业人数。并且，对于数字部门或数字产业的范围界定，通常有具体的标准，例如，根据制造的产品或生产加工过程中使用的"数字投入"份额。第二种定义遵循自上而下或基于趋势的方法，首先，确定驱动数字化转型的关键因素，然后，分析这些因素在实体经济中的表现状况。具体而言，首先，识别数字经济转型中的关键驱动因素和趋势，然后，将数字经济定义成这些因素综合作用的结果，例如，数字技术发展、数字技术应用。因此，其范围已经不限于经济领域，还涉及为数字经济的包容性和可持续增长创造必要条件的其他领域。

基于以上两种方法生成的定义和测度思路，已经被众多国际组织、国家统计局、学术界和社会团体提出并应用。报告介绍了第三种类型的定义，一种更为灵活的定义方法，即将数字经济分解为核心和非核心组成部分，以便在一定程度上在"实用性"和"一致性"之间形成协调，达成各方认可的数字经济定义。数字经济的核心部分指数字产业部门，狭义的非核心部分包括数字服务和平台经济，广义的非核心部分包括电子商务、智能制造、算法经济等等。

经济合作与发展组织在 2014 年《测度数字经济：一种新的视角》（*Measuring the Digital Economy：A New Perspective*）、《OECD 数字经济展望（2012）》（*OECD Digital Economy Outlook 2012*）中提出了数字经济指数测度框架，构建了包含 4 个一级指标和 32 个二级指标的数字经济指数测度指标体系，一级指标分别为智能基础设施投资、赋能社会、创新、信息与通信技术（ICT）部门增长与就业。在 2020 年《测度数字经济的蓝图：通用框架》（*A Roadmap Toward a Common Framework for Measuring the Digital Economy*）中为进一步统一测度框架做出了积极探索，将数字经济测度体系用就业、技能、经济增长 3 个重要维度 16 个二级指标进行测度衡量。具体见表 2.1。

表 2.1 　　　　　　　　　　OECD 数字经济指数测度体系

一级指标	二级指标
智能基础设施投资	宽带渗透，移动数据通信，互联网域名，网络速度，网络接入使用价格，ICT 设备与应用，跨境电商，网络安全，金融安全与个人隐私
赋能社会	网络使用率，线上活动，线上活动复杂度，网络使用初始年龄，校园网络使用情况，职场中计算机使用与 ICT 技能，线上购物，国际平台访问量，电子政务使用
创新	ICT 与研发，ICT 产业创新，企业 ICT 产品使用，ICT 专利，注册欧盟外观设计，ICT 商标，知识扩散及 ICT 关联创新

续表

一级指标	二级指标
ICT 部门增长与就业	ICT 部门投资，ICT 商业周期，ICT 部门增加值，信息产业劳动生产率，企业电子商务，ICT 部门人力资本，ICT 部门岗位与工作
就业	数字密集型部门和信息产业岗位，ICT 任务密集型岗位和 ICT 专家，按性别区分的 ICT 专业人员和技术人员
技能	按性别区分的 ICT 技能，按性别区分的 ICT 任务强度，校园 ICT 应用情况，按性别区分的学生 ICT 应用能力，自然科学与工程（NSE）、ICT 等创造专业领域大学毕业生，按性别区分的 NSE 和 ICT 等创造专业领域大学毕业生
经济增长	信息产业增加值，信息产业相关的国内增加值，数字密集型部门增加值，ICT 固定资产投资，ICT 的劳动生产率贡献，ICT 产品进口、出口，数字交付服务进口、出口

资料来源：根据 Measuring the Digital Economy：A New Perspective ［R］. OECD，2014；A Roadmap Toward a Common Framework for Measuring the Digital Economy ［R］. OECD，2020 整理。

（二）欧盟新经济指数测度

1. 新经济测度指标

欧盟在《欧盟15国的新经济：统计概况》（*The EU-15's New Economy：A Statistical Portrait*）中提到，仅用一句话来定义新经济几乎是不可能的，关于新经济的统计测度一直处于变化之中，一方面，有大量指标可以涵盖新经济发展众多层面，另一方面，对于商业流程中 ICT 投资的作用以及无形资产的角色，目前极度缺少适用的指标。尽管如此，该报告基于已有关于新经济的测度分析，绘制出新经济的基本"画像"：构建 7 个层级的一级指标，每个一级指标均下设多个二级指标，用于衡量一级指标进而得出欧盟各国的新经济发展水平。具体测度体系如表2.2所示。

表 2.2 　　　　　　　　　　　　欧盟新经济指数测度体系

一级指标	二级指标
ICT 与全球化	基于购买力平价的人均 GDP、商业服务增加值、ICT 制造业增加值、高技术产品增加值、人均劳动生产率、贸易与国内生产总值之比、ICT 商品出口、外资控制的制造业、外资控制的服务业
创新	企业研发支出、专利申请、ICT 专利、制造业和服务业中的创新企业、改变组织结构的企业、新产品上市营业额
特征与表现	ICT 支出、创新对市场份额的影响、网络域名数、互联网使用费用、企业电子商务和电子销售、新企业、风险投资
宏观经济	基于购买力平价的人均 GDP、商业服务增加值、ICT 制造业增加值、高技术制造部门增加值、人均劳动生产率、总就业率、通货膨胀率、公共平衡、经济能源强度、温室气体排放、收入分配不平等、长期总失业率
能力和策略：企业和家庭	企业研发人员、创新合作、企业互联网应用、企业宽带应用；家庭上网情况、个人使用互联网、家庭使用宽带
公共领域与政府	科技领域人力资本、高中毕业率、公共部门研发人员、人均手机数量、博士学位水平毕业生比率、科学与工程博士；私营企业创新活动的公共资金、政府资助的研发支出、在线政府服务
知识要素	商业部门研发支出、专利申请、ICT 专利、实际 GDP 增长率、就业率、长期失业率、科技部门人力资本、公共部门研发人员

资料来源：根据 The EU-15's New Economy：A Statistical Portrait ［R］. EU，2005 整理。

2. 数字经济测度指标

欧盟委员会为了更好地监测各成员国的数字化发展进程，自 2014 年开始每年公布数字经济和社会指数（DESI）报告。该报告统计测度并分析每个成员国的数字经济和社会发展现状，其目标在于帮助成员国确定优先行动领域。并且该报告在一些关键章节还对欧盟的数字政策领域进行了讨论。欧盟委员会对 DESI 进行连续更新，目的在于使其符合委员会在"数字十年之路"决议中确定的基本方向，即到 2030 年在所有经济部门实现全方位的、可持续发展的数字化转型。在 2022 年版 DESI 测度体系中，有 4 个一级指标 10 个二级指标，以及二级指标辖下的 32 个具体三级指标。DESI 报告称，该版指标体系中有 11 项 3 级指标是用于衡量数字十年目标实现程度。具体测度体系如表 2.3 所示。

表 2.3　　　　　　欧盟数字经济与社会指数（DESI 2022）测度体系

一级指标	二级指标
人力资本	·互联网用户技能：基本技能、基本技能以上技能、数字内容创造技能 ·高级技能及培育：ICT 专家、女性 ICT 专家、企业的 ICT 技能培训、ICT 专业大学毕业生
互联网	·固定宽带安装：整体固定宽带安装、100Mbps 以上固定宽带安装、1Gbps 以上固定宽带安装 ·固定宽带覆盖：快速宽带覆盖、固定 VHCN 宽带覆盖 ·移动宽带：5G 范围、5G 覆盖、移动宽带使用 ·宽带价格：宽带价格指数
数字技术一体化	·数字化密度：初级数字化密度的中小企业 ·商用数字技术：电子信息分享、社交媒体、大数据、云、人工智能、环境可持续 ICT 应用、电子发票 ·电子商务：中小企业线上销售、电子商务营业额、跨境线上销售
数字公共服务	·电子政务：电子政务用户、预制表格、市民的数字公共服务、商业数字公共服务、开放数据

资料来源：根据 2022 年版 DESI 整理。

（三）美国新经济指数测度

美国信息技术与创新基金会在全球率先构建了新经济指数测度体系，该测度体系包含知识型就业、全球化、经济活力、数字经济、创新能力共 5 个一级指标和 25 个二级指标，自 1999 年开始，陆续更新并测度美国 50 个州的新经济发展状况。该测度体系共有 25 项具体的指标，以评估各州技术创新驱动经济的能力。具体测度体系如表 2.4 所示。

表 2.4 美国新经济指数测度体系

一级指标	二级指标
知识型就业	IT 行业之外的信息技术人员岗位；管理类、专业类、技术类岗位；劳动力的教育水平；知识工作者的移民；国内知识工人的移徙；制造业部门劳动生产率、高薪服务贸易中的就业
全球化	外商直接投资、制造业和服务业的出口导向；高科技产品和服务出口在产出中所占的份额
经济活力	商业不稳定程度；快速成长公司的数量；公司 IPO 数量和价值；授予的个人发明专利
数字经济	农户互联网和计算机使用；政府使用信息技术提供服务的程度；宽带电信的使用率和速度；信息技术在医疗保健系统中的使用
创新能力	高技术产业中的岗位数量；劳动力中的科学家和工程师人数；专利数量；企业研发投入；非企业研发投资；清洁能源经济进展；风险投资

资料来源：根据新经济指数（The State New Economy Index）历年版本与最新 2020 年版本整理。

三、国内"新经济"指数测度

（一）国内学者的新经济指数测度

在"新经济"指数评价方面，钞小静、薛志欣和王昱璇（2021）采用"纵横向拉开档次法 – BP 神经网络分析法"赋权法测算了中国新经济的发展水平，并从信息技术、知识能力、智能技术与平台经济四个层面考察了新经济对经济高质量发展的影响机制及其作用效应，发现 2009～2018 年中国的新经济发展水平呈现波动上升的趋势，且地区间差异相对较大。马少晔（2020）基于新发展理念构建了新经济发展指数指标体系，使用熵权法和改进的指数型功效函数测度了全国层面 2013～2018 年新经济发展状况。结果显示，新经济发展指数总体上不断上升，但在近期增速有所减缓。其构建的指标体系包含发展基础指数、治理环境指数、产业发展指数、产业融合指数和社会效益指数等 5 个一级指标，以及 15 个二级指标和 43 个三级指标。冉莉君（2020）从产业角度，利用 C-D 生产函数衡量新经济企业的产出份额，进而合成新经济指数以定量评价成都新经济产业的发展，建立的成都市新经济评价指标体系包括劳动力投入、资本投入、科技创新 3 个一级指标以及 9 个二级指标。具体如表 2.5 所示。

表 2.5　　　　　学术研究中新经济、数字经济测度指数法的应用

测度对象	代表性文献	测度体系一级指标
中国省域	沈洋和周鹏飞（2023）	数字化基础、数字化应用、数字化创新、数字化效益
中国省域	李春娥、吴黎军和韩岳峰（2023）	数字经济软硬件基础设施、数字通信业务量、产业数字化、创新驱动环境
中国省域	程开明、吴西梦和庄燕杰（2023）	数字能力、经济活力、知识实力、创新动力、潜能助力
中国省域	盛斌和刘宇英（2022）	数字基础设施、数字产业、数字治理
中国省域	李洁和王琴梅（2022）	创新、协调、绿色、开放、共享
中国省域	巫景飞和汪晓月（2022）	数字产品制造业、数字产品服务业、数字技术应用业、数字要素驱动业
中国以及省域	钞小静等（2021a，2021b）	网络化、智能化、数字化、平台化；信息技术、知识能力、智能技术、平台经济
中国省域	王军、朱杰和罗茜（2021）	数字经济发展载体、数字产业化、产业数字化、数字经济发展环境
中国省域	刘军、杨渊鋆和张三峰（2020）	信息化、互联网、数字交易
中国	马少晔（2020）	发展基础指数、治理环境指数、产业发展指数、产业融合指数、社会效益指数
中国	任保平和宋雪纯（2020）	创新化经济、信息化经济、产业新模式化经济、绿色化经济
中国以及东部省域	张其仔（2019）、姚鹏和张其仔（2019）	创新能力、全球化、绿色化、数字化、网络化、智能化

资料来源：笔者整理。

在"数字经济"指数评价方面,盛斌和刘宇英(2022)从数字基础设施、数字产业和数字治理 3 个维度 54 个指标构建了我国省级数字经济发展指数体系,采用 2005～2019 年我国 30 个省份的数据,测度并分析中国数字经济发展的空间分布差异特征与动态演进。刘军、杨渊鋆和张三峰(2020)界定了数字经济的内涵,然后从信息化、互联网和数字交易 3 个维度构建我国省级数字经济评价指标体系,测度了 2015～2018 年我国 30 个省份的数字经济发展水平。沈洋和周鹏飞(2023)从数字化基础、数字化应用、数字化创新和数字化效益 4 个维度,构建数字经济发展水平的综合评价体系,采用全局时序因子分析法对我国 30 个省份 2013～2019 年的数字经济发展水平进行测度,通过莫兰指数和标准椭圆差对各省份数字经济发展指数的空间关联性和空间延展性进行分析。李春娥等(2023)测算了 2014～2019 年我国 31 个省份的新经济新动能指数。李洁和王琴梅(2022)基于新发展理念构建数字经济评价指标体系,应用综合加权 TOPSIS 法测度我国 2008～2019 年数字经济发展水平,运用核密度、Dagum 基尼系数及 ESDA 解析数字经济的时空演变特征。王军、朱杰和罗茜(2021)基于 2013～2018 年我国 30 个省份的面板数据,构建数字经济发展水平评价指标体系,应用熵值法赋予权重,并采取描述性统计、泰尔指数、自然间断点分级法、莫兰指数等方法进行实证分析。李春娥、吴黎军和韩岳峰(2023)从数字经济软硬件基础设施、数字通信业务量、产业数字化和创新驱动环境 4 个维度 16 个指标,对我国 30 个省份 2015～2020 年的数字经济发展状况进行研究。

与以上数字经济指数测度体系构建思路不同,巫景飞和汪晓月(2022)基于国家统计局公布并实施的《数字经济及其核心产业统计分类(2021)》的分类标准,设计测度体系的维度和一级指标,对各省份统计年鉴数据进行重新整理,利用熵权法构建数字经济发展指数,测度了我国 30 个省份的数字经济发展水平,分析了各省份数字经济发展的差异以及时空特征。

（二）统计与研究机构的新经济指数编制

国家统计局非常重视新经济统计研究，制定了《新产业新业态新商业模式统计分类（2018）》。目前，在统计和研究机构编制的"新经济"测度体系中，有"中国创新指数""国家创新指数""中关村指数""财智 BBD 中国新经济指数""中国数字经济发展研究报告"等。国家统计局"中国创新指数"测算方法中使用了逐级等权法赋权，该指数包括创新环境、创新投入、创新产出和创新成效等 4 个维度的 21 个评价指标。科技部"国家创新指数"评价体系中有一级指标 5 个，分别为创新资源、创新绩效、企业创新、知识创造和创新环境，在这 5 个一级指标之下有 33 个二级指标。"中关村指数"适合于测算区域或企业层面的创新，由创新创业环境、创新能力、产业发展、企业成长、辐射带动、国际化等 6 个一级指标、14 个二级指标和 38 个三级指标组成。"财智 BBD 中国新经济指数"指标体系包含高端劳动力投入、资本投入和科技创新 3 个一级指标，分别占比 40%、35%、25%，但是局限于对部分城市的测度。具体测度情况如表 2.6 所示。

表 2.6　　　　　　　　　　研究机构的新经济测度方法

研究机构	测度对象	测度体系一级指标
工业和信息化研究院	省域、城市数字经济指数	数字基础设施、数字经济产业、数字化治理、数据价值化
财智 BBD	中国、城市、行业新经济指数	高端劳动力投入、资本投入、科技创新
北京市统计局	北京中关村指数	创新创业环境、创新能力、产业发展、企业成长、辐射带动、国际化
国家统计局	中国创新指数	创新环境、创新投入、创新产出、创新成效
中国科学技术发展战略研究院	国家创新指数	创新资源、知识创造、企业创新、创新绩效、创新环境
世界知识产权组织	全球创新指数	创新投入、创新产品

注：表中指数均为连续年份发布。
资料来源：笔者整理。

对以上指数法新经济测度进行梳理，从测度体系一级指标来看，创新、信息通信技术（ICT）、数字技术、互联网、应用、产业化已成为新经济指数一级指标中的关键指标，这与上文新经济可视化分析的结论基本一致。当然，各类测度体系也存在一定差异：欧盟和经济合作与发展组织测度体系倾向于从整个经济社会系统来考察新经济发展，包含企业、行业（部门）、宏观经济各层面的指标，从企业、家庭到政府，从数字基础设施建设到社会信息化应用，系统性和综合性较强。我国新经济测度注重量化研发、创新和数字技术应用、数字与产业融合这个层面；美国新经济测度指标介于二者之间，对创新研发、数字技术应用较为重视，同时兼顾宏观的对外贸易与投资水平。测度体系的差异源于测度主体对新经济内涵理解的不同，与各国（地区）所处的经济发展阶段相关，同时也决定着测度的特点、质量与适用范围。

四、我国新经济的发展现状

综上所述，关于我国新经济测度研究，存在如下特点：第一，注重对数字技术应用量化，对信息与通信技术相关产业的发展缺乏精准度量，具体的指标以 ICT 制造为主，缺乏 ICT 服务的指标；第二，测度体系一级指标大多属于平行类，将新经济分为几个平行的子系统，不利于判断新经济的动态发展与前因后果，也容易忽略子系统之间的内在联系；第三，关于"数字经济"指数测度丰富，"新经济"测度多为国家口径，省市级层面的测度稀缺。

借鉴已有研究和测度体系，以国家统计局有关标准为参照，本章采用指数法对我国省级新经济发展进行测度研究，对以往研究形成一定的补充，具体表现在：第一，将新经济测度体系视为一个有机整体，一级指标视为局部，局部之间存在有序性、层次性的内在关联，这种内在关联为研发创新、生产、应用、社会经济发展的四位一体。第二，一级指标不仅体现研发与创新，还能体现新产业、新业态、新模式。新产业以 ICT 生产与应用为核心领域，包括 ICT 生产、服务、应用的发展程度。同时前向关联到研发创新,后向延伸到宏观层面的经济社会发展。使得合成指数具有新经济的综合意义,分项指数能够透视基础研发、创新、核心产品与服务、数字技术应用,以及社会经济的宏观表现。综上所述,本章测度体系分成四个维度:研发与创新、新产业、新业态新模式、经济社会发展,以 2011~2019 年省级口径数据为统计样本,严格按照合成指数构建步骤,采用交叉熵熵权法,逐步合成省级层面的新经济指数,并从时间空间维度描述新经济指数的动态变化与分布特征。

(一) 选取初始指标

合成指数的优势和劣势在很大程度上源于指标体系的质量,指标的初步选择应基于科学性、系统性和可比性原则,并充分考虑指标分析的可靠性、与 "新经济" 的相关性以及相互之间的关系等因素。

第一,研发与创新。新经济离不开创新驱动,研发与创新是培育新要素、催生新技术和新产业的源泉。研发与创新从三个维度发掘:投入、产出与高端人力资本培育。

第二,新产业。该子系统有投入、应用两个维度。投入维度聚焦 ICT 产业的要素投入,即新产品新服务的生产要素投入规模,体现信息技术产业化和社会资源的配置,以企业数占比、从业密度、固定资产投资强度三个指标衡量;应用维度体现国内市场的需求规模,即作为中间品投入到关联产业和对消费者的消费品供给情况,使用企业业务收入占比、盈利能力、通信类产品居民消费价格指数三大指标,业务收入占比越高、盈利能力越强并且消费价格指数越低,说明 ICT 产品与服务越融入其他部门,被广泛应用。应用维度虽不能识别某个具体产业采用现代信息技术的程度,但能够间接判断该技术在国民经济中的总体应用水平。

第三,新业态新模式。基于大数据、云计算、人工智能等数字技术与制造业、金融、医疗、零售等产业相结合,催生了大量的新业态新模式,其关键特征为"互联网＋"。该子系统以互联网的应用普及程度来衡量。从电子商务和居民互联网应用两个维度发掘。

第四，经济社会发展。充分就业、物价稳定、经济增长、国际收支平衡始终是宏观经济政策的基本目标，为了能够体现新时代背景下社会经济发展成效，结合宏观经济政策目标与新发展理念，主要从经济发展、绿色和对外开放三个维度发掘。

样本数据来自国家统计局、各省份统计局、EPS 数据库、Wind 数据库，以及《高技术产业统计年鉴》《工业统计年鉴》《环境统计年鉴》等。首先根据数据可获得性、省份覆盖率以及基于统计判断的指标相关性进行指标初步选择，并获取样本，具体指标及说明如表 2.7 所示。

表 2.7　　　　省级新经济测度体系指标：子系统、指标、指标说明

测度体系指标	子系统	指标	指标说明
研发与创新	投入	各地区研发经费投入强度	研发经费内部支出/GDP
		工业企业研发项目强度（项/个）	规上工企研发项目数/规上工企单位数
		工业企业新产品开发项目强度（项/个）	规上工企新产品开发项目数/规上工企单位数
		有研发机构的规上工企数占比	规上工企中有研发机构的企业数/规上工企数
		科学研究和技术服务业就业密集度	科学研究和技术服务业城镇单位就业人员/城镇单位就业人员
	产出	国内有效专利数（件）	—
		工业企业新产品开发项目盈利水平（万元/项）	规上工企新产品销售收入/规上工企新产品开发项目数
		技术市场成交额年环比增长率	—
	高端人力资本	地方财政教育支出占比	地方财政教育支出/一般预算支出
		地方财政科学技术支出占比	地方财政科学技术支出/一般预算支出
		普通高等学校（机构）专任教师比率	普通高等学校（机构）专任教师数/总人口
		高等学校普通本、专科在校学生比率	高等学校普通本、专科在校学生数/总人口

续表

测度体系指标	子系统	指标	指标说明
新产业	投入	ICT 企业数占比	（电子及通信设备制造业 + 计算机及办公设备制造业 + 信息传输、计算机服务和软件业）企业数/企业总数
		制造业类 ICT 从业密度	计算机通信和其他电子设备制造业规上从业人员年平均人数/规上工业企业全部从业人员年平均人数
		服务业类 ICT 从业密度	信息传输、计算机服务和软件业城镇单位就业人数/城镇单位就业人数
		服务业类 ICT 固定资产投资强度	信息传输、计算机服务和软件业固定资产投资/固定资产投资（不含农户）
	应用	制造业类 ICT 企业业务收入占比	计算机通信和其他电子设备制造业规上工企主营业务收入/规上工企主营业务收入
		服务业类 ICT 企业盈利能力（万元/个）	软件业务收入/软件产业企业个数
		通信类产品居民消费价格指数	—
新业态新模式	电子商务	有电子商务交易活动的企业占比	有电子商务交易活动的企业数/企业数
		每百家企业拥有网站数	—
		平均单个企业电子商务销售额（亿元/个）	电子商务销售额/有电子商务交易活动的企业个数
		平均单个企业电子商务采购额（亿元/个）	电子商务采购额/有电子商务交易活动的企业个数
		平均单个企业电子商务交易额（亿元/个）	电子商务交易额/有电子商务交易活动的企业个数
	居民互联网应用	每百人使用计算机台数	—
		人均互联网宽带接入端口数（个/人）	互联网宽带接入端口/总人口
		互联网宽带用户普及率	互联网宽带用户/总人口
		移动电话普及率（部/百人）	—

续表

测度体系指标	子系统	指标	指标说明
经济社会发展	绿色	森林覆盖率	—
		保护区面积占辖区面积比重建成区绿化覆盖率	—
		人均公园绿地面积（平方米）	—
		单位 GDP 工业废水排放量（万吨/亿元）	工业废水排放量/GDP
		单位 GDP 工业废气排放量（亿标立方米/亿元）	工业废气排放量/GDP
		一般工业固体废物综合利用率	一般工业固体废物综合利用量/产生量
		工业废水处理率	工业废水处理总量/排放总量
		工业污染治理完成投资占比	工业污染治理完成投资/GDP
		环境污染治理投资占比	环境污染治理投资/GDP
		地方财政环境保护支出占比	地方财政环境保护支出/一般预算支出
	经济发展	第三产业所占比重	第三产业增加值/总增加值
		失业率	—
		居民消费价格指数（上年=100）	—
		工业生产者出厂价格指数（上年=100）	—
		人均地区生产总值（元/人）	—
	对外开放	对外贸易发展	（进口额+出口额）/GDP
		外商投资企业投资总额年环比增长率	—

注："规上"指"规模以上","工企"指"工业企业"。
资料来源：笔者整理。

一些初选指标的相关系数较大，会导致信息重复和指标冗余，因此基于相关性对指标进行再次筛选很有必要。鉴于本章需要进行多元分析的数据为面板数据，因此选择更适合面板数据分析的全局主成分分析方法对指标体系进行因子分析。然后，在全局主成分分析结果中，将相关系数矩阵以及成分得分系数矩阵结合起来，分析单个指标之间的相关性以及指标贡献度，相关系数大于 0.8 为高度相关。最后剔除高度相关指标，筛选出新经济测度体系指标，如表 2.8 所示，获得 2011~2019 年 31 个省份的 34 项有关指标的 9486 个样本。

表 2.8　　　　　　　　经过主成分分析筛选之后的新经济评价指标

子系统（分项）	指标
研发与创新	各地区研发经费投入强度；工业企业研发项目强度；有研发机构的规上工企数占比；科学研究和技术服务业就业密集度；国内有效专利数；工业企业新产品开发项目盈利水平；技术市场成交额年环比增长率；地方财政教育支出占比；地方财政科学技术支出占比；普通高等学校（机构）专任教师比例
新产业	ICT 企业数占比；制造业类 ICT 从业密度；服务业类 ICT 从业密度；服务业类 ICT 固定资产投资强度；制造业类 ICT 企业业务收入占比；服务业类 ICT 企业盈利能力；通信类产品居民消费价格指数
新业态新模式	有电子商务交易活动的企业占比；每百家企业拥有网站数；平均单个企业电子商务销售额；平均单个企业电子商务采购额；每百人使用计算机数；互联网宽带用户占比；移动电话普及率
经济社会发展	人均公园绿地面积；一般工业固体废物综合利用率；环境污染治理投资占比；单位 GDP 工业废水排放量；单位 GDP 工业废气排放量；第三产业所占比重；居民消费价格指数；人均地区生产总值；对外贸易发展；外商投资企业投资总额年环比增长率

资料来源：笔者整理。

（二）交叉熵赋权与测度结果

已有研究广泛使用的熵值法进行指标赋权，属于客观赋权法，即权重的确定取决于数据携带的信息量，指标数据的变异程度越大，所涵盖的信息量越多，信息熵值越小，赋予的权重就越大，反之则赋予的权重越小。崔彦哲和赵林丹（2020）提出了一种交叉熵熵值法，对信息熵熵值法进行无偏优化，并从熵、机器学习、计量经济学三个角度进行论证，保证了赋权结果的无偏性和赋权方法的可操作性。本章采用交叉熵熵值法进行测度，结果如表 2.9 所示。

表 2.9 我国 31 个省份 2011～2019 年新经济指数测度结果

地区	省份	年份									排名	年环比增长率（%）
		2011	2012	2013	2014	2015	2016	2017	2018	2019		
东部	北京	0.819	0.849	0.899	0.937	0.941	0.930	0.980	1.075	1.110	1	3.92
	天津	0.425	0.467	0.497	0.523	0.521	0.513	0.571	0.582	0.580	6	4.06
	河北	0.189	0.198	0.204	0.221	0.240	0.269	0.304	0.315	0.346	19	7.91
	上海	0.606	0.618	0.645	0.679	0.690	0.710	0.754	0.799	0.824	3	3.93
	江苏	0.522	0.553	0.548	0.600	0.666	0.666	0.685	0.708	0.770	4	5.06
	浙江	0.444	0.472	0.472	0.501	0.534	0.578	0.623	0.638	0.695	5	5.80
	福建	0.328	0.354	0.347	0.364	0.391	0.411	0.433	0.441	0.475	10	4.79
	山东	0.293	0.313	0.347	0.365	0.380	0.430	0.435	0.488	0.508	7	7.20
	广东	0.596	0.631	0.675	0.697	0.771	0.817	0.855	0.928	1.010	2	6.84
	海南	0.240	0.263	0.281	0.278	0.295	0.324	0.317	0.338	0.349	18	4.88
	均值	**0.446**	**0.472**	**0.491**	**0.516**	**0.543**	**0.565**	**0.596**	**0.631**	**0.667**	**—**	**5.16**
中部	山西	0.200	0.214	0.219	0.221	0.249	0.274	0.280	0.279	0.294	23	5.02
	安徽	0.222	0.249	0.257	0.292	0.351	0.368	0.389	0.404	0.447	12	9.28
	江西	0.238	0.212	0.218	0.239	0.265	0.278	0.317	0.356	0.399	16	6.97
	河南	0.174	0.200	0.259	0.289	0.333	0.354	0.371	0.416	0.410	14	11.63
	湖北	0.235	0.255	0.257	0.287	0.311	0.344	0.362	0.387	0.447	11	8.45
	湖南	0.204	0.222	0.229	0.252	0.282	0.296	0.337	0.374	0.400	15	8.83
	均值	**0.212**	**0.225**	**0.240**	**0.264**	**0.298**	**0.319**	**0.343**	**0.370**	**0.400**	**—**	**8.28**
西部	内蒙古	0.179	0.201	0.194	0.209	0.222	0.235	0.259	0.273	0.287	25	6.17
	广西	0.194	0.206	0.207	0.224	0.227	0.258	0.259	0.295	0.334	20	7.17
	重庆	0.265	0.296	0.319	0.353	0.383	0.421	0.443	0.488	0.500	8	8.30
	四川	0.243	0.284	0.295	0.317	0.344	0.350	0.406	0.443	0.486	9	9.16
	贵州	0.164	0.160	0.164	0.186	0.211	0.238	0.272	0.289	0.293	24	7.70
	云南	0.163	0.185	0.180	0.186	0.206	0.376	0.248	0.258	0.284	26	10.93
	西藏	0.207	0.219	0.181	0.177	0.177	0.182	0.185	0.251	0.324	21	6.93
	陕西	0.251	0.280	0.270	0.298	0.320	0.351	0.396	0.430	0.430	13	7.10

地区	省份	年份									排名	年环比增长率（%）
		2011	2012	2013	2014	2015	2016	2017	2018	2019		
西部	甘肃	0.169	0.185	0.185	0.191	0.221	0.230	0.268	0.264	0.274	28	6.41
	青海	0.172	0.160	0.144	0.155	0.202	0.215	0.224	0.229	0.245	31	5.10
	宁夏	0.202	0.185	0.191	0.214	0.231	0.249	0.303	0.286	0.309	22	5.84
	新疆	0.178	0.185	0.187	0.191	0.191	0.207	0.223	0.240	0.261	30	4.95
	均值	**0.199**	**0.212**	**0.210**	**0.225**	**0.245**	**0.276**	**0.291**	**0.312**	**0.336**	—	**6.83**
东北	辽宁	0.256	0.266	0.265	0.284	0.295	0.325	0.351	0.365	0.376	17	4.97
	吉林	0.191	0.197	0.223	0.218	0.223	0.249	0.258	0.273	0.282	27	5.10
	黑龙江	0.204	0.217	0.216	0.243	0.225	0.251	0.263	0.257	0.273	29	3.91
	均值	**0.217**	**0.227**	**0.235**	**0.248**	**0.248**	**0.275**	**0.291**	**0.298**	**0.310**	—	**4.60**

注：年环比增长率指 2011～2019 年每年环比增长率的平均值。
资料来源：笔者整理。

（三）现状分析

1. 省级新经济发展现状

（1）北京处于领先地位，其次为广东、上海、江苏、浙江、天津、山东、重庆、四川、福建，该十个省份新经济指数排名居前且较为稳定；前十位中，北京、天津、上海、福建的新经济指数的年环比增长率相对较低，低于5%。四川、重庆、山东的年环比增长率较高，高于7%。江苏、浙江、广东的年环比增长率处于5%～7%。测度结果体现了各省份新经济发展水平与增长速度。

北京的发明专利拥有量、研发经费投入强度一直居全国首位。中关村作为第一个国家自主创新示范区，新经济企业数从 2014 年的 0.87 万家增至 2019 年的 1.55 万家，占全国同类企业 1/5 以上，拥有国家级重点实验室 139

个，占全国1/3。北京经济技术开发区同样拥有300多家各类研发机构，包括30多家国家级研发机构，成为聚集创新要素、转化技术成果的重要载体。北京的技术市场成交额、有电子商务交易活动的企业占比同样位居全国第一。企业电子商务销售额和成交额仅次于广东，远超过其他省级地区。

广东的研发人员规模、研发项目数、研发机构数以及新产品开发项目数均位居全国首位。广东最早拥有2个国家自主创新示范区，分别位于深圳和珠江三角洲。深圳是我国首个以城市为单元的国家自主创新示范区。相比北京中关村、上海张江，深圳自主创新示范区的信息产业占据半壁江山。世界知识产权组织发布的《全球创新指数（2020）》显示，我国深圳、香港、广州地区位居世界创新集群第二。另外，广东的互联网宽带用户数与接入端口数、电信业务总量、电子商务销售额等，也遥遥领先其他省级地区。

上海、江苏、浙江的新经济指数一直稳居第三位至第五位。该三个省份的研发创新、新产业、新业态新模式虽落后于北京、广州，但是仍然领先于其他地区。值得一提的是，该地区的制造业类ICT行业的从业规模、从业密度、主营业务收入在多个年份位居全国首位。

天津新经济指数增长率虽然不高，但是其研发与创新、新产业拥有厚实的基础；山东新经济指数迅速增长，年环比增速高达7.2%，超过其他大多省份，原因在于研发与创新、新业态新模式的迅速增长；四川、重庆是进入前十的西部省市，主要得益于近年来信息与通信产业的快速发展；福建的泉州是"中国制造2025"首个地方试点，2016年"福厦泉国家自主创新示范区"建立，福建同时也是海上丝路的起点，目前该省已在半导体、物联网、大数据等领域形成一定的优势，并且在对外贸易领域一直保持领先优势。

（2）安徽、湖北、陕西、河南、湖南、江西、辽宁、海南、河北的新经济指数居于第十一位至第二十位，并且发展速度较快。以安徽为例，"安徽合肥综合性国家科学中心"是全国四个综合性国家科学中心之一，聚焦信息、环境等四大领域，推进科技创新，是经济发展的原动力，该中心于2020年基本建成；近年来安徽省打造数字产业化和产业数字化"双轮驱动"，实施"高质量融入长三角一体化发展"战略，在产业领域也取得了较好的成效，这些都极大促进了安徽新经济发展。湖北数字经济产业近年来发展迅速，"武汉光谷"的前身"东湖高新"1991年即被批准为首批国家高新区，2001年被批准为国家光电子产业基地，该地区形成了较强的集聚效应。光谷地区在2019年已经拥有数字经济领域企业1800余家。《中国数字经济发展与就业白皮书（2018）》显示，2017年湖北数字经济总量达1.21万亿元，位列全国前十。武汉的国家实验室数量众多，在中部地区居前。

（3）东北地区和西北地区的新经济指数排名相对较低，但是也保持了一定的增长率。以东北地区为例，作为我国老工业基地，在产业、资源、生态等方面有良好的基础，自东北振兴战略实施以来，东北地区在新业态新模式领域增速较快，使用人工智能、大数据、物联网等新一代信息技术为"老字号"产业赋能增效，促进了新经济发展。西北地区虽然新经济发展水平相对落后，但是近年来随着"东数西算"工程的提出，将借助数据中心、云计算、大数据一体化的新型算力枢纽的建设，取得新经济发展的较大成绩。

2. 各分项测度结果分析

（1）研发与创新权重为31.41%，具体而言，投入、产出与高端人力资本培育三个维度的权重分别为11.24%、9.92%、10.25%。"研发与创新"分项已经形成三极独大的局面（京津、沪苏浙、粤），并且优势特征十分明显。2019年之前北京一直位列第一，但是广东的上升势头明显，于2019年超越北京。在31个省份研发与创新指数中，东部地区的北京、广东、上海、江苏、浙江、天津、山东的排名靠前；中部地区的安徽、河南、湖北排名靠前；内蒙古、吉林、黑龙江、广西、贵州、云南、西藏、青海、新疆的研发与创新指数相对较低。年环比增长率超过8%的地区包括河南、西藏、广东、安徽、江西、湖南。

（2）新产业的权重为24.69%，具体而言，投入与应用两个维度的权重分别为14.13%、10.56%。排名靠前的东部地区省份依次是北京、广东、上海、江苏、天津、浙江；西部地区的四川、重庆、陕西在该地区的优势明显；中部地区的江西、湖北、湖南高于其他中部地区省份。对比研发与创新，新产业的极化现象显得更为锋锐，并且呈现出四极（北京、上海、广东、四川和重庆），一定程度上说明新产业的发展更加表现为区域之间的竞争性，区域差异巨大。但是各地区的年环比增长率普遍较高，超过8%的地区包括海南、浙江、河北、天津、山西、安徽、江西、河南、湖北、重庆、陕西、青海、西藏。可能的原因是近年来各省份高度重视ICT产业与服务业的培育、发展，不仅有财税等政策支持，而且对该领域的生产投入巨大。

（3）新业态新模式权重为19.38%，具体而言，电子商务与居民互联网应用分别占比10.10%、9.28%。排名靠前的省份为广东、北京、江苏、上海、浙江、山东、四川、安徽、湖北；相比较研发与创新、新产业，新业态新模式的极化现象较弱，省份之间的差异明显缩小。可能的原因在于，"互联网＋"能够迅速广泛的扩散，快速融入其他地区和其他行业，其普及范围和速度超越前两项，客观上说明互联网成果具有较强共享性和传播性特点。有23个省份的年环比增长率超过8%，当中20个超过10%。

（4）经济社会发展权重为24.53%，具体而言，绿色化、经济发展和对外开放分别占比9.91%、8.20%、6.42%。北京、上海、广东、江苏、浙江、天津、山东、福建、重庆、安徽稳定地位于前列。安徽、河南、湖南、广西、四川在该分项的发展速度较快。比较前三项，该项的区域不均衡现象更加不明显。可能的原因在于，近年来各地区对于生态环境建设非常重视，尤其是随着新发展理念的提出，该项的年环比增长率相对缓慢，仅有广西、四川、河南的年环比增长率超过5%。

第四节 本 章 小 结

为了深入探讨新经济的内涵，本章首先采用知识图谱分析方法，对已有国内关于新经济的研究进行了系统的文献梳理，对新经济的产生和关联研究领域形成直观认识。其次以传统经济形态为参照，对新经济的特征进行概括，从要素、技术、基建等方面突出新经济的特点。再次，为了对我国新经济发展水平和现状进行科学的评价，本章对新经济的测度方法、测度框架进行了全面归纳，着重述评了世界范围内具有典型代表意义的机构或研究者的指数法构建原理与测度体系。最后，结合当前中国省级面板数据，以合成指数测度方法对我国省级新经济发展水平进行了测度和对比分析。从以上研究内容可以获得以下启示：

（1）新一代科技革命催生新经济发展，新经济是对传统经济遭遇"巨大能源、资源消耗，巨大环境代价、生态成本"困境的转型突围，通过创新、新技术、数字化等路径，适应和引领时代对于可持续发展的要求。发展新经济是新常态背景下培育经济增长新动能的必然选择，在一定程度上也是对"创新、协调、绿色、开放、共享"新发展理念的贯彻和践行。

（2）新经济蓬勃发展，关于新经济的研究和探讨方兴未艾。新经济研究正如其内涵和应用一样，不断扩大并与其他领域交叉和融合。围绕新经济的研究，一类将其视为经济现象，进行观察认知、特征分析、内涵界定与统计测度；另一类将其作为研究背景，探究新经济背景中的市场主体行为特点；还有一类直接以新经济行业和企业为研究对象，探讨新经济行业与企业的经济行为。研究对象从宏观国家到中观行业再走向微观企业，研究领域从经济跨界到法律、财税、管理与教育等其他领域，伴随而来的是对数据的深度挖掘，以及对新经济动因、机理、影响效应的更加全面揭示。

（3）新经济发展在不同时期不同国家，有其共同的特征也有各自特定的内涵，新经济的测度和评价，需要结合评价对象所处的发展阶段、空间范围，并结合对于新经济内涵的理解和阐释。新要素、新技术、新产品、新服务的开发、应用与消费，诞生了新产业、新业态和新商业模式，对企业生产经营活动的决策与管理行为，对消费者的消费观念和消费模式产生了巨大的冲击，最终对宏观经济产生了持续的、综合的效应，这些影响渠道和效应成为当前学术研究的热门领域。

（4）以新产业、新业态、新模式为代表的"三新"经济在我国展现出蓬勃向上的力量，新经济已经成为当前经济发展的重要组成部分。各省份新经济发展水平逐年上升，并且新经济发展在各地区都获得了政策支持，发展新经济具有一定的导向性。然而，新经济在各地区的发展呈现出不平衡的特点，从地理方位来看，东部地区新经济发展指数高于其他地区，中部地区新经济发展指数增长幅度最显著；从城市群来看，珠三角地区新经济指数最高且增速最快，依次跟进的是京津冀、长三角地区。成渝、黄河流域地区的新经济指数明显低于前三个区域。从新经济子系统来看，研发与创新、新产业出现了极化现象，京津、广东、长三角地区成为了明显的三极。

第三章

新经济背景下人口结构变化影响
对外贸易发展的理论研究

第一节　人口结构变化影响对外
　　　　　贸易发展的效应与机理

一、人口结构变化引致的贸易效应

（一）贸易规模增长效应

中国人口经济思想萌芽早，起点高，在我国古代著名的思想类著作中均可见"以民为本""农本固本"的思想，并且有关于人地关系、人口质量的论点。春秋战国时期，极其重视农业生产，论著《管子》的《八观》篇中有"地非民不动，民非作力毋以致财。夫财天下之所生，生于用力"的观点。此外，《管子》还倡导重农抑商，鼓励增加农业人口，合理控制工商业者数量，禁止奢侈工商业和奢侈品的制造。《韩非子》的《诡使》篇中有"仓廪之所以实者，耕农之本务也"的观点。在农耕经济背景下，恢复人口与鼓励农业生产，使人口和土地面积逐渐增加，社会生产力得以迅速恢复，是农业社会稳定发展和繁荣的基础。

在西方经济学理论发展史中，从古典经济学发展阶段开始，人口作为劳动力要素的重要性也被众多理论经济学家所重视。英国古典政治经济学家威廉·配第在《赋税论》（1662 年）中的名言"土地为财富之母，而劳动则为财富之父和能动的要素"，考察了人口作为劳动力要素对财富生产的重要性。经济学家广泛探讨了人口与宏观经济之间的密切联系，例如，人口与工资、人口与资本积累、人口与失业贫困、人口与消费、人口与经济增长。

在国际贸易研究领域，早期研究较少将人口视为影响一国对外贸易的关键因素，从重商主义到古典贸易理论，金银财富、劳动生产率、技术水平以及自然资源禀赋被认为是获取比较优势的基础，除此之外，通商政策是保证国际贸易往来的政策前提。在经典的国际贸易理论中，人口往往是既定的因素，极少考量其动态变化带来的贸易效应。然而，要深入考察人口对国际贸易影响的思想渊源，却可以追溯到亚当·斯密的《国富论》（1775 年），斯密认为货品销量必定和邻近地域的财富和人口成比例，人口直接影响到国家的出口规模，该思想已经得到国际贸易"引力方程"的证实。在宏观国家层面，田巍等（2013）对安德森和范·温考普（Anderson & van Wincoop，2003）改进的引力模型进行扩展，使用 176 个国家的国家数据研究发现，较高的劳动人口比能够产生规模效应，使一国产出增加，从而增加出口，劳动人口比率上升 1%，可导致该国出口上升至少 3%，相反，劳动人口比率下降将导致产出与出口下降。陶红军等（Tao et al.，2021）实证分析人口老龄化对亚洲 32 个国家 1991 ~ 2015 年的猪肉产品双边贸易的影响，发现劳动人口比的增加会导致猪肉产品出口增加，因为劳动人口比的增加能够为养殖业提供低工资劳动力。科佩基（Kopecky，2023）使用 192 个国家 1970 ~ 2013 年的双边贸易数据，研究发现劳动人口比的提高会增加一国的双边出口。在省级层面，铁瑛、张明志和陈榕景（2019）基于三次全国人口普查数据，研究发现城市劳动人口比的提升或人口抚养比的下降会显著促进出口增长，城市人口结构变动对出口的影响会伴随用工成本的上升而逐渐弱化，并且伴随人力资本水平的提升而逐渐弱化。崔凡和崔凌云（2016）使用中国省级 2005 ~ 2013 年面板数据，研究认为人口老龄化将增加进口需求，老年抚养比和老年人口占比与进口规模显著正相关。在微观企业层面，铁瑛和张明志（2017）基于中国城市人口结构数据与微观企业信息，发现劳动参与率的提高促进了企业出口量的扩张，资本密集型企业、本土企业以及生产率较低的企业，其出口会受到城市劳动参与率更强的促进作用。

20 世纪 50 年代开始，国际贸易与跨国投资在全球范围内飞速发展，一些新兴工业化国家以出口为导向的开放型经济政策极大促进了国内经济的增长，学者们普遍认为，第二次世界大战后东亚和东南亚国家出口导向型贸易政策的成功很大程度在于其人口结构的转型，劳动人口比率高的"纺锤形"人口结构与外向型经济政策相结合带来了东亚经济奇迹，并称之为"人口红利"（Mason，2001；Bloom et al.，2003，2007）。布鲁姆等（Bloom et al.，2010）进一步认为，稳定的政治制度和经济环境是实现人口红利的宏观环境保障。有关中国的研究发现，中国和印度的经济起飞大量得益于其国内人口结构（Bloom et al.，2007），中国人口抚养比的快速下降所带来的充裕劳动力吸引世界范围内的储蓄流入中国，推动投资扩张并获得高额投资回报率（Golley & Tyers，2012）。中国"二元经济"特征下，大量农业人口向城市流动，为制造业提供了巨大而廉价的生产要素，是中国出口规模膨胀和出口导向增长模式成功的重要原因（姚洋和余淼杰，2009；陈松和刘海云，2013；

项松林等，2014），其内核可以概括为利用别国的市场用足本国的低端生产要素（刘志彪，2012）。以往三十多年的高速经济增长，几乎每一个增长源泉都和好的人口结构有关系（蔡昉，2012）。

在人口老龄化初期阶段，生育率的下降使得少儿抚养比降低，劳动力人口比率上升，这一过程持续数十年，较高的劳动人口比带来"人口红利"，对于实行开放型经济政策的国家来说，在此期间该国对外贸易将获得快速增长，这是对包括中国、印度、韩国在内的很多国家的研究所形成的共识（Lee，2016）。然而，随着劳动年龄人口步入成熟阶段和老年期，人口老龄化最终会导致劳动年龄人口规模下降，老年抚养比迅速上升。不仅如此，人口老龄化还会导致劳动参与率降低，二者之间存在显著的负相关关系（王莹莹和童玉芬，2015；周祝平和刘海斌，2016）。因此人口老龄化最终导致劳动力供给下降。2010 年中国劳动年龄人口达到峰值，之后进入负增长，彻底改变了我国长期以来的劳动力过剩的状况。人口学家蔡昉认为，推动着中国经济快速发展的"人口驱动力"在 2010 年就已趋于消减。这意味以劳动力供给充足为特征的"人口红利"逐渐趋于结束。人口老龄化将对中国制造业出口的低成本优势产生不利影响（张杰和何晔，2013）。

（二）比较优势与出口竞争优势调整效应

经典的要素禀赋（H-O）理论认为，国家之间要素禀赋差异导致的要素充裕度和产品相对价格的差异是获得对外贸易比较优势的重要基础，在自由贸易条件下，一国将生产和出口密集使用本国充裕要素生产的产品。按照 H-O 理论，劳动力要素充裕的国家将出口密集使用劳动力要素生产的产品。在 H-O 理论中，两国的要素禀赋与充裕度作为前提条件事先假定，因此其推论是静态的。

一些研究将世代交替模型纳入 H-O 理论分析框架，考察国家之间人口结构的变动差异对贸易模式产生的影响（Kenc & Sayan，2001；Sayan，2005）。萨扬（Sayan，2005）首先将世代交叠模型（OLG 模型）纳入 H-O 分析框架，分析人口增长率的差异对比较优势的影响，认为人口增长率下降使得劳动力变得稀缺，资本相对充裕，将降低该国资本密集型产品价格，提高劳动密集型产品价格，从而使得劳动密集型产品失去比较优势，资本密集型产品获得比较优势。奈托和赵（Naito & Zhao，2009）借鉴萨扬的思路，虽然结论与前者类似，然而他们进一步认为，世界市场价格最终由年轻人占比更多的国家的需求决定，老龄化严重的国家将逐渐成为"贸易小国"从而失去对世界市场的影响力。矢北（Yakita，2012）对奈托和赵（Naito & Zhao，2009）模型进行扩展，将个人对自身的人力资本投入、生育率以及预期寿命引入个体效用函数，认为人口老龄化对劳动密集型产品比较优势的影响方向并不确定。一方面，预期寿命增加促使个体增加储蓄和人力资本投入，减少生育，从而减少对劳动密集型产品的需求，使劳动密集型产品的价格下降；另一方面，劳动力供给下降使得劳动密集型产品的产出下降从而价格提高，因此，劳动密集型产品价格变化最终取决于"雷布津斯基效应"和"消费－储蓄效应"的大小，价格提高则比较优势下降，价格下降则比较优势上升。

围绕以上理论研究，王有鑫和赵雅婧（2016）采用122个国家（地区）1995～2010年贸易数据，研究发现一国的老龄化程度与资本密集型商品出口比重显著正相关，融资约束和人力资本水平的提高能够削弱人口老龄化对资本密集型商品出口的积极影响。古和斯托亚诺夫（Gu & Stoyanov，2019）利用235个出口国和204个进口国1962～2000年的数据，发现人口年龄中位数的增加使得一国劳动力技能禀赋下降，最终削弱该国密集使用劳动力技能行业的比较优势。关于中国的研究，方慧和韩云双（2016）采用1995～2012年时间序列数据，分析发现随着劳动人口比的下降，我国资本密集型产品的出口相对于劳动密集型产品的出口比例显著提高，更加倾向于出口资本密集型产品。黄顺绪、严汉平和李冀（2017）发现，人口年龄结构变动促进了我国出口市场多元化，促使我国比较优势加速演进。袁辰等（2021）利用中国制造业2003～2015年数据剖析人口老龄化对制造业国际竞争力的影响。研究发现，在不区分贸易类型和一般贸易情形中，老龄化进程的加快在劳动力禀赋效应作用下抑制了中国制造业国际竞争力的提高；劳动力禀赋效应是人口老龄化影响中国制造业国际竞争力的关键传导机制之一。

另有一类实证文献，并没有按照传统生产要素密集度来区分生产部门，而是按照"顺年龄认知能力"和"逆年龄认知能力"来区分生产部门，实证老龄化对出口竞争优势的影响。例如，蔡和斯托亚诺夫（Cai & Stoyanov，2016）利用235个出口国和159个进口国1962～2000年数据，发现人口老龄化（人口年龄中位数的增加）会减少那些随着年龄增加而减弱的技能，如体力、记忆力，削弱密集使用这类技能行业的比较优势，而对于随着年龄增长而增强的技能，人口老龄化则会增强密集使用这些技能行业的比较优势；高越和李荣林（2017）使用中国数据，也发现老年抚养比的上升有利于"顺年龄认知能力"密集型行业的出口，不利于"逆年龄认知能力"和体能密集型行业的出口。

值得借鉴的是，有一些研究将劳动力空间分布纳入H-O理论中，认为人口的空间分布不均匀，尤其对于经历城市化过程的发展中国家，生产要素的集聚和集中会改变传统H-O理论对贸易模式的推论。库兰特和迪尔道夫（Courant & Deardorff，1993）认为，生产要素在国内区域间的"叠加"将改变贸易结构，使得该国倾向于出口密集使用叠加要素生产的产品，而非充裕要素生产的产品。关于该观点的经验检验存在争议，德贝雷（Debaere，2004）对美国、印度等国家的实证不支持该结论，然而，布拉克曼和马雷维克（Brakman & Marrewijk，2013）使用欧洲六国的城市面板数据，分别计算了人力资本要素与劳动力要素的叠加程度，证实要素叠加对城市出口结构具有影响，从而支持了库兰特和迪尔道夫（Courant & Deardorff，1993）的观点。黄先海、王煌和陈航宇（2019）将人口集聚的作用机制引入梅里兹和奥塔维亚诺（Melitz & Ottaviano，2008）模型，揭示人口集聚对出口企业加成率的影响机理，研究认为人口集聚产生的经济效应使得出口企业加成率上升，人口集聚同时也会导致市场过度竞争，产生出口拥堵效应。并且采用中国 2000～2006 年工业企业数据库与海关数据区的匹配数据进行检验，发现人口集聚会引起出口企业加成率下降。

（三）国际收支调整效应

人口结构变化通过储蓄机制影响国际收支的理论代表为"抚养负担假说"（Coale & Hoover，1959），该假说最早提出了人口结构变化影响对外收支的构想，认为生育率提高与婴儿夭折率降低导致社会抚养比上升，会加重劳动人口的抚养负担，使得储蓄减少而资本积累不足，形成经常项目逆差和对外部资本的依赖。该假说激起了大量的实证研究，虽然结论存在分歧（Goldberger，1973），但是大多数支持了该假说（Modigliani，1970；Higgins，1998；Ríos-Rull，2007）。例如，希金斯（Higgins，1998）根据 100 个国家 30 年的数据，发现儿童抚养比与老年抚养比的上升导致较低的居民储蓄率，从而资本流入并出现经常项目赤字。也有学者分别就 OECD 国家（Domeij & Floden，2006）、G7 国家（Kim & Lee，2008）、包括中国在内的多个国家（Luhrmann，2003）、东亚国家（蔡兴和刘子兰，2013）的贸易顺差进行了证实。然而最近一些研究引起了争议：钦和普拉萨德（Chinn & Prasad，2003）认为人口年龄结构在解释一国中长期国际收支变化上较为显著，但在短期内并不显著；费列罗（Ferrero，2010）认为，相对于抚养比，用平均寿命衡量的老龄化更显著影响美国的国际收支。国内学者王宇鹏、耿德伟和王育森（2012）基于 1990～2010 年 135 个国家面板数据进行实证分析，研究发现劳动年龄人口比重与经常项目差额存在显著的正相关关系，抚养比的提高将恶化经常项目账户。谢建国和张炳男（2014）同时分析了儿童抚养比、老年抚养比与一国经常项目的关系，认为它们与经常项目负相关，劳动参与率的提高有利于改善经常项目收支，并且发展中国家人口结构对经常项目的影响比发达国家更加显著。李兵和任远（2015）在基于 2005～2012 年 165 个国家面板数据的研究中发现，人口抚养比与经常项目结余正相关，预期寿命对经常项目结余影响不显著。深层次原因在于，抚养比上升导致"预防性"储蓄动机增强，抵消了"生命周期理论"的储蓄效应，使得人口结构对储蓄率没有显著影响，但是人口抚养比上升显著降低了一国的投资率，因而人口抚养比拉大了国内储蓄与投资的差额，形成经常项目结余。

以印度人口事实与经济发展经验为背景提出的抚养负担假说，可以从主流经济学理论范式中寻求解释，一些研究基于萨缪尔森－戴蒙德的世代交替模型建立一般均衡模型，模拟人口年龄结构变化对经常项目产生的影响，从而直接为人口结构影响国际收支这一宏观经济问题建立起了微观基础。例如，亨里克森（Henriksen，2002）对美国和日本经常项目的预测，亨里克森（Henriksen，2002）建立了两国两要素 OLG 一般均衡模型，认为 20 世纪 70 年代后日本低生育率、低死亡率和低移民率降低了日本国内对投资的需求，日本劳动力平均年龄较高因而储蓄动机强烈消费需求不足，资金从日本流向美国而成为出口国。费拉里（Feroli，2003）建立了多国两要素 OLG 一般均衡模型，预测了人口结构变动对美国、日本、德国等国家之间收支和资本流动的影响。此外，布鲁克斯（Brooks，2003）预测也认为，人口结构是世界经济体之间资本流动和收支变化的重要影响因素。然而，曼森等（Mason et al.，2009）认为，如果老龄化能够增加社会的总储蓄和财富积累，那么通过资本深化可以提高人均产出，而如果将积累的财富对海外进行投资，那么会改善国际收支，该研究将其称为"第二次人口红利"。

人口结构变化可以通过储蓄机制影响国际收支的另一微观理论基础为生命周期理论（Modigliani & Brumberg，1954）。该理论认为个体为了实现生命周期内效用最大化，会合理安排一生的储蓄和消费行为，这意味着个体生命周期的储蓄取决于生命周期内的收入、劳动年龄期与退休期，个体储蓄倾向随着年龄增长呈现先上升后下降的趋势，在成年期储蓄率高，在老年期为负储蓄率。将个体作为典型推广到国家层面进行研究，对于一国来说，国民储蓄率取决于人口年龄结构，劳动人口比率大，则储蓄率提高，少儿与老年人口比率大，则国民储蓄率低。因而在人口老龄化初期阶段，生育率的下降和劳动人口比率的上升，会导致国民储蓄率上升，随着人口老龄化程度的加深，老年人口比重上升，收入下降，国民储蓄率随之降低。不仅如此，有一些研究认为，预期寿命的提高会延长退休后的闲暇时间，而且少儿抚养比的下降使未来赡养老人的子女数减少，因而个体在成年期会主动调整工作阶段的储蓄和消费行为，更加倾向于增加预留给老年期消费的储蓄，为老年期的生活提供保障，即正向的"寿命效应"，导致该国储蓄率进一步上升（Yaari，1965；Bloom，2003）。关于"寿命效应"的实证研究结论在经济发展程度不同、地理区域不同以及养老保障制度不同的国家存在一定程度的差异，大多研究肯定了寿命延长的正储蓄效应（汪伟和艾春荣，2015）。

关于中国的研究普遍赞同人口年龄结构对国际收支具有重要影响。王仁言（2003）认为，人口赡养率下降带来的国民储蓄增加、国内需求消费不振，青壮年人口比重上升强化了中国劳动力低成本优势，它们是中国对外贸易出现持续顺差的主要原因；杨继军（2010）认为中国人口结构是外贸失衡的重要因素；汪伟（2012）、李明（2013）从幼儿抚养比的角度分析老龄化，认为老龄化影响储蓄率和投资率，从而对一国经常账户产生负面影响。近期一些实证研究深入探讨双边国际贸易收支以及省级区域贸易收支问题。例如，彭斯达和熊梦婷（2015）分析了1983~2013年中国与美国的人口抚养比，基于 VAR 模型检验发现人口年龄结构差异及其变化是导致两国双边贸易收支长期失衡的基础因素，其机制在于人口年龄结构差异通过消费和储蓄机制作用于双边进口需求，构成了双边国际贸易收支失衡长期存在的人口年龄结构基础；赵乐祥、蓝庆新和杨盈竹（2021）基于中国省级 2004~2018 年面板数据，考察人口老龄化、自然增长率、人口流动对贸易收支的影响，发现人口老龄化加深、人口自然增长率提高与流动人口增加会导致贸易顺差进一步收窄，经济发展水平相近省份的贸易收支存在正向空间溢出效应与聚集效应，地理相邻省份的贸易收支存在负向空间溢出效应与虹吸效应。

（四）贸易种类变化效应

不同年龄层次的消费者偏好不同，从而直接影响贸易种类。家庭的年龄结构与规模一直以来是决定家庭消费模式的因素（Barten，1964；Pollak & Wales，1987），人口年龄结构的差异也是理解国家之间需求行为差异的重要原因（Parks & Barten，1973）。消费者年龄是消费结构的关键决定因素（茅锐和徐建炜，2014）。蔡昉和王美艳（2021）认为劳动年龄人口到达峰值的转折点冲击主要在供给侧，总人口到达峰值的转折点冲击主要在需求侧，主要通过人口总量效应、年龄结构效应和收入分配效应对消费需求产生不利影响，可能导致需求侧潜在增长率降低。

国外一些学者分析了美国人口结构变化对教育需求的影响（Ladd & Murray，2001），人口规模与年龄结构对欧盟能源消费的影响（York，2006），人口老龄化对澳大利亚居民食品和服务消费的影响（Walder，2015）。国内学者陈卫民和施美程（2014）使用利用1960~2009年55个国家的数据，研究发现人口老龄化将促进服务业发展。关于中国的研究，张黎娜和夏海勇（2012）证实了人口结构变动对需求结构的动态冲击。还有较多研究赞同人口老龄化对城镇居民和农村居民消费结构均有显著的影响（朱勤和魏涛远，2016；毛中根、孙武福和洪涛，2013；向晶，2013）。茅锐和徐建炜（2014）对我国2002~2009年城镇住户调查表明，不同年龄居民的消费结构存在明显差异，消费者年龄是消费结构的关键决定因素。倪红福、李善同和何建武（2014）采用1995年、2002年和2007年的中国家庭收入调查（China Household Income Projects，CHIPs）数据，实证分析家庭人口结构变化对城乡居民家庭消费结构和储蓄率的影响，发现家庭收入、规模、户主年龄和家庭不同年龄人口占比等人口结构变量对消费结构和储蓄率都有一定的影响。

若将国外市场视为国内市场的延伸，人口结构变化将直接影响国际贸易。

詹森（Jansen，2004）使用 1998～2000 年世界贸易组织（WTO）成员方的数据进行统计，发现"人口小国"劳动力数量少，从而限制了生产能力和市场空间，相比之下，"人口大国"出口产品种类多，市场集中度相对较低。奇西克等（Chisik，Onder & Qirjo，2016）基于消费需求机制，对克鲁格曼（Krugman，1980）垄断竞争模型进行扩展，引入异质性消费者与非同质性需求偏好，从而在理论上实现不同年龄组消费者的消费差异化分析，研究结论认为人口老龄化对服务贸易与制造业贸易的影响程度是不同的：服务业大多为非贸易品，人口老龄化将加大服务业需求规模，促进国内服务的发展，从而对服务贸易影响较小；制造业产品为可贸易品，因此受人口老龄化影响程度较大，人口老龄化不仅导致本国生产的产品种类下降，还会导致本国制造业企业数量降低。该理论研究目前有待实证检验。

（五）贸易竞争新优势效应

创新是获得贸易竞争新优势的根本。新增长理论改变了学者对人口与经济关系的认识，人口增长对促进知识积累与传播的作用引起了重视（Kremer，1993），约翰逊（Johnson，2000）认为人口增长促进了技术进步和知识积累从而促进经济增长，"人口红利"是发展中国家经济起飞的引擎。人口结构变化如何影响创新，可以从三个方向进行认识：

首先，人口老龄化对创新主体客观上存在一定阻碍作用，原因集中在两个方面：一是由于身体的衰老，身体机能和认知能力会出现不同程度的下降，适应或创造新知识与新技术的能力均有所下降；二是年龄增长可能会降低工作的主动性，老年人由于自身寿命的限制，往往享受不到新技术带来的收益，因此不会积极接受新技术（汪伟和姜振茂，2016）。

其次，人口老龄化将会迫使企业主动进行技术革新，对企业创新活动形成推力。人口老龄化使得劳动力变得稀缺，劳动力成本上升，会引致甚至迫使企业研发新的技术和要素来替代劳动，才能在市场竞争中生存下来，因此会促进企业创新。同时，人口老龄化的储蓄效应，使得社会物质资本变得相对充裕，导致利率相对于劳动力成本的持续下降，从而有利于企业获得更多的资金，并投入研发和创新活动中（Gehringer & Prettner，2019；Abeliansky & Prettner，2017）。

最后，人口老龄化对社会的人力资本积累和人才储备形成动力。人力资本积累源自个体人力资本投资和公共人力资本投资。虽然有少数研究认为，预期寿命的延长和生育率的下降，对子代的总投入占总收入份额下降（Hirazawa & Yakita，2017；Hashimoto & Tabata，2016；汪伟，2016），但是就个体人力资本投资而言，已有研究认为，子代数量与质量之间存在利弊权衡关系，子代数量多则对个体投入低，子代数量少则对个体投入相对提高（Becker & Lewis，1973；Galor，2012）。因此，在生育率降低和少儿抚养比下降的情况下，家庭的生育目标由"数量导向"转为"质量导向"，子代受教育机会与时间增加，受教育水平提高，并且父母对子代健康更加关注，由此人口发展由数量转向质量，有利于整个社会高端人力资本的形成。另外，就公共人力资本投资和研发活动而言，老龄化加剧和预期寿命的延长，有可能使得政府加大对教育和医疗设施的财政支出，公共人力资本投资增加。但人口老龄化会加重政府的财政负担，政府将更多资源投入养老项目，对教育以及公共研发等活动的预算支出形成压力，形成"挤占效应"（李志宏，2014；张秀武，2018）。

综上所述，人口老龄化对创新活动的影响已经被普遍关注和研究，但是究竟会促进创新还是抑制创新，在个体、企业、家庭以及社会层面观察的结论有所不同，本章认为，人口老龄化与创新之间并非简单的线性关系，它们同样受到观察期间所处时代的宏观经济背景与文化环境的影响，尽管基于特定样本的经验研究必然存在结论上的差异，但是在影响机理和渠道方面，已经获得广泛的认同。

人口老龄化如何通过创新机制影响对外贸易的研究仅见于少数几篇文献。

蔡和斯托亚诺夫（Cai & Stoyanov，2016）采用 235 个出口国和 159 个进口国 1962～2000 年数据，发现人口老龄化会减少那些随着年龄增加而减弱的技能（如体力、记忆力），削弱密集使用这类技能行业的出口竞争力。高越和李荣林（2018）实证发现人口老龄化对出口技术复杂度的影响是一个先升后降的倒 U 形过程，一方面，预期寿命延长会提高教育回报率，促使人们进行更多教育投资，老年人比例增加会提高熟练劳动力比例，另一方面，人口老龄化也会导致认知能力减弱，知识结构老化等消极影响，两种效应的此消彼长使得人口老龄化与出口技术复杂度呈现倒 U 形关系。张燕和袁晓强（2019）在 H-O 框架内构建跨期迭代模型，引入老年期存活率和人力资本投入，发现人口老龄化与技术密集型产品出口竞争优势呈现典型的倒 U 形关系，并采用 1996～2015 年 81 个国家的跨国面板数据进行了验证。

二、人口结构变化影响对外贸易发展的机理

全面梳理已有研究，发现人口结构变化主要通过劳动力成本、人力资本、年龄相关认知能力、消费储蓄等机理影响对外贸易发展，将代表研究归集到相应的理论机制，具体如表 3.1 所示。

表 3.1　　　　　　人口结构变化影响对外贸易发展的效应与渠道

贸易效应及具体维度		代表文献	影响机制	人口结构指标
贸易规模	出口	铁瑛等（2019）	劳动力成本、人力资本	劳动人口比、抚养比
	出口	Kopecky（2023）	劳动力成本	劳动人口比
	双边出口	Tao 等（2018）	劳动力成本	劳动人口比
	出口	陈松、刘海云（2013）	劳动力成本	总抚养比或少儿抚养比
	进口	崔凡、崔凌云（2016）	消费需求	老年抚养比或人口比
	出口	田巍等（2013）	劳动力供给	劳动人口比

续表

贸易效应及具体维度		代表文献	影响机制	人口结构指标
贸易种类	出口种类	Chisik 等（2016）	消费需求偏好	预期寿命
		Jansen（2004）	劳动力供给	劳动人口比
贸易竞争力	高技术产品	蔡兴（2016）	劳动力成本	老年抚养比上升
	顺（逆）年龄认知能力行业	高越、李荣林（2017）	年龄相关认知能力	老年抚养比
		Cai 和 Stoyanov（2016）	年龄相关认知能力	人口年龄中位数
	技术密集型产品	张燕、袁晓强（2019）	人力资本	老年系数
	密集使用劳动力技能行业；资本（劳动）密集型产品	Gu 和 Stoyanov（2018）	劳动力技能禀赋	人口年龄中位数
		王有鑫、赵雅婧（2016）	储蓄、劳动力供给	老年系数或抚养比
		Naito 和 Zhao（2009）；Sayan（2005）	劳动力供给、储蓄	人口增长率
	劳动密集型产品	Yakita（2012）	劳动力供给、人力资本	预期寿命
质量	出口技术水平呈倒 U 形	高越、李荣林（2018）	年龄相关认知能力	老年抚养比
市场	出口市场多元化	黄顺绪等（2017）	生产要素成本	人口老龄化速度
国际收支	—	朱超 等（2018）；李兵、任远（2015）；谢建国、张炳男（2014）；汪伟（2012）；Kim 和 Lee（2008）；Higgins（1998）；Coale 和 Hoover（1959）；等等	储蓄机制	老年抚养比、少儿抚养比、少儿系数、老年系数、性别比率、预期寿命、劳动人口比、新生劳动力比

资料来源：笔者整理。

根据表 3.1 的梳理来看，首先，已有研究关于人口结构变化产生的贸易效应集中在国际收支、贸易规模、出口种类、出口竞争力、出口技术水平、出口市场多元化等领域。其次，人口结构变化对贸易的影响渠道聚焦在劳动力成本、人力资本、储蓄消费以及年龄相关认知能力层面，对于人口结构变化可能影响对外贸易发展的其他机制，如技术创新机制、集聚机制等，目前涉及较少。再次，影响机制和效应的研究未纳入新经济发展背景带来的冲击，因而也没有探讨新经济发展程度差异带来的异质性效应。最后，老龄化仍然是人口结构变化最有表征力的特征，已有研究主要基于人口老龄化视角来考察其贸易效应，因而人口结构衡量指标以抚养比、劳动力占比、老年系数为代表。

第二节　人口结构变化影响对外贸易发展的理论框架

人口结构变化影响对外贸易发展的理论研究或经验分析，都是建立在一定的已有的理论框架基础之上，这些理论分析框架主要来自宏观经济学、国际贸易学等学科领域，在经典理论分析框架中，纳入人口结构因素，从而分析人口结构变化对贸易、投资等宏观经济领域的影响。拓展了国际贸易学与人口经济学的交叉研究领域。

一、引力模型分析框架

引力模型是国际贸易经验研究领域最为流行模型之一，经济规模与距离是引力模型中最重要的变量，人口结构对贸易规模的影响在于，一方面，庞大的人口意味着潜力巨大的消费市场，另一方面，劳动人口占比较高，则说明这个国家有丰裕的劳动力，以及可能的数量众多的人力资本和技术工人，因而能够带来较高的产出，从而促进出口。安德森和万·温科普（Anderson & van Wincoop，2003）认为，传统引力模型是基于两国假设的局部均衡分析方法，难以考虑"多边阻力"因素的影响。之后，学者们对引力模型的各种修正多侧重在多边阻力的内容上。本章以安德森和万·温科普（Anderson & van Wincoop，2003）建立在一般均衡理论基础上并纳入"多边阻力"因素的引力模型为例，来说明分析框架：

$$X_{ij} = F(Y_i, \ Y_j, \ Y_w, \ t_{ij}, \ P_i, \ P_j) = \frac{Y_i Y_j}{Y_w} \left[\frac{t_{ij}}{P_i P_j} \right]^{1-\sigma} \tag{3-1}$$

方程（3-1）是安德森和万·温科普（Anderson & van Wincoop, 2003）的引力模型，X_{ij}表示 i 国对 j 国的出口额；Y_i、Y_j 分别表示两国的产出，Y_w 则表示世界总产出；t_{ij}表示两国双边贸易成本；P_i 与 P_j 分别表示两国消费者面临的价格指数，以此衡量两国的"多边阻力"；σ 表示产品替代弹性。

将均衡产出表示为两要素投入的柯布-道格拉斯函数，即：

$$Y = f(K, \ L) = K^\alpha \times L^{1-\alpha} \tag{3-2}$$

将方程（3-2）中劳动力要素进一步分解为人口结构有关的变量，变量的具体形式可根据研究内容和研究目标设置。例如：劳动参与率与总人口之乘积，或者自然增长率与劳动人口之乘积，以及生育率、幼儿抚养时间投入与劳动人口之乘积，等等。本章将劳动力要素表示为自然增长率、劳动参与率与总人口之乘积，即：

$$L = n \times \lambda \times N \tag{3-3}$$

分别将方程（3-2）、方程（3-3）代入方程（3-1），并对方程双边取对数，得到：

$$\ln X_{ij} = \ln n_i + \ln\lambda_i + \ln N_i + \ln n_j + \ln\lambda_j + \ln N_j$$
$$+ \ln K_i + \ln K_j + (1-\sigma)(\ln t_{ij} - \ln P_i - \ln P_j) - \ln Y_w \tag{3-4}$$

方程（3-4）即根据引力模型得到的人口结构影响贸易规模的计量方程，其形式属于引力方程。该方程表明 i 国出口受到本国自然增长率、劳动参与率以及人口总规模的影响，从影响机制上看，属于人口结构变化通过劳动力供给机制影响贸易规模：其一，人口增加可以直接产生规模效应，提高总产出，在国内需求一定的情况下，将促进出口；人口增加有利于形成比较优势提高出口竞争力，从而扩大贸易规模。其二，劳动力供给在短期内受到劳动参与率、人口总规模的影响，在长期内则受到生育率、自然增长率等因素影响，这些人口结构因素在引力方程中均得到考虑。

二、要素禀赋世代交叠模型（HO-OLG）分析框架

研究人口结构变化对一国对外贸易比较优势的动态影响效应，代表模型为 H-O 理论分析框架下的世代交叠模型（HO-OLG）。萨扬（Sayan，2001）最早将 OLG 模型纳入 H-O 分析框架，分析人口增长率的动态差异对两国比较优势与贸易结构的影响。其 H-O 分析框架体现在生产部门基本假定中：两个国家，每个国家有两个部门生产两类产品，产品 1 可用于消费或储蓄，产品 2 只能消费，产品使用资本和劳动两种生产要素，两国除人口增长率不同外，产品生产技术、初始要素禀赋、消费者偏好等初期条件均相同。两部门两要素规模报酬不变且产品市场完全竞争，由于规模报酬不变，因此 t 期两部门人均产出能够以人均要素投入的形式表示：$x_{1t} = (k_{1t})^{\alpha} (l_{1t})^{1-\alpha}$，$x_{2t} = (k_{2t})^{\beta} (l_{2t})^{1-\beta}$。当中，$k_{1t} + k_{2t} = k_t$，$k_t$ 为 t 期人均拥有的资本量，k_{1t}、k_{2t} 分别为人均投入到产品 1 部门与产品 2 部门的资本要素；$l_{1t} + l_{2t} = l$，l_{1t}、l_{2t} 分别为人均投入到产品 1 部门与产品 2 部门的劳动要素，l 为人均劳动供给，为外生变量可单位化为 1，总劳动供给 L_t 等于总人口 N_t 与人均劳动供给乘积，即 $L_t = lN_t$；人口自然增长率为 n，因此 $(1 + n)N_t = N_{t+1}$。

部门的利润函数和约束条件为：

$$\pi_{it} = k_{it}^a l_{it}^{1-a} - r_t k_{it} - w_t l_{it}, \quad (i = 1, 2)$$

$$\text{s. t. } k_{it} \geq 0, \ l_{it} \geq 0 \tag{3-5}$$

根据部门的利润最大化原则，从方程（3-5）可得到要素价格与边际产品的关系，即：

$$\frac{r_t}{w_t} = \frac{\alpha l_{1t}}{(1 - \alpha) k_{1t}} = \frac{\beta l_{2t}}{(1 - \beta) k_{2t}} \tag{3-6}$$

由方程（3-6）可知，两部门单位产出的最优要素投入 l_{1t}、l_{2t}、k_{1t}、k_{2t} 都是要素价格的函数。

该分析框架中的效用函数使用了两期 OLG 模型，设 t 期出生的消费者效用 U_t 来自青年时期和老年时期两阶段对两类产品的消费，$U_t = (C_t)^\mu (C_{t+1})^{1-\mu}$。当中，$C_t = (C_{1yt})^\theta (C_{2yt})^{1-\theta}$，表示青年期对两类产品的消费；$C_{t+1} = (C_{1ot+1})^\theta (C_{2ot+1})^{1-\theta}$，表示老年期对两类产品的消费。根据效用最大化的约束条件，即两期支出等于收入，可得：

$$\max U_t \qquad\qquad (3-7)$$
$$\text{s. t. } C_{1yt} + p_t C_{2yt} + \frac{C_{1ot+1} + p_{t+1} C_{2ot+1}}{1 + r_{t+1}} = w_t l$$

方程（3-7）中，$C_{1ot+1} + p_{t+1} C_{2ot+1}$ 表示年老期支出，该支出等于 $1 + r_{t+1}$ 乘以青年期储蓄。由方程（3-7）可以得到消费者在两期对两类产品的需求函数（消费量），这些需求函数可以用工资水平 w_t，$t+1$ 期利率水平 r_{t+1}，产品 2 的 t 期价格 p_t 以及 $t+1$ 期价格 p_{t+1} 来表示。

由于产品市场完全竞争，因此产品均衡价格等于生产成本，即产品价格可以用要素价格和要素投入表示，属于定义性变量。因此，根据以上对生产和消费需求的分析结果，最终求解的内生变量为要素价格，而其余变量都可以用要素价格来表示。在封闭条件下根据产品市场出清条件，即：

$$N_t x_{1t} = N_t C_{1yt} + N_{t-1} C_{10t} + (K_{t+1} - K_t) \qquad (3-8)$$
$$N_t x_{2t} = N_t C_{2yt} + N_{t-1} C_{20t} \qquad (3-9)$$
$$N_t = (1+n) N_{t-1}, \quad K_{t+1} = (w_t - C_{1yt} - p_t C_{2yt}) N_t \qquad (3-10)$$
$$l_{1t} + l_{2t} = l, \quad k_{1t} + k_{2t} = k_t \qquad (3-11)$$

根据出清条件方程（3-8）~方程（3-11）可以求解要素均衡价格的表达式，并进一步获得其他变量的表达式，如两部门的要素投入量、产品价格、产出等。封闭条件下，人口增长率的变化通过影响国内要素价格，即工资水平和利率，从而影响产品价格和最终产量。最后，在开放条件下，自由贸易使得两国国内产品的相对价格一致，因此可设定 $p_t^A = p_t^B$，根据开放条件下要素市场与产品市场的出清条件，可以得到人口增长率的差异对两国两类产品出口或进口的影响方向。

矢北（Yakita，2012）与萨扬（Sayan，2001）的差异在于假设条件中效用函数形式的不同，以及存在保险市场投资收益。矢北（Yakita，2012）建立了儿童期、青年期、老年期三期 OLG 模型，每个自然人的儿童期与期年期的时间视为固定，但老年期是不固定的，由外生变量老年存活率 λ 决定，λ 提高表明平均寿命提高。t 期自然人效用包括四部分：

$$U_t = \mu\ln(1-h_{t-1}) + \ln c_t + \varepsilon\ln n_t + \lambda\rho\ln d_{t+1}, \quad (\mu, \varepsilon, \lambda, \rho > 0)$$

$$(3-12)$$

其中，h_{t-1} 表示自然人在儿童期的学习时间投入，即人力资本投入，因此 $1-h_{t-1}$ 可视为闲暇；$c_t = C(c_{1t}, c_{2t})$、$d_{t+1} = D(d_{1t+1}, d_{2t+1})$ 分别表示在青年期与老年期对两类产品的消费；n_t 为生育率。受预算约束的效用最大化条件为：

$$c_{1t} + p_t c_{2t} + \frac{d_{1t+1} + p_{t+1}d_{2t+1}}{R_{t+1}} = w_t h_{t-1}(1 - zn_t) \quad (3-13)$$

其中，w_t 为工资；z 为每个儿童的抚养时间；R_{t+1} 为保险市场收益率，与利率成正比，与老年存活率成反比，即：

$$R_{t+1} = \frac{r_{t+1}}{\lambda} \quad (3-14)$$

根据方程（3-12）~方程（3-14）可求得消费需求 c_t 与 d_{t+1}、生育率 n_t、人力资本投入 h_{t-1}、储蓄 s_t 等变量的函数表达式，它们都受到老年存活率 λ 的影响，具体经济含义为，老年存活率提高，预期寿命延长会增加个体的人力资本投资，并减少闲暇，减少青年期消费增加储蓄，减少生育率，从而降低该国未来的劳动力供给。

矢北（Yakita，2012）同样设定了规模报酬不变的生产函数形式，生产部门的基本假定与萨扬（Sayan，2001）、奈托和赵（Naito & Zhao，2009）框架相同。根据要素市场与产品市场出清的条件，可以得到要素价格的均衡表达式，它们是老年存活率（预期寿命）、生育率、儿童抚养时间等外生、内生变量、定义性变量的函数。进一步根据要素价格获得产品价格、产出等函数表达式，从而模拟分析预期寿命变化对贸易模式的影响。

萨扬（Sayan，2001，2005）在 HO-OLG 理论框架中增加了人口增长率这一外生变量，从而实现了从动态视角分析人口结构变化对两国贸易的影响，尽管其关于贸易模式的结论与要素禀赋理论相近，究其原因，外生的人口结构变化只是增加劳动力供给，并没有改变要素禀赋理论对消费偏好和生产技术的基本假定。随着理论研究的深入，矢北（Yakita，2012）等将人口结构相关变量纳入效用函数中，在更加广义的内涵上设定消费偏好，因而最优解和分析结论与预期寿命、人口增长率等人口结构因素密切相关，弥补了已有研究的不足，增加了对现实的解释力。

三、世代交叠一般均衡模型（OLG-GM）分析框架

以亨里克森（Henriksen，2002）与巴克斯、库利和亨里克森（Backus，Cooley & Henriksen，2014）的一般均衡世代交叠模型（OLG-GM）来说明。与其他分析框架不同，该模型首先刻画了社会的人口年龄结构迭代过程。假定社会上的自然人最久存活 I 岁，岁数用 i 表示，$i \in \{1, \cdots, I\}$，儿童期表示为 I_0，且 $I_0 < I$；每岁的存活率为 s_i，则自然人存活到 i 岁的概率为 $s^i = \prod_{j=1}^{i-1} s_j$；每岁的生育率为 φ_i。儿童期长度为 I_0，儿童期内 $\varphi_i = 0$。t 期的人口年龄组向量为 x_t，净移民为 m_t，则 $t+1$ 期的人口年龄组 x_{t+1} 可以表示为矩阵形方程（3-15）：

$$x_{t+1} = \Gamma_t x_t + m_t, \quad \text{当中} \ \Gamma_t = \begin{pmatrix} \varphi_1 & \varphi_2 & \varphi_3 & \cdots & \cdots & \varphi_I \\ s_1 & 0 & 0 & \cdots & \cdots & 0 \\ 0 & s_2 & 0 & \cdots & \cdots & 0 \\ \vdots & \vdots & \vdots & \vdots & & \vdots \\ 0 & 0 & 0 & \cdots & s_{I-1} & 0 \end{pmatrix} \begin{pmatrix} x_{1t} \\ x_{2t} \\ x_{3t} \\ \vdots \\ x_{It} \end{pmatrix} \quad (3-15)$$

将社会视为一个大家庭，将 t 期该大家庭中的代表，i 岁自然人所面临的效用函数设定为：

$$U_{it} = \frac{c_{it}^{1-\sigma}}{1-\sigma} + \beta s_{it} U_{i+1,t+1} \qquad (3-16)$$

方程（3-16）中，c_{it} 表示 i 岁消费者的在 t 期的消费。该效用函数隐含的意义在于，i 岁消费者的效用规划从 t 期成为劳动者开始。$1/\sigma$ 表示跨期替代弹性，$0 < \sigma < 1$，β 为效用的贴现系数，它们是常量。i 岁自然人每年提供 1 单位劳动力，直到退出劳动力市场为止，有效劳动为 e_{it}，有效劳动可以视为投入工作中的劳动或劳动参与率。则该自然人面临的约束条件为：

$$a_{i+1,t+1} = (1+r_t)a_{it} + e_{it}w_t - c_{it} + b_{i+1,t+1}, \quad (\text{且 } a_{I_w,t} = a_{I+1,t} = 0) \qquad (3-17)$$

方程（3-17）中，$a_{i,t}$ 为 t 期 i 岁自然人的财富，并且自然人在工作的第一年初始以及去世后的财富均为零；r_t 表示 t 期的财富回报率或者利率，为年利率；w_t 表示 t 期的有效劳动工资率；$b_{i+1,t+1}$ 表示在 $t+1$ 期获赠遗产，遗产来自当期未存活者的剩余财富。方程（3-17）的经济含义为，i 岁自然人的财富来源于劳动所得、受赠、上一年的财富积累与获利，这些收入来源一部分用于当期的消费，剩余部分储蓄将转化为下一期的财富来源。方程（3-17）中的 $b_{i+1,t+1} = (1-s_{it})a_{i+1,t+1}$，代入后可得简化预算约束：

$$s_{it}a_{i+1,t+1} = (1+r_t)a_{it} + e_{it}w_t - c_{it} \qquad (3-18)$$

进一步将社会中所有自然人个体的消费和财富加总，获得社会总消费、总财富以及总有效劳动供给：

$$C_t = \sum_i c_{it}x_{it}, \quad A_t = \sum_i a_{it}x_{it}, \quad N_t = \sum_i e_{it}x_{it} \qquad (3-19)$$

根据方程（3-16）~ 方程（3-19）可以获得 $c_{i,t}$、$c_{i+1,t+1}$、$a_{i,t}$、$a_{i+1,t+1}$，以及 C_t、A_t、N_t 的函数表达式，它们必然受到劳动参与率、存活率、利率以及一些常数参数的影响。

该分析框架中的生产部门使用劳动和资本两要素，劳动要素为有效劳动，资本要素即为储蓄的财富，规模报酬不变，产品市场完全竞争，生产函数为常替代弹性形式：

$$Y_t = F(K_t, N_t) = \left[\omega K_t^{1-v} + (1-\omega) N_t^{1-v} \right]^{1/(1-v)} \qquad (3-20)$$

方程（3-20）中，$1/v$ 为要素替代弹性。由于其重点分析人口结构变化对国际收支的影响，因此生产部门不再区分产品类型，要素价格等于边际产品。

根据要素市场与产品市场出清的条件，可以得到要素价格、产品价格、产出等变量的均衡解，并且模拟分析存活率（预期寿命）、劳动参与率、国际移民等人口结构变化对它们的影响。在封闭经济条件下，预期寿命的提高意味家庭财富的增加，以及拥有更多财富的老年人群增加，这使得社会总储蓄增加，总产出中资本产出比提升，以及利率的下降。在开放经济条件下，资本能够自由跨国流动，因而当人口结构变化使得资本回报率存在国别差异时，将引起资本的跨国流动，资本从预期寿命更高的国家流向另一个国家，直到利率将趋于一致。在这个分析框架中，国际移民对人口结构的影响需要具体考察净移入人口的年龄结构，当前国际社会普遍情况是移民有助于缓和净移入国的老龄化趋势。该模型采用美国和日本、中国和德国的经验数据，参数模拟 2015~2030 年人口结构指标变化对两国国际收支的影响。

四、垂直差异化产品南北贸易模型分析框架

在众多南北贸易模型中，弗朗和赫尔普曼（Flam & Helpman，1987）的南北贸易模型解释了人口增长率差异、技术进步对南北产业内贸易的产品质量（种类）产生的影响。

首先，弗朗和赫尔普曼（Flam & Helpman，1987）对消费需求和生产部门进行分析。基本假定为：存在两类产品，一类为单一的同质产品，另一类为差异化产品。南北居民消费偏好函数相同。居民的效用函数取决于消费的同质产品数量与差异化产品的品质：

$$u(y, z) = ye^{\alpha z} \tag{3-21}$$

方程（3-21）中，y 表示同质产品的消费数量，价格单位化为 1；z 表示垂直差异化产品品质，价格为 $p(z)$；居民除了收入水平不同之外，其他条件均相同。居民面临的预算约束为 $y + p_z z \leq I$，I 表示该居民的消费水平。据此得到典型居民对两类产品消费需求关系方程：

$$y = \frac{p_z}{\alpha}, \ z = \frac{I}{p_z} - \frac{1}{\alpha} \tag{3-22}$$

方程（3-22）的意义在于，居民对产品 z 的消费直接取决于收入水平和产品价格，当收入水平提高则会消费更高质量的 z，对产品 y 的消费则直接取决于相对产品价格。

生产部门的基本假定为：北方与南方生产同质产品的技术相同，一个单位同质产品的劳动投入均为 1。差异化产品生产技术不同，北方、南方技术水平分别为 A 与 A^*。北方工资为 w，南方工资标准化为 1，北方工资水平高于南方。由于差异化产品的技术水平（劳动投入）不同，$a(z)$ 与 $a^*(z)$ 分别表示北方、南方在 z 上的单位劳动投入，由产品 z 的品质和各自的技术水平决定，分别表示为 $a(z) = \dfrac{e^{rz}}{A}$，$a^*(z) = \dfrac{e^{r^*z}}{A^*}$。$z$ 越大，$\dfrac{a(z)}{a^*(z)}$ 越小，即北方在高质量产品生产上具有比较优势，南方在低质量产品生产上具有比较优势。在国际市场，产品 z 的价格由生产成本决定：$p(z) = \min[w \times a(z), a^*(z)]$。在差异化产品的质量阶梯中，必然存在一个 $\bar{z}$，使得 $w \times a(\bar{z}) = a^*(\bar{z})$，那么南方必然生产质量 $\bar{z}$ 以下产品，北方生产质量 $\bar{z}$ 以上产品。这意味着南方、北方产业内贸易表现为，北方出口高质量的产品，南方出口低质量的产品。

其次，弗朗和赫尔普曼（1987）分析了人口结构对南北贸易的影响。根据居民的消费需求函数，差异化产品的消费直接取决于收入水平和相对价格，因而必然存在一个临界收入水平 I_d，对于南方和北方收入 $I \geq I_d$ 的居民只消费北方高质量的差异化产品；同理，对于南方和北方收入 $I \leq I_d$ 的居民只消费南方差异化产品。弗朗和赫尔普曼（Flam & Helpman，1987）对临界收入水平

为 I_d 的居民所处收入层次进行了解析。将北方、南方的居民收入层次分别标准化为区间 $h \in [0, 1]$，h 越大即收入层次越高。在收入层次区间，劳动人口的分布函数为 $n(h)$ 与 $n^*(h)$，劳动者的有效劳动供给在收入层次区间的密度函数分别为 $f(h)$ 与为 $f^*(h)$。因此，若北方、南方的有效劳动总供给分别为 L 与 L^*，人口规模分别为 N 与 N^*，那么在收入层次区间，收入层次为 h 的北方居民的收入水平为 $f(h)wL/n(h)N$，南方为 $f^*(h)L^*/n^*(h)N^*$。进一步，将临界收入 I_d 用北方、南方的人口结构等变量来表达：

$$I_d = \frac{f(h_d)wL}{n(h_d)N}, \quad I_d = \frac{f(h_d^*)L^*}{n^*(h_d^*)N^*}, \quad (h_d \neq h_d^*) \tag{3-23}$$

再次，弗朗和赫尔普曼（1987）根据产品市场出清条件，认为北方生产的高质量的差异化产品由北方收入层次达到 h_d 的居民及南方收入层次达到 h_d^* 的居民消费，南方生产的差异化产品相应的由北方、南方收入层次分别低于 h_d、h_d^* 的居民消费，北方仅出口高质量差异化产品，南方同时出口同质产品以及低质量差异化产品，可得：

$$\frac{\alpha}{\alpha+r}[1-F(h_d)]wL + \frac{\alpha}{\alpha+r}[1-F^*(h_d^*)]L^* = wL \tag{3-24}$$

$$\frac{\alpha}{\alpha+r^*}[F(h_d^*)]L^* + \frac{\alpha}{\alpha+r^*}F(h_d)wL = L^* \tag{3-25}$$

方程（3-24）中，$\frac{\alpha}{\alpha+r}[1-F^*(h_d^*)]L^*$ 是北方对南方的出口，方程（3-25）中的 $\frac{\alpha}{\alpha+r^*}F(h_d)wL$ 是南方对北方的出口。

最后，弗朗和赫尔普曼（1987）认为若南方人口增长率超过北方，那么根据方程（3-24）和方程（3-25）可知，南方对北方高质量差异化产品的需求规模上升，将推动北方工资上涨以及高质量差异化产品价格和产量的提高，从而要求临界收入 I_d 和收入层次 h_d^*、h_d 均提高。这将导致更多的南方消费者放弃对北方高质量差异化产品的消费，同理，北方消费者也将部分放弃国内高质量差异化产品的消费转而进口南方低质量差异化产品。在贸易收支平衡条件下，南北总贸易额是北方差异化产品出口的两倍，产业内贸易额是南方差异化产品出口的两倍。

第三节　新经济发展对已有机理的冲击以及其他贸易效应

当前的新经济本质上是工业经济向数字经济更替，数字技术是新一轮技术革命的核心，是新经济的基石。作为一个技术体系，数字技术被认为是指改进了的信息通信技术或系统，既包括数字硬件等物理部分，也包括网络连接、访问和操作等逻辑部分，还包括数据、产品、平台和基础设施等结果部分。具备计算、通信、链接、应用四大功能（郭海和杨主恩，2021）。新经济发展不仅展现出新技术、新要素、新产品与新服务，还渗透到传统行业，与农业、制造业、服务业相结合，展现出新业态与新模式，互联网经济、共享经济、数字经济等形态的新经济是我国经济高质量发展的新动力和新引擎。对外贸易高质量发展是经济高质量发展的重要组成部分，新经济发展对贸易发展会产生影响吗？新经济的发展，对人口结构变化影响对外贸易发展的机理会产生冲击吗？

首先探究第一个问题。从宏观角度来看，在社会再生产的生产、交换和消费环节中，数字技术的产生与应用在破坏旧有的生产技术的同时，对传统产业进行技术升级与改造，并促使诞生一系列新的生产部门，极大推进了社会生产力和生产效率的提高，社会再生产部门不断扩展和演进，为对外贸易发展奠定了产业基础；数字技术降低了流通费用和跨境交易成本，促进商品、服务和要素的境内流通和跨境流动，促进有形产品和无形信息的流通，万物互联、互联互通，降低了国际贸易成本，加速了社会资源的循环和使用；数字技术同时促使产生新的交换方式和消费模式，新模式新业态在一定程度上突破了时空障碍限制，拓展新的交换与消费空间，也拓展了可贸易产品的种类。从微观角度来看，企业为适应市场竞争，需要更新生产技术和工艺流程，创造新产品和新服务，并建立与之相适应的管理模式，才能生存和发展，在适应的过程中，生产效率提高、生产品种增加；消费者则面临更广阔的消费市场和消费空间，能够消费更多种类、更多个性化、更加低成本的商品。基于此，本章认为新经济的发展必然对国际贸易或一国的对外贸易产生影响。

对于第二个问题，本章认为新经济发展在影响对外贸易发展的过程中，必然会对人口结构变化影响对外贸易发展的机理形成冲击，其根源在于革新已渗透到生产、交换和消费环节，在这些环节中，生产与消费离不开人口的直接参与，人口是生产与创新、消费与储蓄的直接参与者和活动主体，这一点不同于交换环节，信息与通信技术的发展以及交通基础设施的建设，要素与商品的国际交换与流通已经越来越便利化、透明化、数字化和智能化，人力因素在交换与流通过程中的参与度极大降低。然而在人类社会的生产与消费环节，人口是主体。因此，新经济发展会冲击人口结构变化影响对外贸易发展的路径，具体而言，新经济发展对生产与消费环节、劳动力供给、劳动力需求等产生了冲击，而这些正是人口结构变化影响对外贸易发展的主要路径。

一、新经济发展对人口结构影响对外贸易发展的路径形成的冲击

（一）对生产的冲击：提升劳动生产率，扩大社会生产力，夯实对外贸易的产业基础

科学技术是第一生产力。生产力的发展和社会分工的扩大是对外贸易产生和发展的基础。生产部门的扩展、生产效率的提高，为参与国际分工、开拓国际市场、提高贸易竞争力、培育竞争新优势奠定了产业基础。新经济发展过程中的技术创新与产业革命极大带动生产力的增长，这种增长并不局限

于生产部门，还扩大到金融、零售批发等服务部门，促使整个再生产系统的扩展。

新经济发展对生产效率的提高，体现在两个层面：首先，从市场外部环境来看，信息传播速度的加快，能够消除信息不对称，降低流通与生产成本，推动资源优化配置和协同创新，进而提高生产率（韩先锋等，2019）。信息通信等数字技术使得制造业生产运营逐渐智能化，数据信息及其传送这一技术手段促进了制造业的全价值链、全要素资源的动态配置和全局优化，提升了整个制造业行业和企业的资源配置效率（何小钢等，2019）。其次，从市场内部主体来看，"新经济"的典型特征是企业增加在信息技术软件和硬件方面的投资，越来越多的企业采用"基于知识"的工作流程，极大地缩短了产品的生产周期。企业数字化转型能够促使企业迅速调整战略布局、聚焦目标客户、维持供应链安全、控制生产成本的波动，在市场竞争中顽强地生存下来（单宇等，2021）。企业数字化转型减少了企业面临的信息不对称并提高了企业的信息处理能力（方明月等，2023）。虽然有研究注意到，在新技术发展初期，其应用并不能使得各经济部门的生产率普遍大幅提升，而且过度自动化还会导致"生产率悖论"（Van Ark，2016；Acemoglu et al.，2018），但是新技术最终会提高生产效率（Acemoglu & Restrepo，2020）。

（二）对消费的冲击

1. 消费端的需求偏好信息对接产品开发与生产过程，扩大消费需求

随着社会与经济的发展，消费个体被赋予了更大的优先权，消费者不再满足于标准化商品带来的效用，而是希望能够在商品中体现个性与品位，更加注重消费体验。消费者不仅直接消费产品和服务，而且数字技术的发展使生产过程能采纳来自需求端的意愿，捕捉消费者的差异性偏好，无论是在种类上还是在品质上，生产出差异化、多样化、个性化的产品。

首先，企业开发的终端程序应用能够打通生产与消费的联系，企业与消费者能够实现数据的信息交流与共享。企业可以通过互联网等数字平台，多途径获取消费端的信息与消费者反馈，这些信息和反馈包括：消费者高频搜索的关键词、浏览记录和点击商品的频度，交易记录以及相关物流信息，消费者历史购买决策和发表的评论评分。并基于大数据、机器学习和算法进行统计分析和市场预判，更加精准地了解客户需求和偏好，从而制定更加符合客户需求的营销策略和产品方向。

其次，根据所获取的丰富的消费端信息，企业可以实现产品设计与制造方式的柔性化、智能化和精细化，精准对接消费端需求（罗珉和李亮宇，2015）。数字技术使得定制需求得以大规模实现，创造几乎无限的品种来满足个性化消费需求。再次，大数据分析还可以有效挖掘消费者行为数据之间的内在联系，捕捉到具有相同行为偏好的人群以及预测潜在需求（何大安，2018；Rhue & Sundararajan，2019），基于此，企业通过互联网平台商建立起新偏好的客户圈，给客户圈推送符合偏好的相关产品，扩大产品的客户圈。

2. 创造新的交换与消费模式，增强消费意愿

电子商务催生了线上线下结合的新商业模式，如共享经济、直播经济和平台经济，弥补了传统零售和传统电商的不足，数字技术催生的新型社交电商注重对于产品与服务的分享与体验，通过体验与感受来与消费者分享其使用的心得、商品的信息等，进而激发消费者购买欲望。数字技术还将一些消费活动迁移到了线上，突破时空限制，从而降低了消费成本，拓宽了消费渠道，提升了消费便利度。

数字金融支付平台和数字银行为消费者提供一定额度的信贷支持和跨期消费选择，有助于缓解消费者面临的流动性约束和预算约束。数字人民币、支付宝、微信等电子支付的普及，大幅提高了支付便利度与支付效率；大数据可以快速识别消费者特征和偏好，并通过推荐系统和精准营销增强消费者

兴趣；新兴数字技术如 VR（virtual reality）、AR（augmented reality）等技术的应用，仿真更真实的购物情境，改善了用户体验；可视化通信工具和场景消费，丰富了买卖双方以及买方之间的互动交流，从而增强消费意愿。

（三）对劳动力供给的冲击

1. 降低劳动力市场供需匹配成本，提高匹配效率，扩大劳动力供给

平台经济（platform economics）是一种基于数字技术，由数据驱动、平台支撑、网络协同的经济活动单元所构成的新经济系统，是基于数字平台的各种经济关系的总称。平台是一种虚拟或真实的交易场所，平台本身不生产产品，但可以促成双方或多方供求之间的交易，收取恰当的费用或赚取差价而获得收益。

互联网平台就业是以"互联网＋"为关键特征的新业态、新模式在劳动力市场的重要体现。各地各行业涌现出大量互联网平台，这些平台既包括商业化的中介平台，也包括政府主导型的求职平台。既有互联网专业平台，也有互联网第三方平台，根据平台内容还可以分为综合性平台、区域性平台、行业性平台、信息流平台等。在政府主导型求职平台方面，其实践典型，例如，成都市温江区打造人力资源 5G 智慧云平台，初步建成线上线下"两个市场"，精准解决收集供需信息中面临的"供需信息掌握有限、覆盖面较窄、精准度不高"的三大难题，实现岗位"智"动采集、供需双方"智"动画像、人岗"智"动匹配。在商业化中介平台方面，例如，为大众所熟知的支付宝、美团、滴滴打车、前程无忧、E 家政，可搜索匹配各类岗位（如维修保洁服务、外卖员、网约车司机、快递配送员、业余教育职业培训等），消费者能够通过平台发布需求信息，并且有效匹配到相应的服务提供者。这种匹配模式使得就业普遍具有高度灵活性，使得劳动力市场更加灵活。中国国家信息中心于 2021 年 2 月发布的《中国共享经济发展报告（2021）》显示，

2020 年我国共享经济平台企业员工达到 631 万人，比 2015 年增加约 131 万人，平台带动的就业人数约 8400 万人，比 2015 年增加约 3400 万人。

平台经济在促进供需匹配、缓解市场扭曲、提升经济活动效率和社会总福利等方面的积极作用（蔡跃洲和顾雨辰，2023）。首先，互联网平台降低劳动力市场供需双方匹配成本，提高匹配效率。因为，互联网的使用能够大大降低信息搜寻成本，能够有效提升工作搜寻的匹配质量和匹配效率；互联网的使用会改变雇主和雇员之间的匹配方式，雇员所做的工作会逐渐由线下转移至互联网中，并且使得劳动力市场的需求可能会逐渐减少对本地市场条件的依赖。莽（Mang，2012）使用德国社会经济面板数据（SOEP）研究发现，相对于使用报纸、朋友关系、中介公司以及其他传统就业渠道的求职者而言，使用互联网的求职者能够获得质量更好的工作匹配效果。库恩和曼苏尔（Kuhn & Mansour，2014）使用美国青年劳动者 2005～2008 年的工作搜寻数据，分析发现使用互联网搜寻工作的人相较于没有使用互联网找工作的人而言，失业的持续时间减少了 1/4。王欣等（2019）通过问卷调查和深度访谈，研究发现微信为劳动力供需双方提供了一种对线下信任关系的补充网络，微信能够降低劳动力市场中信息传播和交易成本，当信息发布者和接受者的社会属性共性越强，微信匹配效率越高。其次，使得专业化分工迭代、社会就业结构升级进程得到提速。新一代信息技术的发展，数字技术的应用，促使社会分工进一步深化，越来越多的生产制造工序以及服务任务被交付给智能机器或数字技术完成，一方面，使得原有岗位释放出大量劳动力和人力资本，另一方面，释放出来的劳动力和人力资本需要被配置到更加专业化并且获得一定报酬的工作中，这意味着劳动者可以专注于更加精细的环节与任务，集中优势进行特定的工作，甚至向难以替代、价值更高的生产活动和岗位递进，例如，需要高级技能、高级认知、创新创意、情感沟通、日常护理、维修维护、道德品质塑造、法律法规等技能的工作岗位。多思等（Dauth et al.，2017）发现，1994～2014 年德国使用工业机器人并没有导致总就业的损失，但改变了就业结构，制造业就业人数减少，服务业就业人数有所上升。

2. 零工经济突破就业的时空限制，促进灵活就业，扩大劳动力供给

灵活就业或灵活用工，分别是从劳动者和用人单位两个角度来描述劳动力市场灵活性的名词，亦被称为非正规就业。张传勇和蔡琪梦（2021）采用2014年和2016年中国劳动力动态调查数据等数据资源，研究发现城市规模是零工经济产生的基础，大城市的人口集聚和供需匹配效率更有利于促使零工经济的出现和发展。国家统计局数据显示，截至2021年底，中国灵活就业人员已经达到2亿人。中国人民大学灵活用工课题组等发布的《中国灵活用工发展报告（2022）》显示，2021年中国有61%的企业在使用灵活用工，比2020年增加5%，比2019年增加11%，灵活就业市场迎来爆发式增长。

"平台就业""零工经济"提高劳动力市场灵活性，将"人岗匹配"转换为"时间与任务匹配"，突破了空间和地理限制。劳动者能够利用网络办公等方式开展远程工作，探索除了单一固定的工作岗位模式以外的用工方式，"零工经济""共享员工"等多元化用工模式逐渐兴起，推动固定工作岗位向弹性工作岗位转变。弹性用工的模式不仅重构了劳动力的时间与价值的匹配，进而更好地实现工作与休闲的平衡，实现时间、技能、资源的最优组合，满足了劳动者个体效率、个体价值最大化，而且在一定程度上降低了企业的用工成本，为劳动者创造了更多的就业机会与创收途径。围绕零工经济对劳动力市场的影响，相关文献较为稀少，尚未形成完善的理论框架和具有代表意义的经验研究，多侧重于概念界定、案例分析、法律规制、政策治理、劳动权益保障等领域。

3. 为需要就业帮扶的群体创造就业机会，降低就业门槛，扩大劳动力供给

2019年11月23日，世界银行、阿里巴巴、中国国际发展知识中心共同发布的《电子商务发展：来自中国的经验》报告称，中国农村线上购物迅速

扩张，阿里巴巴淘宝村从 2013 年的 20 个增至 2018 年的 3202 个。中国农村电商发展的成功经验表明，数字技术的效益不仅限于高收入国家和城市地区，也可以在发展中国家和农村地区快速发展，成为振兴乡村和减贫的强大工具。此外，在线上支付、小程序、智慧零售工具，以及高效协同的物流网络等数字技术和实体经济融合的工具支持下，数字生态为残障人士、进城务工人员、家庭妇女、退伍军人等就业重点帮扶人群打开了就业新空间，越来越多的帮扶人群在数字生态中就业。

（1）电子商务降低就业壁垒，增加公平就业的机会。电子商务的低门槛特点为弱势群体进入劳动力市场创造了便利。残疾人群是社会的一个弱势群体，由于身体原因失去在传统领域的工作机会，但是电子商务为伤残人士提供了新的上升通道，网络创业为伤残人士提供了公平的就业平台。中国残联的《网络时代助残：普惠与创富》显示，2017 年大约有 16 万家的残疾人在淘宝网站经营运作，同年这类残疾人运营的淘宝店的销售收入约为 124 亿元，其中年销售收入在 3 万元以上的残疾人商家约有 2.7 万家。《残疾人事业蓝皮书：中国残疾人事业研究报告（2023）》认为，数字经济时代的到来，提供了残疾人就业形式重塑的可能性。

（2）在"互联网＋"时代，任何偏僻的村庄、微小的个人，任何一种天然的禀赋，都有可能拥抱广阔市场。《电子商务发展：来自中国的经验》报告称，中国农村线上购物迅速扩张，2014～2017 年中国农村地区的线上零售额从 1800 亿元增长至 1.24 万亿元，复合年增长率达到 91%。2014 年中国家庭追踪调查（CFPS）对互联网使用对农村劳动力非农就业的影响进行了实证分析，结果显示互联网使用能够有效提升农村劳动力非农就业的概率，促使农村劳动力转变为工资型劳动者和自雇佣者，这一效应对高学历劳动者的影响要大于低学历劳动者，研究还认为，互联网促进农村劳动力非农就业的影响能通过提高劳动者的社会资本，减少家务劳动时间以及促进劳动者技术进步等多渠道实现。杨柠泽等（2018）利用 2013 年中国综合社会调查（CGSS）

的数据，研究发现，互联网等现代媒介能够提升农村居民对市场信息的获取效率，进而提升农村居民的自主创业能力和寻找务工的机会。赵羚雅和向运华（2019）发现，互联网使用能够显著促进非农就业的概率提高 49.3%，这一效应对于低学历、男性、"90 后"农村劳动群体的作用更大，这一效应产生的原因在于互联网使用显著促进农村社会资本的积累，进而提高农村劳动力的非农就业概率。

（3）在降低职业性别壁垒方面，根据阿里巴巴的《数字经济与中国妇女就业创业研究报告（2022）》显示，在数字贸易、电商、直播等领域，数字经济已经创造 5700 万女性就业机会，数字经济显著缩小了就业的性别差异。德特兰（Dettling，2017）使用工具变量法实证检验了高速家庭网络对劳动供给的影响。研究结果显示，互联网使用能够带动女性劳动群体就业多出四个百分点，这些女性群体的特征大多为已婚已育而且具有专科院校的教育背景，表明互联网使用有助于缩短通勤时间，促进劳动参与。宋林（2020）利用 2018 年中国家庭追踪调查数据，研究互联网使用对不同农村劳动力群体就业选择的影响，发现互联网使用在总体上促进了农村劳动力的非农就业，互联网促进非农就业和受雇型就业的效应在壮年劳动力、农村女性劳动力中间的作用更加显著。

（4）促进大学生就业。互联网使用能够显著促进大学生就业及劳动参与的概率，尤其对于 30 岁以下、农村户籍以及东部地区大学生群体的促进效应更为明显。与此类似的观点认为，通过互联网获取求职信息，能够有效增强大学生的求职信心，缓解毕业生就业压力，促进大学生社会资本的积累和提升大学毕业生创业质量具有重要意义（李晓静，2007；王军超，2017）。

（四）对劳动力需求的冲击

1. 对劳动力要素形成替代效应，劳动力成本的重要性降低

越来越多的工作任务和工作岗位被人工智能替代。首先，在传统制造业

领域替代效应尤为强烈。例如，中国广东省在 2015 年开始大规模推动"机器换人"，珠三角成为全国最大工业机器人应用市场，重要的原因是珠三角制造业深受"招工难"困扰。近几年面对劳动力成本上升和新冠疫情的双重压力，国内制造业智能化改造的步伐加快，从初级食品加工行业到高技术装备制造行业，"机器换人"逐渐推广普及，特别是在传统制造业中，如汽车制造、冶金、电子、食品等行业，机器、人工智能等技术的广泛应用导致对劳动力的需求下降，中低技能劳动力被挤出的现象尤为明显。其次，在服务业领域，传统线下商贸和传统服务业规模萎缩，依赖信息技术支撑的智慧酒店、智慧超市、智慧快递、智慧客服等新业态逐步替代人工服务，迅速发展。"无接触"服务成为一种新的业态，例如，近几年各大都市诞生的无人超市、无人银行、无人酒店。麦肯锡全球研究院的报告也传递了类似观点，目前全球约有50%的工作任务在技术上已实现自动化，随着科技的进步，到 2030 年，保守估计全球 15% 的人（约 4 亿人）会因人工智能发生工作改变。

从生产、流通到销售，从制造到服务，数字化和智能化程度不断提高，究其原因在于"用工成本攀升，推动企业机器换人"。采用灵活自动化（如自主运输系统、人工智能、机器学习）替代劳动能够降低成本（Smunt et al.，2000）。阿西莫格鲁和雷斯特雷波（Acemoglu & Restrepo，2017）经验研究发现 1990~2007 年工业机器人使用的增长造成了美国本土劳动力市场的就业恶化，1000 名工人所对应的机器人数量每增加一台，将导致就业率减少 0.18%~0.34%。潘蒂亚等（Pantea et al.，2017）在《ICT 是否在短期内取代了工人？来自 7 个欧洲国家的证据》（*Are ICT Displacing Workers in the Shortrun? Evidence from Seven European Countries*）中使用 2007~2010 年 7 个欧洲国家制造和服务部门的企业调查数据，探讨信息与通信技术（ICT）的劳动替代效应，结果显示 ICT 的应用对劳动力的替代作用并不显著，企业增加 ICT 应用并没有减少企业的雇员总数量。闫雪凌等（2020）使用中国 2006~2017 年制造业分行业数据，研究工业机器人使用对于制造业就业的影响，发现工业机器人使用对岗位数量有显著的负向冲击，工业机器人保有量每上升1%，就业岗位减少约4.6%。刘骏等（2021）使用2000～2015年58个国家的数据，估计机器人对劳动力的替代能力，结果为每台机器人平均每年大约可以替代6万～8.3万个小时的劳动工作量。

以信息技术创新和数字技术应用为核心的第四次工业革命也被称为"技能型技术革命"，技术创新更青睐高技能劳动力而不是低技能劳动力，重复性的体力劳动以及规则相对明确的脑力劳动将成为被替代的重点。汇聚了最新科技成果的第四次工业革命，将替代大量重复性体力和脑力劳动，未来劳动力就业领域应为复杂非重复性的脑力劳动和体力劳动（杜传忠和许冰，2018），人工智能是否会取代传统劳动力还取决于其核心技能的替代程度（Agrawal et al.，2019）。由此可见，人工智能通过提高生产活动智能化程度减少了对普通劳动力的需求，将会降低劳动力要素在生产过程中的参与程度，进而降低工资水平或用工成本上涨对企业生产经营活动带来的负面影响。

2. 对人力资本需求形成创造效应，人力资本重要性提升

中华人民共和国人力资源和社会保障部发布的《中华人民共和国职业分类大典》（2022年版），相比2015年版净增了158个新的职业，当中有97个被标识为数字职业。专业技术人员大类也就是二大类增加了29个新职业，如密码工程技术人员、碳管理工程技术人员、金融科技师、人工智能工程技术人员、物联网工程技术人员、大数据工程技术人员、云计算工程技术人员、数字化管理师、电子竞技运营师、电子竞技员、无人机驾驶员、工业机器人操作员和运维人员、农业数字化技术员和农业经理人等，这些新职业集中在数字技术应用领域，是互联网、人工智能等新技术新业态催生的新型岗位。

新技术创造出更多复杂的工作任务，数字经济衍生出大量工作岗位。尤其是2020年新冠疫情以来，数字技术应用的广度和深度加速，尽管众多职业从社会舞台上消失：工厂流水线上的智能机械臂替代装配工人，职业带路人被手机导航软件所取代，银行柜台人员、翻译、秘书、客服人员等一系列的传统职业，都将不复存在，甚至司机这一职业，也可能随着自动驾驶技术成熟，最终被完全取缔。然而，有关调查报告统计出，2021 年数字经济就业人数有 2.56 亿人，预计到 2030 年数字经济带动就业人数高达 4.49 亿人，数字经济将成为新型就业岗位的"孵化器"和"蓄水池"。世界经济论坛《2020 年就业前景报告》（*The Future of Jobs Report 2020*）预计未来 20 年，大数据、人工智能、机器人等技术的进步将使中国就业净增长约 12%。

首先，在制造业数字化和自动化逐渐普及的背景下，越来越多地独立于制造业但又作为中间投入而服务于制造业的生产性服务业迅速发展，例如，研发、大数据采集、市场调查、信息与财务、创意设计、会展、人力资源管理与培训、计算机软件服务、租赁与商业、邮政快递服务等。这些生产性服务业，使得制造业工序更加精细化和专业化。与此同时，随着大数据、云计算、（移动）互联网、人工智能等技术向生活性服务领域全面渗透和嵌入，高端生活性服务业扩张，如养老医疗、高端旅游、文化娱乐、教育培训等服务需求将大幅上升，服务业就业规模增加。

其次，高技能劳动者将时间配置到专业技能领域以获取更高的工资收入，会将生活性服务活动或生产性辅助服务交由中低技能者完成，因而随着高技能者人数的增加及其收入的提高，中低技能服务的岗位需求诸如家政、护工、安装维修、餐饮娱乐等将不断衍生出来并且进一步职业化，这些生活性服务和生产性辅助工作目前难以由机器来承担替代（赵昱名和黄少卿，2020）。

劳动力需求创造效应也被一些研究所深入探讨。特拉坦伯格（Trajtenberg，2018）认为人工智能技术是下一代"通用目的技术"（GPT），它的应用虽然导致许多职业消失，但是大规模失业并不会成为常态，相反围绕新技术会产生大量的新岗位，并列举了一些新的行业和职业，例如，风险投资行业、专利律师、设计师等，以及高档餐馆和娱乐、健身、旅游等。阿西莫格鲁和雷斯特雷波（Acemoglu & Restrepo，2018a，2018b）认为，尽管工业机器人能够对劳动力产生替代，但人工智能技术进步也会通过提高生产率、促进资本积累、实现自动化深化以及创造新任务的方式刺激经济发展，增加新的岗位和新的就业需求。其中新任务的创造对就业的拉动作用最为显著，并利用1980~2007年美国劳动力数据发现就业总人口增长约17.5%，而由人工智能创造的新任务新岗位占近一半份额。

二、新经济发展对贸易发展的其他影响

（一）降低对外贸易成本，促进对外贸易增长

数字技术改变经济的每个方面，国际贸易也不例外。即使人口结构不发生任何变化、生产部门没有进行任何的革新，以及消费者的收入、偏好和消费模式没有改变，新经济的发展也会通过降低贸易成本促进贸易规模扩大，增加可贸易品的种类和范围，增加小微型企业经营主体。数字技术会降低跨境贸易各环节成本，无论是地理上的、语言文化上的、信息上的，还是监管上的，尤其是对于受到通信、运输、物流、匹配和验证成本阻碍的贸易。

第一，基于数字要素和数字技术生产的数字交付产品，如电子图书、电子资料、电子程序、电子影音、数字新闻娱乐等，在当前的国际通行惯例中，这类产品为零关税和零距离运输成本；第二，数字技术有助于搜索产品，实时翻译和在线平台能够促进不同语言的交流，降低信息成本，提高商品的价格透明度。第三，物联网和区块链可能简化验证和认证程序，帮助消费者验证商品品质、质量和信誉，加速供需匹配。第四，人工智能技术的应用可以促进跨境物流，例如，使用智能机器人优化路线规划和启用自动驾驶、优化存储和库存、进行实时货物和装运跟踪等，降低运输成本。第五，数字技术提供的电子数据交换体系和单一电子窗口等基础信息及通信技术可以简化通关程序，实现贸易便利化，从而降低各类商品的跨

境监管与管理成本。

有研究认为，以互联网、区块链等为代表的数字化技术的发展，大幅弱化了地理距离的限制作用以及信息不对称问题，显著降低了国际贸易成本（Lendle et al.，2016）。跨境电商有助于降低对外贸易过程中的宣传成本、市场调研成本、搜寻成本、沟通成本、合同订立成本、交付成本、订单管理成本以及客户服务与支持成本（马述忠、郭继文和张洪胜，2019）。数字贸易的理论基础、政策措施，以及国际规则都有别于传统贸易（张先锋等，2021）。数字经济时代消费者日益凸显的个性化、差异化偏好能够通过跨境电商被直接满足，是数字贸易区别于传统贸易的重要表现（郭继文和马述忠，2022）。

（二）增加新产品和服务的供给，促进数字贸易发展

数字技术催生了新的生产部门和行业，数字技术使得部分货物和服务数字化，例如，一些需要载体的货物，随着数字技术的发展，这些货物不再需要载体，直接通过网络传输，从而丰富了国际市场中的产品和服务种类，增加了可贸易品的范围。

数字贸易近年来发展速度惊人，正成为推动全球贸易复苏及贸易规则重塑的关键力量。当前还没有对数字贸易形成统一的界定，美国国际贸易委员会（USITC）2013 年 7 月发布的《美国和全球经济中的数字贸易 I》（*Digital Trade in the U. S. and the Global Economy I*）较早对数字贸易进行了界定，认为数字贸易是通过互联网传输产品或服务的国内商务及国际贸易活动，包括数字内容、社交媒介、搜索引擎、其他数字化产品和服务。2014 年美国国际贸易委员会对数字贸易的概念进行了修订，将其解释为互联网和互联网技术在订购、生产以及交付等一个或多个环节中起到关键性作用，即可视为数字贸易。2017 年美国国际贸易委员会在《全球数字贸易 I：市场机会和主要对外贸易限制》（*Global Digital Trade I：Market Opportunities and Key Foreign*

Trade Restrictions）中，对数字贸易的界定又恢复到窄口径，认为数字贸易是一种通过固定通信网络或无线数字网络提供的产品和服务。在世界贸易组织（WTO）、国际货币基金组织（IMF）及经济合作与发展组织（OECD）共同发布的《数字贸易测度手册》（*Handbook on Measuring Digital Trade*）2017 年版本与 2023 年版本中，将数字贸易界定为"所有通过数字订购和/或数字交付的贸易"包括三个部分：数字方式订购贸易、数字方式交付贸易、在数字中介平台上进行的国际贸易，被称为"OECD-WTO-IMF"概念框架。商务部《中国数字贸易发展报告（2021）》将数字贸易内涵进一步扩大为：以数据资源作为关键生产要素、以现代信息网络作为重要载体、以信息通信技术的有效使用促进效率提升和结构优化的一系列对外贸易活动。由此可见，国际、国内对于数字贸易的内涵界定和内容划分均存在一定的差异，有广义和狭义之分，它们之间的本质区别在于数字贸易是贸易方式数字化还是贸易标的数字化，然而无论广义还是狭义，二者均强调了数字化服务和产品在数字贸易中的核心地位。本章中，数字贸易是狭义内涵的数字贸易。

近年来，狭义范围的数字贸易由于概念明确、统计精度和应用价值高而被广泛应用。根据联合国贸易和发展会议（UNCTAD）统计数据，2011 ~ 2021 年全球可通过数字交付的服务出口规模从 2.15 万亿美元增长至 3.81 万亿美元，年均增速 5.9%，2021 年占全球服务贸易出口的比重达到 61.3%，数字贸易在全球服务贸易中的主导地位已经显现。中国的数字服务贸易爆发式增长，2011 ~ 2021 年我国可数字化交付的服务进出口额从 1648.4 亿美元增至 3596.9 亿美元，年均增长 8.1%。2021 年我国数字服务（可数字化交付的服务）进出口规模达到 3596.9 亿美元，同比增长 22.3%，占我国服务进出口总规模的比重达到 43.2%。据商务部《中国数字贸易发展报告（2020）》预计，2025 年我国可数字化的服务贸易进出口总额将超过 4000 亿美元。

（三）企业数字化转型的成本与困境

新经济发展和数字化转型会促进国家（地区）的对外贸易发展。然而，作为市场的主体企业，在数字化转型过程中面临着巨大的压力，有些企业经历阵痛之后重生，有些企业会退出市场。从传统工业经济向数字化经济的转型过程并非一帆风顺。据《新京报》2022 年 3 月 10 日《我国制造业企业加速转型，走在世界前列》报道，中国企业数字化转型速度在加快，从行业角度看，轻纺行业转型比较快，重化工业转型比较慢。从规模来看，大型企业数字化转型程度比较高，中小型企业数字化转型程度比较低。从地区来看，东部沿海地区比较快，西南和东北地区比较慢。但是转型的绩效并不乐观，一些企业为了数字化转型，投入了很多的时间精力和人员，往往忽略掉原有的业务，企业配套的数字部门需要招聘新人，短期内看不到业绩。企业数字化转型，总体上没有显著提升企业资产回报率和利润率，因为大部分企业还处于转型阵痛期和试验期。大企业、外资企业转型绩效比较好，中小企业数字化转型效果不太好。何建华（2022）关于芜湖市中小企业的调查发现，在阻碍企业数字化建设主要的因素中，前三位分别是：53% 的调研对象认为缺乏专业人才，51% 的调研对象认为投资费用太高且专项资金缺乏，21% 的调研对象认为对数字化技术不了解且缺乏数字化培训。崔恺媛和刘璐（2022）认为，制造业具有细分行业多、生产流程异质性等特点，对突破分工边界的深层次数字化转型形成阻碍，以企业为主体的转型方式无法同时实现反垄断规制、信息有效共享、降低短期成本的三重目标；当市场需求的细分程度不足、生产设备与生产流程的转化成本较高时，企业缺少向高阶转型的外部激励与内部动力，会在技术应用融合的初级阶段停滞；当市场需求的细分程度高、产品标准化水平低时，企业的业态创新进程快，但突破行业生产壁垒的内生动力不足，转型进程放缓。

1. 企业面临的内部困境

（1）数字化转型首先需要投入大量的基建成本或固定成本。数字化转型前期投入大、资金回流周期长、投入风险高，而且尚未形成围绕关联需求提供增值产品或服务的商业模式，落地盈利前景不明，因而社会资本投资意愿低下。数字基础设施建设对政府财政依赖性较强，政府需要财政投入建造数字基础设施和数字化新基础设施，包括信息网络基础设施、云网与算网设施、工业互联网、充电桩、高速轨道交通、特高压等等。从企业角度来说，需要投入大批资金对企业信息设备和系统进行数字化改造，包括采购大屏幕电子显示设备、工业软件、操作系统、办公和营销软件等，在数字化转型的核心技术和第三方服务方面供给不足，核心技术如芯片、底层操作系统、嵌入式工业软件和开发工具等核心软件，高端传感器和控制设备、人机交互等核心设备，存在被国外垄断的普遍情况，需要依靠国外引进，成本高昂（蒋旭，2020）。

（2）重视短期目标，缺乏长效管理机制，数字化转型内在动力不足。首先，一些企业在发展过程中对于降低要素成本、扩张生产规模的模式形成了路径依赖，数字化转型的前期投入大，不仅需要硬件和软件的更替，相应的业务和管理人员、业务流程也会发生调整，投入具有持续性，短期无法收回成本，或者现阶段的信息技术水平难以在转型期降低成本，因此数字化主动意识并不强烈。其次，收集和分析管理数据可能会使企业面临更多的数据泄露和信息安全风险，这些风险带来的负面影响可能是灾难性的，很多企业在数据安全方面缺乏足够的投入和管理能力，缺乏相应的风险防范管理经验与专业技术人员及法务人员。

（3）企业在采集数字信息和生产管理数字化方面的能力较弱。很多企业仍通过人工采集获得数字化所需的基础数据，基本未使用物联网、云计算、大数据和人工智能等技术。数据采集过程需要投入大量时间和人力物力成本，从数据到信息同样要经过一个数据处理过程，数据并不等于有价值的信息，如果企业的成本控制不当，将会导致转型期成本投入过大和盈利能力下降。安德鲁斯等（Andrews，Nicoletti & Timiliotis，2018）调查欧洲25个国家工业企业在2010~2016年的数字化转型，发现在宽带网络应用普及之后，企业在数据管理、ICT 专业技能、风险资产管理以及人力资本管理方面的数字技能非常低。比安奇尼等（Bianchini，Macro & Insung，2021）的报告显示，韩国无论是大型企业还是中小企业，使用云计算的比率均远低于经济合作与发展组织国家平均水平，一些企业所使用的机器设备，并不具备从外部收集数据的接口，或者这些数据的格式和收集方法并不一致，导致无法在现有条件下直接分析和利用数据。2021 年下半年广东省电信规划设计院对地处广州、佛山和中山等市 30 余家企业进行实地走访调研发现：90% 以上的企业仍通过人工采集获得数字化所需的基础数据，基本未使用物联网；80% 以上的企业资源计划（ERP）系统数据仍使用人工输入，基本没有结合物联网、大数据和人工智能等技术。

（4）数字化转型需要精通数字技术和业务内容的复合型人力资本。目前对于大型企业以及东部发达地区的企业来说，既懂技术又懂业务的专业人才并不匮乏，然而对于我国中部、西部、东北地区，以及县域范围的企业来说，复合型人才较为稀缺，存量有限增量不足，高端数字人才存在"招不到""留不住"的现象（李萌，2023）。对中国企业的调查显示，中小企业中数字化相关人才平均占比仅为 20%，只有 15% 的企业建立了数字化人才培养体系（李勇坚，2022）。

2. 企业面临的外部困境

（1）数据要素市场的法律法规实施和市场监管体系尚不健全。《中华人民共和国网络安全法》《中华人民共和国数据安全法》《中华人民共和国个人信息保护法》《数据安全管理办法》《互联网信息内容管理行政执法程序规定》《网络信息内容生态治理规定》等法律法规都是自党的十八大以来颁布和实施，在程序上确立了网络治理和数据安全的法律基础与行政规范，但是在具体实践过程中，对于数据产权、数据流通交易、收益分配等行为仍然需要实施细则或行业规范，例如，在数据分类分级与分类标准、商业数据与隐私数据保护、安全审查等细则上并不完备，处于摸索阶段。

（2）公共数据开发利用的程序性制度设计缺失，企业参与公共数据资源开发利用的授权机制、服务标准及定价标准等政策规章基本处于空白，公共数据资源运营许可和程序不完善。公共数据开发利用的数据供给制度不完善，成为企业参与公共数据服务的制度性障碍。政企合作关系制度设计不规范，政府和企业之间权责义务划分不清晰，当发生国家安全、个人隐私数据泄露等事故时，难以找到责任主体。

三、对已有影响机制冲击的异质性分析

（一）对劳动力市场冲击的异质性分析

围绕当前数字技术革新对劳动力市场的影响，尽管新技术对就业创造和就业抑制的净效应尚待讨论，但可以确定的是，技能偏向型的技术进步对于具有不同人力资本结构特征的劳动者而言，其分工影响是非中性的（Acemoglu，2002）。弗雷和奥斯本（Frey & Osborne，2013）使用美国劳工部开发的职业信息网络数据整理出 702 种职业，预测认为随着人工智能和机器学习的进步，美国可能会有 47% 的职位在未来 20 年被人工智能替代，但是涉及复杂理解力或操纵力、创造型和社交型智能的职业不太可能在未来几十年被人工智能取代。数字技术的发展与劳动力之间的替代关系是一种"补位式替代"，而不仅仅是"挤出式替代"（陈秋霖等，2018）。数字技术尤其是人工智能技术的应用不可逆转，然而在变革的过程中所带来的"机遇""阵痛"对于不同行业、群体而言是不相同的，那些从事重复性手工与低认知工作的中低技能工作人员将面临智能机器与人工智能软件的冲击，中等技能工作岗位数量下降，中等技能岗位的技术性失业者被迫重新就业。受学习能力和个人发展潜力等因素影响，其中一部分人员会往低端服务业如零售、旅游或运

输分流，另一部分会通过培训等提升技能，往高技能转型，逐渐形成技能结构的两极分化。这种"就业极化"现象，越来越普遍存在，以美国、英国、法国为代表的发达国家劳动力市场出现了一个重要现象，高技能劳动力占比快速上升，中等技能劳动力占比不断下降，低技能劳动力稳中有升（Autor et al.，2006）。中国的典型事实同样显示，中等技能、高技能就业比例快速上升，低技能就业比例不断下降。唐永和张衔（2022）根据第三次至第六次中国人口普查资料发现，中国制造业出现了就业极化现象。在行业层面已经呈现出了就业极化与升级并存现象（徐少俊和郑江淮，2022）。

关于就业极化的原因，奥托等（Autor et al.，2006）认为中等技能要求的就业岗位更容易被自动化所替代，相对于低等技能与高等技能要求的岗位而言，中等技能要求岗位的数量和工资增长速度相对缓慢甚至减少。加格尔等（Gaggl et al.，2017）对英国一项针对小型企业 ICT 投资免税政策的实证研究发现，ICT 技术的就业替代效应主要作用于需要中等技能水平的岗位，从而导致就业结构呈现出"中部坍塌"的劳动极化现象，短期内新技术的运用对从事程式化劳动就业者的替代并不明显，这种"创造性毁灭"只有经过一个较长时期才会逐渐发生。国内研究认为，在信息技术的应用下，企业在对成本和产出的考量中不断进行组织结构和劳动力技能结构的优化，进而在信息化的过程中增加高技能劳动力雇佣比例，减少低技能劳动力雇佣比例（宁光杰和林子亮，2014）。杨飞（2016）根据世界银行中国企业投资环境调查 2012 年数据研究发现，制造业信息化和机器人应用促进了中国劳动力市场极化，中等技能劳动需求占比下降的同时，高技能劳动和低技能劳动需求占比上升。邵文波和李坤望（2014）利用分行业的跨国数据发现信息技术应用对劳动力需求结构的影响，企业信息技术应用改变企业组织结构，使其更加扁平化和去中心化，降低了企业的决策成本，由此也需要更多的高技能劳动，提高了高技能劳动的相对需求。谢萌萌等（2020）基于 2011 ~ 2017 年制造业企业数据研究发现，制造业企业融合人工智能显著降低了低技能的就业比重。

闫雪凌、朱博楷和马超（2020）使用我国 2006～2017 年制造业分行业数据，实证研究了工业机器人使用对于制造业就业的影响。发现工业机器人就业效应存在行业异质性，行业规模、资本深化度、研发力度、人力资本规模会降低所在行业受到工业机器人使用的负面冲击，因为这一类行业通常是高技术行业，他们对于新技术的适应能力更强，调整更快，受到智能机器人的负面冲击程度相较而言更轻。何小钢和刘叩明（2023）认为机器人使用导致非常规任务就业增长，常规任务就业减少，产生就业极化效应，在机器人依赖程度较高的企业中更为明显。

"就业极化"的直接衍生后果是拉大工资收入差距。阿克曼（Akerman，2015）使用 2000～2008 年挪威官方统计的非股份制企业税收记录调查数据研究发现，互联网能够促进高技能劳动者劳动生产率和工资水平的提高，同时降低简单技能型劳动者的生产率和工资。当中等技术劳动力被工业机器人挤出后，新技术引发的生产率提高导致了行业整体工资水平的上升，即人工智能技术会提高工人的平均工资（Graetz & Michaels，2018），但是人工智能技术的推广和应用将会加剧不同技能要求岗位间的收入不平等（Dauth et al.，2017；Lankisch et al.，2017）。

（二）对消费市场冲击的异质性分析

根据第 51 次《中国互联网络发展状况统计报告》（2023 年），截至 2022 年 12 月，我国网民规模为 10.67 亿，较 2021 年 12 月新增网民 3549 万，互联网普及率达 75.6%，较 2021 年 12 月提升 2.6 个百分点。以上统计数据表明，近年来我国居民的互联网普及率已经远高于世界平均水平，并且逐渐接近欧美发达国家水平。我国网民规模继续扩大，用网环境和用网体验的持续改善，主要得益于以下几个方面的因素：新型网络基础设施建设为民众提供更高质量的用网环境；物联网创造多元的接入设备和应用场景，提升用户网络使用体验；适老化改造及信息无障碍服务成效显著，持续促进数字包容；

未成年人互联网普及率持续提升。然而，进一步分析网民结构属性会发现，互联网普及率的提高，在网民所属地区、年龄组、收入群体等属性方面存在较大的差异。

（1）网民以中青年为主。2021年12月，中国60岁及以上老年网民规模达到1.19亿，占网民整体比例达11.5%，50岁以上的网民规模也上升至26.8%，这一指标远超过2015年的3.9%，但是距离数字包容型社会的全年龄覆盖目标仍有相当距离。2022年12月，我国20～29岁、30～39岁、40～49岁、50～59岁、60岁及以上网民占网民比重分别为14.2%、19.6%、16.7%、16.5%、14.3%，尽管老年网民比例较2021年的11.5%有所提高，但是相对其他年龄组仍然较低。20～59岁年龄组的青年、中年仍然是我国网民主体。

（2）在非网民中，农村地区、老年人的比例较高。2022年底我国非网民规模为3.44亿，非网民以农村地区为主，农村地区非网民占比为55.2%，高于全国农村人口比例19.9个百分点。从年龄组来看，60岁及以上老年群体是非网民的主要群体，60岁及以上非网民群体占非网民总体的比例为37.4%，较全国60岁及以上人口比例高出17.6个百分点。

（3）老年网民偏好基础类与简单类互联网应用。根据智研咨询（2022）相关数据，老年网民使用电视及各类电脑设备上网的比例不足20%，使用智能家居和可穿戴设备上网的比例不足10%，远低于网民整体使用比例。即时通信、网络视频、互联网政务服务、网络新闻、网络支付是老年网民最常用的五种应用。由此可见，老年群体偏好互联网的"基础应用类"。对于"商务交易类"的其他应用如网络购物、网上外卖、在线旅行预订，以及"网络娱乐类"的网络直播、网络游戏、网络音乐、网络文学的应用很低。而对于"社会服务类"的应用如网约车、互联网医疗、线上健身则应用更少。

已有研究认为，随着信息技术的发展，老年"数字鸿沟"会相应地发生变化。一方面，随着收入和消费水平的提升以及信息通信设备价格的降低，老年人购买和使用信息设备的概率增加，有助于缩小老年人与中青年人群的"数字接入鸿沟"；另一方面，伴随着信息技术的发展，商务交易类和社会服务类网络应用很快得到广大中青年群体的青睐，大大提高了生活便利性，但同时也给越来越多的老年人的生活增添了困难（陆杰华和韦晓丹，2021；张勋等，2020），原因在于老年人在学习和应用新知识新技术上的能力远低于年轻人，技术更新同时也导致老年群体面临的"数字使用鸿沟"进一步扩大。杜鹏和韩文婷（2021）认为，中国老年人的数字技术适应能力与互联网深入日常生活的速度存在明显差距，导致老年人面临严重的数字融入困难。因此，在数字信息技术发展促进老年群体福利水平提升的同时，"数字鸿沟"的存在可能会产生一定的负面影响。

李汉雄、万广华和孙伟增（2022）基于2010～2018年中国家庭追踪调查（CFPS）数据，从正反两个方向分析信息技术对老年群体生活满意度的影响。研究发现，通信技术的发展有利于老年人跨过"数字接入鸿沟"，但是加深了"数字使用鸿沟"。通信技术在总体上提高了老年人的生活满意度，但他们所面临的技术使用障碍使其生活满意度受到了显著的负向影响。周慧（2023）采用随机抽样调查的方法，对贵州省贵阳市南明区永乐乡开展农村老年人"数字鸿沟"现象的调查。发现农村地区的数字化设备接入程度远低于城市地区，相较于城镇地区普遍的网络使用，农村地区的数字化无论是从政府角度，还是从社会宣传角度都远低于城镇地区。生活在农村地区的老年人，其数字设备使用更是面临双重鸿沟，主要原因包括：老年人收入微薄、身体原因行动不灵活、较多老年人没有经历过文化教育、传统生活方式固化难以适应新技术新事物、缺乏网络安全辨识能力容易受骗上当等等。综合来看，农村老年人大多数都无法自主融入数字社会。

（三）企业数字化转型的异质性分析

传统企业数字化转型成为应对市场竞争压力的重要方式。但从实际情况来看，中小型企业对信息化、数字化、智能化的发展阶段缺乏了解或存在理解偏差，往往意识不到企业转型发展的必要性和未来转型的必然性。中小型企业在数字技术应用方面，局限于使用信息技术进行办公管理或进行财务及人员管理等方面，对于数据采集、数字化管理等方面使用率较低，还有一些传统中小企业没有任何数字技术的应用。整体上看，中小型企业数字化转型在实践中明显落后于大型企业。

首先，很多中小型企业对数字化转型的认知模糊且片面，有些企业虽然了解数字化的基本概念，但是对其基础条件、具体流程、发展阶段等缺乏了解。有些企业认为智能制造就是数字化转型，有些企业认为使用工业软件就是数字化转型，还有些企业将在线营销系统等同于数字化转型。理论认知和实践经验的缺乏，导致企业在数字产品与服务的选购、应用等方面难以抉择，甚至盲目跟风，部分中小型企业跟风购入新兴数字化工具，忽略其对企业的实际应用价值，导致企业利润受损。

其次，中小型企业在数字技术人才的竞争中处于不利地位，较难吸引数字技术人才。中小型企业规模小，尚未建立成熟高效的数字人才培训体系。因此中小型企业数字化转型所需的复合型人才的供给严重滞后于需求。同时，中小型企业又面临市场竞争较为激烈、研发创新投入不足，以及融资难、融资贵等固有挑战，因此中小型企业为维持平稳的运营与发展，不愿意投入更多的财力物力人力进行数字化转型。

最后，数字技能欠缺是影响中小型企业数字化转型的重要因素。有些企业有数字化转型意愿，并且加大数字化转型资金投入，但是缺乏专业性指导，缺乏相应配套的转型战略与管理体系，数字化转型没有实现降本增效的效果（李萌，2023）。从服务市场来看，数字化转型服务供应商热衷于为大型企业定制数字化升级改造方案，很少有服务商根据中小微企业研发、设计、生产、营销、管理、服务等场景，提供针对性的解决方案（李勇坚，2022）。

第四节 本 章 小 结

为了系统探明新经济背景下人口结构变化影响对外贸易高质量发展的内在机理和路径，本章首先围绕人口结构变化影响对外贸易的相关研究进行归纳梳理，以贸易效应作为首要关注的问题对已有研究进行甄别，并将贸易效应区分为贸易规模增长、贸易种类调整、比较优势演化、贸易竞争力、国际收支等维度分别进行梳理，分别介绍每个维度的代表文献、影响机制、人口结构衡量指标，以及具体的实证样本。为了发掘人口结构变化引致贸易效应的内在机理，本章详细解释了具有代表意义的理论模型和分析框架。

其次，从生产、流通、交换和消费等维度分析了新经济发展产生的贸易效应，认为通过提高社会生产力、开发个性化消费市场、开发潜在需求市场、开发新消费模式、降低贸易成本、增加数字产品供给等方式，新经济发展将带来对外贸易的进一步繁荣。与此同时，本章认为新经济发展产生的贸易效应与人口结构因素密切关联，新经济发展能够对人口结构变化影响对外贸易发展的路径产生一定的冲击，认为新一代信息与通信技术、数字技术的应用对已有影响路径的冲击集中在生产与消费各个环节，从而对生产与消费规模、对劳动力供给与需求、对劳动力成本、对研发与创新等机制产生冲击，这些冲击可能会加剧或缓和人口结构变化对贸易高质量发展的作用力。

最后，新经济发展带来的贸易效应和对劳动力市场的冲击存在行业、技能异质性，存在居民特定属性的异质性。在消费市场，由于消费个体在收入水平、受教育以及认知能力等方面的差异，"数字鸿沟"现象普遍存在，这在老年人群中表现得更加明显，"数字鸿沟"可能会导致"消费鸿沟"。在劳动力市场，就业结构普遍呈现出"极化现象"，中间技能型劳动力容易被替代，消费服务型劳动力、高技能创新型劳动力需求扩大。

第四章

我国人口结构变化与对外贸易高质量发展的时空特征

第一节 人口结构变化特征分析

一、人口结构基本概念

人口结构是指按照人口的某种特征划分总人口，将人口总体划分为各个组成部分。一般而言，按照人口的不同特征可将人口结构分为三大类：人口自然结构、人口空间结构、人口社会结构。其中，人口自然结构是按照人口的自然特征划分，如年龄结构、性别结构，这是最基本的人口结构；人口空间结构是按照人口的地理分布状况划分，如人口所处的行政、自然与经济区域分布、城乡分布等；人口社会结构是按照人口所属的社会属性划分，如教育结构，职业结构，技术结构，民族结构及婚姻结构等。主要的人口结构分类如图 4.1 所示。综上可知，人口结构可以细分出各种类型，本章主要统计描述人口规模、人口分布、年龄结构、教育结构和城乡结构。

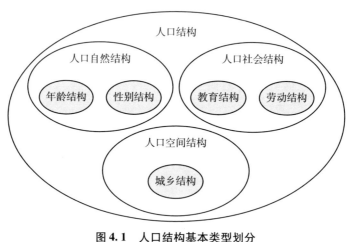

图 4.1　人口结构基本类型划分

二、我国人口结构时空特征

（一）人口规模

根据国家统计局数据，2021 年末，全国人口 141260 万人，比上年末增加 48 万人。全年出生人口 1062 万人，出生率为 7.52‰，自然增长率为 0.34‰。2022 年末全国人口 141175 万人，比上年减少 85 万人，人口出现负增长。

图 4.2 绘制出我国各省份三次人口普查的总人口变化不包含我国港澳台

地区。从左至右依次按照东部、中部、西部和东北地区排列。东部地区包括
北京、天津、河北、上海、江苏、浙江、福建、山东、广东和海南 10 个省
份；中部地区包括山西、安徽、江西、河南、湖北和湖南 6 个省份；西部地
区包括内蒙古、广西、重庆、四川、贵州、云南、西藏、陕西、甘肃、青海、
宁夏和新疆 12 个省份；东北地区包括辽宁、吉林和黑龙江 3 个省份。

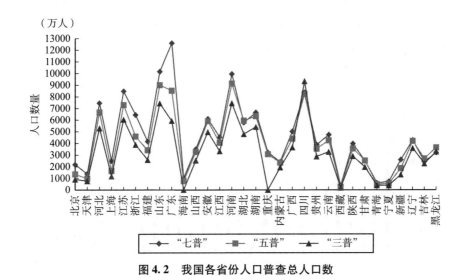

图 4.2　我国各省份人口普查总人口数

资料来源：国家统计局。

　　根据第七次人口普查数据，东部地区人口为 56371.7119 万人，占
39.93%；中部地区人口为 36469.4362 万人，占 25.83%；西部地区人口为
38285.2295 万人，占 27.12%；东北地区人口为 9851.4948 万人，占 6.98%。
与 2010 年第六次全国人口普查相比，2020 年的东部地区人口所占比重上升
2.15 个百分点，中部地区人口所占比重下降 0.79 个百分点，西部地区人口
所占比重上升 0.22 个百分点，东北地区人口所占比重下降 1.20 个百分点。
中部、西部人口变化相对平稳，东部和东北地区形成鲜明对比，人口进一步
向东部发达城市群聚集，快速从收缩型城市流出。第三次人口普查与第四次

人口普查时期，重庆纳入四川省统计，第三次人口普查时期海南纳入广东省统计。从第三次人口普查到第七次人口普查，各省份总人口都呈现增加的趋势，第七次人口普查中人口最多的省份分别为广东、河南和四川，广东常住人口最多12601万人，人口最少的是西藏，常住人口365万人。

从城市维度来看，通过对比第七次和第五次全国人口普查数据可知，从2000~2020年人口流入最多的30个城市如图4.3所示，其2000~2020年内常住人口均增长200万以上，其中以深圳、成都、广州、上海、北京这5个城市增加得最多，均在800万人以上。

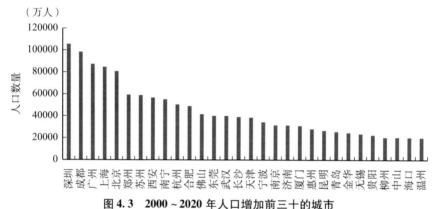

图4.3 2000~2020年人口增加前三十的城市

资料来源：国家统计局。

常住人口减少最严重的30个城市则如图4.4所示，东北地区有6个城市，中部地区有7个城市，西部地区有16个城市，东部地区仅有盐城1个城市。2000~2020年人口迁移情况反映了人口向经济发达区域、城市群进一步集聚的趋势。东部发达地区人口持续聚集，"粤港澳+海南""长三角""京津冀+山东半岛"成为三大人口集聚区域。这三大区域经济起步早、先发优势明显，一直是人口流入较为集中的区域。

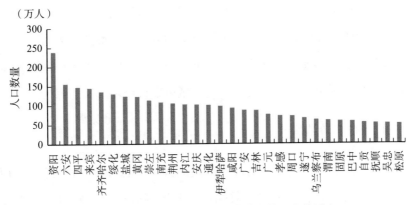

图 4.4 2000 ~ 2020 年人口规模减少前三十的城市

资料来源：国家统计局。

（二）人口密度

城市的自然资源、地理条件和区域面积各不相同，其承载人口的客观条件也因此而不同，人口规模这一绝对指标难以概括城市的人口状况。城市是人口聚集的载体，城市化进程也是人口集聚水平提升的过程，因此有必要从人口密度这一指标概览城市的人口分布状况。

根据 1990 年第四次人口普查数据，人口密度较高的地区是北京、上海、天津、山东、河南和江苏，人口高度集中的城市有东北的哈尔滨、长春和沈阳，华北的北京和天津，华东整个苏南地区外加上海、杭州、宁波、温州、济南、青岛、淄博，华南的广州、潮州、汕头、揭阳，华中的郑州、武汉、周口，西部的成都、重庆、西安。根据 2000 年第五次人口普查数据，东北地区的城市人口集中程度有所减弱，福建、广东等沿海省份的城市人口密度明显提高，珠三角的广州、深圳、佛山、东莞、中山、珠海集中了大量人口，相较于第四次人口普查，人口明显朝东部集中。2010 年第六次人口普查数据显示，相较于第五次人口普查，长三角、珠三角、京津地区的城市人口集聚进一步加强。2020 年第七次人口普查数据显示，人口密度最高的城市分别是京沪津、粤港澳大湾区、苏锡常，以及南京、成都、重庆、西安、杭州、宁波、温州、台州。在常住人口达到千万以上的城市中，粤港澳大湾区有 3 个，京津冀有 3 个，西部地区有 3 个，长三角有 3 个，山东、河南、湖北、湖南各有 1 个，相较于第六次人口普查，超大城市数目增多。

（三）人口年龄结构

在一定时间点、一定区域内各年龄组的人口占总人口的百分比称为人口的年龄结构。根据联合国人口年龄结构三阶段划分标准，分为三个年龄组：0 ~ 14 岁少年组、15 ~ 64 岁成年组和 65 岁及以上老年组。各年龄组占总人口的比例一定程度上反映该国家或城市的人口年龄结构特点，例如，少年组占比高则社会呈现出年轻型的人口年龄结构，老年组占比高的社会则呈现老年型的人口年龄结构。根据国家统计局公布数据，中国自 2000 年正式进入老龄化社会，2000 ~ 2020 年 65 岁及以上人口逐渐增多，截至 2020 年占比达到 13.50%，而 0 ~ 14 岁人口比例却呈现下降趋势，截至 2020 年比例为 17.90%。一般认为，14 岁及以下和 65 岁及以上为抚养人口，若这部分人口较多，养育和抚养需要的财政和社会压力将增加，尤其是老年抚养比的提高对人口代际平衡与养老保障体系可持续性造成冲击。

从第四次人口普查数据到第七次人口普查数据来看我国人口年龄结构的区域统计，从规模上看，东北地区总人口最少，东部地区人口最多。从年龄结构上看，1990 ~ 2000 年四大区域 0 ~ 14 岁人口都有不同程度的下降，下降幅度明显，同时 65 岁以上人口增长明显。2010 ~ 2020 年 0 ~ 14 岁人口虽然没有骤降但依然呈现下降趋势，反观 65 岁以上人口却在逐年递增，说明我国少子化、老龄化趋势明显，人口老龄化压力不断加大。

（四）老年系数和总抚养比

根据国家统计局公布数据，2021 年我国的人口净增长只有 50 多万人，创下近几十年来的新低，2022 年中国出生人口仅 956 万人，2022 年末全国总人口 141175 万人，比上年末减少 85 万人，出现近 61 年来的首次人口负增长。2023 年末，全国总人口 140967 万人，比上年末减少 208 万人。虽然总人口缓慢减少，但是 65 岁及以上的老年人口稳步增加。

由图 4.5 可知，从 2000 年到 2023 年，随着我国 65 岁及以上老年人口的数量由 8821 万人增长到 21676 万人，老年人口占比由 6.9% 增长到 15.3%。根据 1956 年联合国《人口老龄化及其社会经济后果》划分标准，当一个国家或地区 65 岁及以上老年人口数量，达到总人口的 14%，即进入深度老龄化社会。根据我国第七次人口普查数据和《中国统计年鉴（2023）》数据统计，我国老年抚养比从 2000 年的 9.9% 增长至 2022 年的 21.8%，总抚养比从 42.6% 增长至 46.7%。各省份的总抚养比具体如图 4.6 所示，2020 年各省份的总抚养比均超过 30%，当中有 9 个省份，总抚养比超过了 50%。2022 年，全国总抚养比较 2020 年进一步提高，有 22 个省份的总抚养比相对于 2020 年提高，9 个省份的总抚养比相对于 2020 年降低。

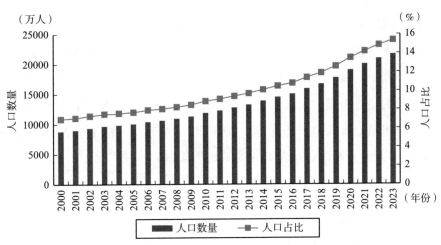

图 4.5　2000～2023 年中国 65 岁及以上人口规模和比重

资料来源：中国统计年鉴。

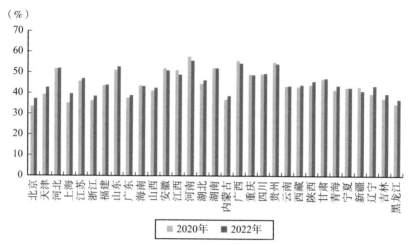

图 4.6　2020 年、2022 年各省份总抚养比

资料来源：第七次人口普查和《中国统计年鉴（2023）》。

　　根据第七次人口普查数据显示，2020 年我国育龄妇女总和生育率为 1.3%，已经低于正常人口更替水平，生育率一旦降至 1.5% 以下，就有跌入"低生育率陷阱"的可能。联合国发表的《世界人口展望（2022）》报告显示，如果未来我国人口生育率维持在当前的低水平，那么到 2050 年中国人口将减少到 12.3 亿人，其中老龄人口占比将高达 30%。由于人口少子化和老龄化的趋势增强，我国劳动力总供给在过去的二十年之内发生了重大变化，根据第七次人口普查数据，2020 年总劳动人口相比于 2010 年减少了 4000 多万人，城市劳动人口比的平均值从 2011 年的 70.2% 下降到 2020 年的 64.5%。

（五）教育结构

　　自 1999 年高校扩招政策的实施以来，高学历人才数量迅速增长，人口素质不断提升。在劳动力市场，人力资本质量和结构不断改善。根据第七次人口普查数据，我国 15 岁及以上人口平均受教育年限从 2010 年的 9.08 年提高至 2020 年的 9.91 年，16 ～ 59 岁劳动年龄人口平均受教育年限从 2010 年的 9.67 年提高至 2020 年的 10.75 年，文盲率相应的从 4.08% 下降为 2.67%。图 4.7 显示了从第四次人口普查到第七次人口普查，各省份每十万人大学生人数情况。总体而言，各省份每十万人大学生人数均明显增加，尤其是从第五次人口普查到第六次人口普查再到第七次人口普查，有较大增幅。

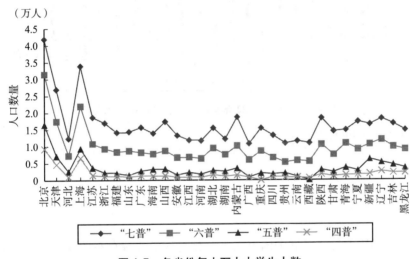

图 4.7　各省份每十万人大学生人数

资料来源：历次人口普查数据。

在高等教育方面，本科层次教育规模与占比在提高。图 4.8 体现了 2003 ～ 2022 年我国本科、专科在校生数和毕业生数基本情况，本科在校学生数包括普通本科在校学生数、成人本科在校学生数。专科在校学生数包括普通专科在校学生数、成人专科在校学生数。可以看出，本科、专科在校生数和毕业生数均逐年上升，2003 年本、专科在校生分别为 782.83 万人和 883.34 万人，2022 年分别达到 2493.40 万人和 2076.79 万人，成倍增加。本科在校生的增长率超过了专科，本科在校生的占比也相应地提高。2003～2022 年本科、专科在校生数占比从 47：53 变化到 55：45。

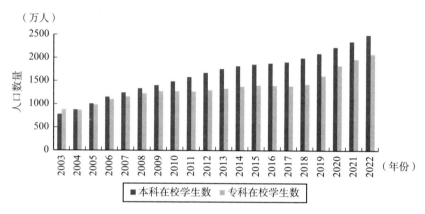

图 4.8　2003～2022 年全国本科、专科在校生人数

资料来源：《中国统计年鉴》。

（六）城乡结构

城乡结构差异是发展中国家在工业化进程中普遍存在的现象，中国城乡结构的"二元"特征十分典型，"城乡二元"，不仅是指"城乡二元"经济结构，也是"城乡二元"社会结构。

在现代化和工业化过程中，城乡结构始终处于动态的变迁发展之中，城市和农村是相互联系、相互依赖、相互影响的，只是在不同的发展阶段二者的地位和作用有所不同。在工业化初期，农业支持工业、为工业提供积累。但是当工业化达到一定程度后，工业需要反哺农业、城市需要支持农村。我国的"城乡二元"结构自 20 世纪 50 年代形成以来，城市不断从农村汲取资源，造成农民负担加重，农村发展滞后，最终导致了城乡发展的严重失衡。进入 21 世纪尤其是党的十六大以来，我国在城乡发展战略的认识上有了根本性的改变，逐渐确立了城乡统筹发展、协调发展、融合发展的基本思路，明确了城乡关系进入以工促农、以城带乡的发展阶段。2012年，党的十八大提出要走中国特色新型城镇化道路。从2011年末至2020年末，常住人口城镇化率从51.2%提高到63.9%，逐渐接近发达国家80%的城镇化率水平。由图4.9可知，从2000～2022年，各省份城镇化率大幅攀升，尤其是东部沿海地区，北京、上海、天津、浙江、江苏、广东等省份城镇化率均在70%以上。

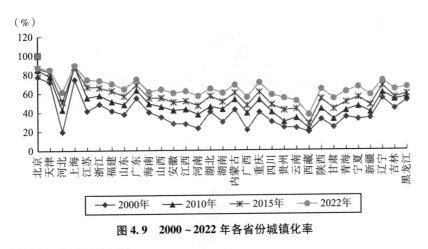

图4.9　2000～2022年各省份城镇化率

资料来源：《中国统计年鉴》。

图4.10是2005～2020年每隔5年各省份的城乡人口分布情况，可以看出，城镇人口与乡村人口最多的省份分别是广东与河南，截至2020年，上海、北京、天津、广东、江苏、浙江、辽宁等省份城镇化率均在70%以上，远超全国同期平均水平。

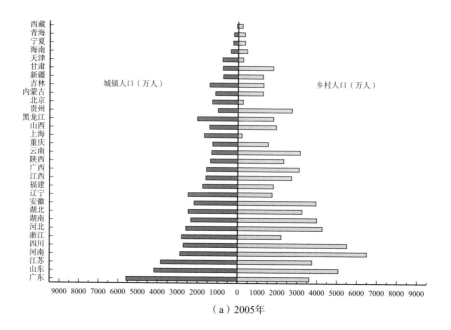

（a）2005年

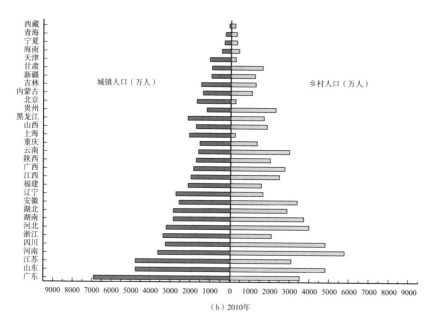

（b）2010年

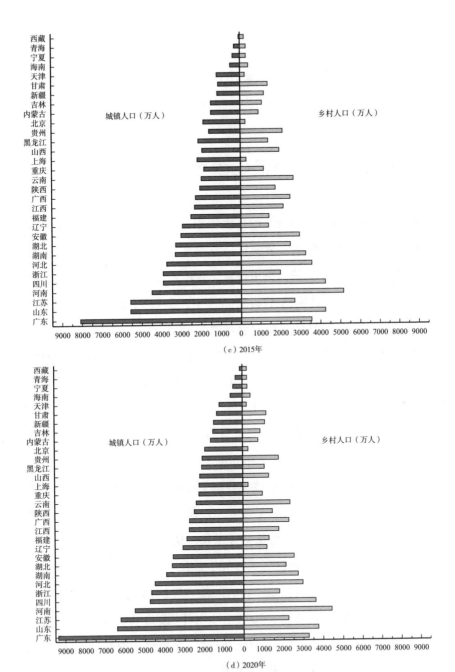

图 4.10　2005～2020 年各省份城镇与乡村人口分布

资料来源：国家统计局。

第二节　对外贸易发展现状

一、货物贸易规模持续扩大，外资利用额较高

1978 年，我国开启改革开放的伟大历程。四十多年来，不断开拓对外贸易新格局，实现历史性跨越，货物贸易总量高速增长，进出口规模实现跨越式发展。1978 ~ 2021 年，按人民币计价，我国进出口总额从 355 亿元提高到39.1 万亿元，年复合增速达 17.7%。其中，出口总额从 168 亿元提高到21.73 万亿元，增长 1293 倍，年复合增速为 18.1%；进口总额从 187 亿元提高到 17.37 万亿元，增长 928 倍，年复合增速为 17.2%。2008 年美国发生的次贷危机对全球范围内的经济产生了冲击，也导致我国对外贸易规模大幅下滑，次年，我国对外贸易总额较上一年下滑了 13.9%。2010 年总贸易额反弹，但是增长速度大不如前。2015 年与 2016 年，出口总额与上一年同期相比分别减少了 8% 和 6.5%，2017 年对外贸易总额开始恢复增长。2020 年以来，虽然受新冠疫情影响，但得益于我国对疫情的控制和完备的生产供应链体系，生产活动率先恢复，总贸易额和出口额快速增长，展现出较强的韧性。

近十几年以来，中国进口贸易持续增长，从 2012 年的 11.48 万亿元人民币上升到 2022 年的 18.06 万亿元人民币，2022 年比 2012 年增加了 57.3%。2023 年进口 17.98 万亿元人民币，略有降低。自 2009 年起，中国超越德国成为了全球第二大进口贸易国，2023 年，中国进口占世界进口的比重为10.6%，与 2022 年基本持平。中国已经连续 15 年稳居全球第二大进口贸易国的地位。进出口贸易概况如图 4.11 所示。

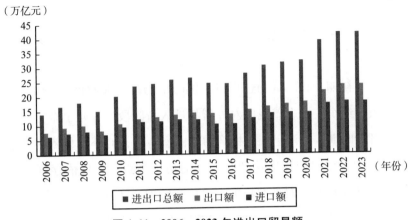

图 4.11　2006～2023 年进出口贸易额

资料来源：海关数据。

图 4.12 是我国 2006～2023 年的实际利用外资额。2006～2011 年我国实际利用外资快速增长，从 2006 年的 694 亿美元增长到 2011 年的 1160 亿美元，年平均增速达到 10% 左右，2012～2021 年我国实际利用外资额呈现稳步增长态势，并在 2020 年首次超过美国，成为全球利用外资额最多国家，到了 2021 年我国实际利用外资额已经达到 11975.8 亿元，折合达 1734.8 亿美元。利用外资促进了对外贸易发展，提供了多样化的产品和服务，有利于推动我国融入国际分工体系和产业链。

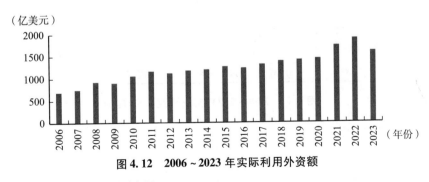

图 4.12　2006～2023 年实际利用外资额

资料来源：商务部外资统计年报。

二、对外贸易依存度呈下降趋势，近年趋于平稳

改革开放初期，我国货物进出口占国际市场份额非常低。2001 年 11 月加入世界贸易组织，标志着我国对外贸易进入新阶段，开始了全方位、多层次的对外开放时期，经济呈现出极高的外向型特色，对外贸易依存度迅速上升。2006 年对外贸易依存度达到 64.2% 的历史高点，出口依存度同年高达 35.4%。2013 年以来，对外贸易进入质量升级期，特别是在"后金融危机"时代，中国的世界贸易大国地位得以巩固，经济增长对贸易的依存度稳步降低，具体如图 4.13 所示。2020 年外贸依存度降至 31.79%，出口依存度为 17.69%。在这一调整中，中国对外贸易的年均增速降为 2.1%，较前一阶段大幅调低，但仍高于全球贸易 0.7% 的平均增速。"后疫情时代"，受益于中国疫情控制的良好现状，在 2021 年对外贸易首次突破 6 万亿美元大关，对外贸易依存度和出口依存度均有所回升，至 2023 年分别为 33.13% 和 18.86%。

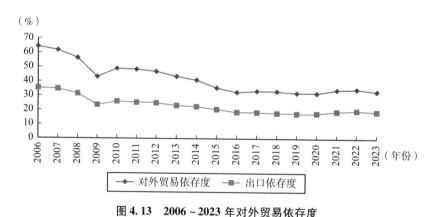

图 4.13　2006~2023 年对外贸易依存度

资料来源：海关数据。

就各省份来看，2000 年以来，对外贸依存度最高的是上海。2007 年上海

对外贸易依存度达历史最高点，为 172.2%。除上海之外，对外贸易依存度较高的省份还有北京、广东、天津、浙江、江苏等。从最新数据来看，2021年对外贸易依存度最高的依旧是上海，达 93.9%，其次是北京，达 75.4%。2021 年对外贸易依存度最低的是青海，为 1.3%，其他较低的省份还有贵州、西藏、甘肃等，均在 5% 以下。具体如图 4.14 所示。

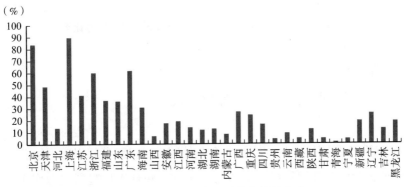

图 4.14　2023 年各省份对外贸易依存度

资料来源：海关数据。

三、一般贸易出口占比持续上升

货物贸易方式不断优化，更趋合理。改革开放初期，来料加工、进料加工等贸易方式极大地促进了对外贸易的发展，加工贸易占进出口总值的比重由 1981 年的 6% 增长到 1998 年的 53.4%，达到历史最高水平。此后，随着货物贸易结构的调整和产业转型升级的推进，加工贸易占比开始缓慢下降。加工贸易占比由 2012 年的 34.8% 下降至 2023 年的 21.7%，一般贸易占比由 2012 年的 48.5% 上升至 2023 年的 64.8%，一般贸易占比变化趋势如图 4.15所示。

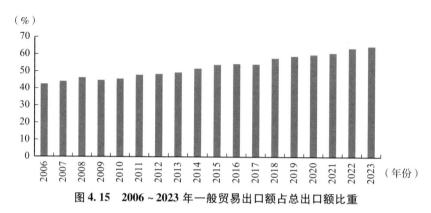

图 4.15　2006～2023 年一般贸易出口额占总出口额比重

资料来源：海关数据。

四、民营企业进出口占比持续增长

自 1999 年我国进一步放宽民营企业外贸进出口经营权以来，民营企业对外贸易成为我国对外贸易增长中新的增长点，并且逐步起到主力作用。由图 4.16 可见，2006 年民营企业进出口总额约 3076.6 亿美元，仅占全国进出口总额的 17.5%，2011 年民营企业进出口额约 1.02 万亿美元，占同期进出口总额的 28.0%。2012 年以来，民营企业进出口主力作用持续增强，进出口占比从 2012 年的 31.58%，持续增长到 2023 年的 53.50%。民营企业对外贸易主要有三个亮点：一是进出口韧性足；二是区域发展更趋协调；三是市场开拓力度不断增强。民营企业在我国对外贸易中扮演着日益重要的角色。

五、世界 500 强企业数量快速增长

加大品牌培育力度，品牌出口纳入海关统计。根据世界品牌实验室（World Brand Lab）揭晓的最新 2022 年《世界品牌 500 强》，中国入选的品牌共计 45 个，入选数继续超过英国（35 个），在所有国家品牌入选数量中位列第四。与此同时，根据《财富》杂志的世界 500 强排行榜，中国企业入选数

量在快速增加，2006年入选23家，在2022年世界500强榜单中，中国企业数量最多，达145家，比第二名美国多21家。中国国家电网以4606亿美元营收位列世界第三，是排名最高的中国企业。2019年中国500强企业数量首次超过美国，具体如图4.17所示。

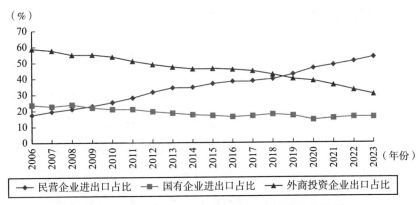

图4.16　2006～2023年不同类型企业的进出口占比

资料来源：海关数据。

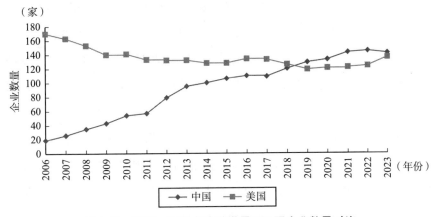

图4.17　2006～2023年中美世界500强企业数量对比

资料来源：笔者根据《世界品牌500强》和《财富》整理。

第三节 对外贸易高质量发展测度

一、对外贸易高质量发展的内涵

2019 年 11 月中共中央、国务院发布了《关于推进贸易高质量发展的指导意见》，文件指出推进贸易高质量发展，是党中央面对国际国内形势深刻变化做出的重大决策部署，是奋力推进新时代中国特色社会主义事业的必然要求，是事关经济社会发展全局的大事。在总体要求中指出通过大力优化贸易结构，推动进口与出口、货物贸易与服务贸易、贸易与双向投资、贸易与产业协调发展，促进国际国内要素有序自由流动、资源高效配置、市场深度融合，促进国际贸易收支平衡，实现贸易高质量发展。2021 年国务院发布《"十四五"对外贸易高质量发展规划》提出，以推进贸易高质量发展为主题，以贸易创新发展为动力，统筹贸易发展与安全，推动高水平对外开放，加快培育参与国际经济合作与竞争新优势，开创开放合作、包容普惠、共享共赢的国际贸易新局面。在主要目标中，"展望 2035 年，外贸高质量发展跃上新台阶。贸易结构更加优化，进出口更趋平衡，创新能力大幅提升，绿色低碳转型取得积极进展"。

如何科学地界定对外贸易高质量发展，目前国内外学术界仍无一致看法，主要观点包括两类：第一类从推动外贸发展的影响因素角度界定外贸高质量发展。戴翔（2018）认为，外贸高质量发展本质上就是"发展更趋平衡和更加充分"的对外贸易。从平衡角度看，要实现区域结构、产业结构、开放领域更加平衡；从充分角度看，实现从中低端价值链向高端价值链转型、从要素驱动向创新驱动转型、从简单融入全球化向具备全球治理能力转型。曲维玺等（2019）认为，外贸高质量发展必须是与出口产业和科技基础雄厚、外贸结构更加平衡、外贸国际竞争力显著增强、外贸综合服务制度体系完备以及掌握国际经贸规则话语权有关。张菲（2019）强调科技创新、贸易结构优化和国际规则制定对外贸高质量发展的作用。第二类从外贸发展的效果及其对经济发展的作用角度评价外贸高质量发展。赫洛克（Hallak，2006）、什奇吉尔斯基和格拉博夫斯基（Szczygielski & Grabowski，2012）认为出口商品质量决定了出口单位价值，并论证了出口单位价格作为反映出口质量指标的合理性和有效性。何莉（2010）用外贸发展和外贸效益来衡量外贸高质量发展，前者包括进出口商品结构、贸易条件、贸易方式、贸易地理及区域结构等，后者是指外贸对经济增长、产业结构、技术进步、吸引外资等的贡献。喻志军和姜万军（2013）认为，对外贸易质量是指在国民经济运行过程中对外贸易发展的整体状况，以及其对一国经济和社会发展发挥作用的程度与效果。

第一类界定方法侧重外贸高质量发展的主客观条件，第二类方法能够反映外贸高质量发展的特征与结果。综合两类含义，外贸高质量发展是"量"和"质"都持续增长的发展方式。外贸"量"是"质"的基础。一方面，外贸高质量发展是数量的持续增长；另一方面，外贸高质量发展离不开质量的持续提升。结合已有研究和《"十四五"对外贸易高质量发展规划》（2021年）的目标和重点任务以及国务院发布的《关于推进贸易高质量发展的指导意见》（2019年），本节衡量城市的对外贸易高质量发展水平，具体来说，根据合成指数构建原理，构建相应的评价体系，合成对外贸易高质量发展指数，以此指数来表示城市的对外贸易高质量发展水平，其特点在于：第一，评价侧重从外贸发展的特征、效果和水平的角度，而非从宏观的政策制度措施、行业规范与标准、软硬件基础设施、商业法律及文化环境这些推动外贸发展的影响因素角度去量化；第二，从城市口径测度各城市的对外贸易发展质量，衡量尺度相对微观，因而侧重贸易发展质量与效果，而非客观外部或宏观层面的缘由与保障条件；第三，侧重贸易发展个体的质量水平而非总体的均衡协调和布局,侧重当前的发展绩效而非预期发展和规划;第四,侧重贸易结构的转型升级、贸易效益的提升、贸易可持续发展、贸易竞争新优势四个维度来测度贸易发展质量,这四个维度不仅涵盖了贸易结构、贸易竞争力、贸易效益、贸易规模等传统维度,并且融入了绿色、创新发展等贸易高质量发展思想。

二、评价体系构建原则与思路

(一)评价体系的构建原则

城市对外贸易高质量发展评价体系是与该城市对外贸易规模、结构、竞争力、效益等维度的众多指标紧密相关的有机组合,作为一个指标集合,反映城市对外贸易高质量发展的状况和水平,因此必须遵循以下五个基本原则。

第一,全面性。指城市对外贸易发展质量评价体系作为一个评价整体应当相对完备,能够对城市对外贸易发展质量的主要方面和重要特征进行较为全面的反映。

第二,典型性。指城市对外贸易可持续发展评价体系所选取的各项指标必须具备相当程度的代表性,指标内容应与城市对外贸易高质量发展有密切关联。

第三,层次性。指分层次设计,使各指标之间更系统,更有条理性、逻辑性。

第四,科学性,即理论上的可行性。指城市对外贸易高质量发展评价体系具有充分反映和体现城市对外贸易高质量发展的内涵乃至外延的能力,能够以科学的角度对城市对外贸易高质量发展的本质进行系统且准确地把握和分析。

第五,可操作性,指实践上的可行性。指城市对外贸易高质量发展评价体系中的各项指标数据获取渠道较广且基本真实可靠，各项指标具备可测性和可比性，定性指标则具有相应的量化手段。

（二）评价体系的构建思路

依据上述对外贸易高质量发展的内涵，以及评价体系的构建原则，本章在借鉴关舟斐（2021）构建的对外贸易高质量发展指标体系基础上，参考和解读《"十四五"对外贸易高质量发展规划》（2021 年）重点任务、《关于加快外贸转型升级推进贸易高质量发展工作情况的报告》（2019 年）、《关于推进贸易高质量发展的指导意见》（2019 年）、《关于加快培育外贸竞争新优势的若干意见》（2015 年），并结合近年来中国对外贸易发展现状，最终确立城市层面"对外贸易高质量发展"评价体系，包含贸易结构、贸易效益、贸易可持续发展、贸易竞争新优势四个系统层。

1. 出口贸易结构系统层

"优化货物贸易结构"是对外贸易高质量发展的首要重点任务。根据"十四五"对外贸易高质量发展规划的内容以及本章的测度目标，具体从三个方面来衡量其效果：对外贸易商品结构、贸易方式和经营主体。

（1）对外贸易商品结构是一定时期内进出口贸易中各种商品的构成，即某大类或某种商品进出口与该城市进出口总额之比。一个地区对外贸易商品结构可以反映该地区的经济发展水平、产业结构状况、科技发展水平等。该评价指标包括：初级产品出口比重、制造业出口比重、高能耗产业出口比重、高技术行业出口比重，这四项指标综合反映了出口商品结构。当制造业出口比重与高新技术出口比重越高时，对外贸易发展质量越高；而当初级产品出口比重与高耗能产业出口比重越高时，对外贸易发展质量越低。

（2）贸易方式是指国际贸易中买卖双方所采用的各种交易的具体做法。优化贸易方式，做强一般贸易，鼓励探索发展各类新型贸易方式，是"优化货物贸易结构"任务的重要内容，在对外贸易活动中，每一笔交易都要通过一定的贸易方式来进行。贸易方式是在买卖双方交易过程中随着不同商品、不同地区和不同对象，根据双方的需要形成的。该评价指标包括一般贸易出口比重和综合保税区两个三级指标。一般贸易出口比重提高，意味着我国外贸自主发展能力进一步增强。综合保税区是具有保税港区功能的海关特殊监管区域，由海关参照保税港区相关规定对综合保税区进行管理，执行保税港区的税收和外汇政策，集保税区、出口加工区、保税物流区、港口的功能于一身，可以发展国际中转、配送、采购、转口贸易和出口加工等业务，是我国除自贸试验区外开放层次最高、优惠政策最多、功能最齐全、手续最简化的海关特殊监管区域，是对保税区、保税物流园区、出口加工区、保税仓库、出口监管仓库、保税物流中心（分为 A 型和 B 型）等保税功能区（或监管场所）的整合。

（3）经营主体方面，我国对外贸易的主体是具有进出口经营资格的企业，包括专业进出口公司、外资、合资企业、工贸企业和其他有进出口经营权的企业。优化经营主体的指导意见是"培育具有全球竞争力的龙头企业、增强中小企业贸易竞争力"。非三资企业指的是三资企业之外的企业，非三资企业数量越多说明本土企业对外贸易发展得到了快速发展，积极参与国内国际双循环，在国内国际市场资源配置能力增强，参与国际竞争与合作的能力提升。

2. 贸易效益系统层

对外贸易效益是指在一定时期内投入对外贸易活动的劳动和取得的成果之比。本章从贸易竞争力和要素配置效率两个方面来衡量对外贸易效益。要素配置效率包括资本生产率、研发经费支出强度、外商直接投资额占 GDP 之比三个三级指标。资本生产率是指一定时期内单位资本创造的产出，该指标衡量了单位资本的产出能力，单位资本产出越高则资本生产率就越高。研发经费支出强度体现了资金在研发阶段的投入程度，体现了对创新要素、高端生产要素的培育强度，是提高贸易效益的重要基础。外商直接投资占比体现了对外经贸活动中外资对经济增长的贡献程度。贸易竞争力目标层包括出口市场占有率、贸易竞争优势指数、出口增长优势指数三个三级指标，这些三级指标衡量贸易竞争力极具代表性。市场占有率越高，贸易竞争优势与出口增长优势越大，说明对外贸易竞争力越强，贸易效益越高。

3. 贸易可持续发展系统层

对外贸易可持续发展包含以下几点含义：从经济效益来看，改变盲目追求规模和速度的观念，改善外贸发展对环境生态的消极或不利影响。从生态效益来看，外贸发展应建立在对自然资源合理和可持续使用的基础之上。从社会效益来看，对外贸易与环境保护、生态平衡形成一个有机整体，相互协调，促进国民经济可持续发展。《关于推进贸易高质量发展的指导意见》（2019 年）强调了"积极扩大进口""推进贸易与环境协调发展"是推动贸易可持续发展的重要举措和方式。本章从优化进口、生态效益、资源效益目标层来衡量。

（1）优化进口。扩大先进技术、设备和零部件进口，鼓励国内有需求的资源性产品进口，支持日用消费品、医药和康复、养老护理等设备进口。该目标层包括进口贸易占货物总贸易额比重，先进技术、设备、零部件进口比重两个指标三级指标。两个指标值越大则表明进口结构越优化。

（2）生态效益。该目标层包括绿色专利申请量、环境污染指数、每万美元出口碳排放量、节能环保清洁产品占比出口比重等四个三级指标。"环境污染指数"是根据废气、废水、废渣的"三废"数据，利用熵权法计算得到。上述四个指标可反映贸易的生态效益情况，当城市的绿色申请量与节能环保清洁产品比重越大时表明该城市对外贸易生态效益情形比较优秀，而当环境污染指数与出口碳排放量越大时则对生态效益造成不利影响。

（3）资源效益。资源效益指标包括资源型产品进口占总进口的比重、常规能源产品出口占总出口的比重、单位出口能源消耗量等三个三级指标。资源效益目标层可由三个指标综合反映，此三个指标数值越大则表明资源效益越低。

4. 贸易竞争新优势系统层

加快创新驱动，培育贸易竞争新优势是对外贸易高质量发展的重点任务和目标。当前我国经济正处于"三期叠加"阶段，外贸发展既面临重要机遇期，也面临严峻挑战，传统竞争优势明显削弱，新的竞争优势尚未形成，企业创新能力亟待增强，与此同时，品牌产品占比偏低，同质化竞争较为普遍。"夯实贸易发展的产业基础""提高产品质量""加快品牌培育"已经成为"加快创新驱动，培育贸易竞争新优势"的主要方式。本章从新兴产业竞争力、品牌与质量两个目标层来衡量。

（1）新兴产业竞争力。该目标层包括新兴产业出口比重、专利数量两个指标。根据"十二五"国家战略性新兴产业发展规划，战略性新兴产业分为节能环保、新一代信息技术、生物、高端装备制造、新能源、新材料和新能源汽车七个大类，新兴产业出口指该七大类产业的产品出口。专利数量是该市当年的专利申请数量，专利申请数量越多，说明研发创新能力越强，研发与创新是催生新技术新产业的源泉。这两个指标值越大则表明新兴产业竞争力越强。

（2）品牌与质量。该目标层包括外贸转型升级示范基地数量和中国外贸500强企业数量两个指标。示范基地是国家和地方重点扶持和发展的集生产和出口功能于一体的产业集聚体，是培育信息、营销、品牌、质量、技术、标准、服务等出口竞争新优势的重要载体，是促进外贸发展方式转变和优化出口商品结构的重要抓手，是实现出口稳定协调持续发展的重要推动力量。因此，外贸转型升级基地具有以下四个功能：第一，产业集聚效应增强，特色优势突出。基地依托产业优势和发展潜力，以骨干企业为核心，不断延伸产业链，集聚效应持续增强。第二，产业转型升级加快，数字化能力显著提升。各基地高度重视自主创新能力建设，完善创新环境，加强数字化能力建设，推动基地向创新驱动发展转变。第三，品牌质量不断提升，基地品牌意识日益增强，重视发挥龙头企业品牌带动效应和区域品牌集聚效应，着力打造自主品牌，提升产品质量。第四，公共服务体系日益完善，营商环境不断优化，各基地积极创新工作方式，完善各类公共服务平台，在基础设施建设与物流保障等方面的服务水平不断提高。

中国对外经济贸易统计学会每年根据上年度外贸数据发布《中国对外贸易500强企业排名报告》，该报告是国内权威性的外贸企业排名报告，具有普遍的连续的影响力，上榜企业多为海内外知名的大企业，城市的上榜企业数量越多，代表该城市的对外贸易的头部企业和骨干核心企业越多，对外贸易发展的品牌与质量越高。

（三）评价体系的指标说明与数据处理

结合指标构建原则及构建思路，本书构建了对外贸易高质量发展的指数评价体系，采用指标体系如表4.1所示，该指标包含4个系统层，10个目标层，26个指标。指标说明是指标的计算方式及指标方向。

表4.1　　　　　　　城市对外贸易高质量发展指数测度体系

系统层	目标层	指标层	指标说明
出口贸易结构	商品结构	初级产品出口比重（%）	初级产品出口额/出口总额
		制造业出口比重（%）	制造业出口额/出口总额
		高能耗产业出口比重（%）	高能耗产业出口额/出口总额
	贸易方式	高技术产业出口比重（%）	高技术行业出口额/出口总额
		一般贸易出口比重（%）	一般贸易出口额/出口总额
	经营主体	综合保税区（个）	综合保税区个数
		非三资企业数量（个）	非三资企业数量

续表

系统层	目标层	指标层	指标说明
贸易效益	要素配置效率	资本生产率（%）	地区 GDP/资本存量
		研发经费支出强度（%）	地区研发经费/地区生产总值
		外商直接投资额占 GDP 之比（%）	外商直接投资额/GDP
	贸易竞争力	出口市场占有率（%）	地区出口额/全球贸易总额
		贸易竞争优势指数（%）	TC 指数：（出口额 – 进口额）/进出口总额
		出口增长优势指数（%）	地区出口增长率 – 总出口增长率
贸易可持续发展	优化进口	进口贸易占货物总贸易额比重（%）	进口贸易额/货物总贸易
		先进技术、设备、零部件进口占比（%）	先进技术、设备、零部件进口额/进口总额
	生态效益	绿色专利申请量（个）	绿色专利申请数量
		环境污染指数（指数）	根据"三废"数据，利用熵权法计算
		每万美元出口碳排放量（吨/万美元）	地区碳排放量吨/地区出口总额
		节能环保清洁产品出口占比	节能环保清洁产品出口额/出口总额
	资源效益	每万美元出口耗电量（千瓦/万美元）	地区耗电量/出口总额
		资源型产品进口占总进口的比重（%）	资源型产品进口额/进口总额
		常规能源产品出口占比（%）	常规能源产品出口额/出口总额
贸易竞争新优势	新兴产业竞争力	新兴产业产品出口比重（%）	新兴产业产品出口额/出口总额
		全市专利数量（个）	全市申请专利数量
	品牌与质量	外贸转型升级示范基地数量（个）	外贸转型升级示范基地数量
		中国出口 500 强企业数量（个）	中国出口 500 强企业数量

资料来源：笔者整理。

　　本章的合成指数测度对象为中国的地级及以上城市，根据指标数据的最大程度可获得性，最终获取 282 个城市 2006～2016 年的所有指标数据进行测度，测度对象几乎包含了我国绝大部分地级及以上城市。数据来源为中国海关进出口数据、《中国统计年鉴》、中华人民共和国商务部网、海关统计咨询网、国家统计局网数据、中国对外贸易管理局及其分局、EPS 数据等。表4.1 中的部分指标涉及对原始数据加工计算，涉及的数据加工包括：

第一，城市口径进出口数据。对海关数据进行处理，首先运用 Excel 的数据透视表通过各城市进出口商品的税号编码对应海关数据分类标准归类至01~98 共 98 个大类，获得城市口径大类进出口数据。

第二，初级产品出口比重的处理。首先界定初级产品，按照联合国《国际贸易标准分类》，初级产品为食品、饮料、农矿原料、动植物油脂和燃料五大类。根据初级产品所涵盖的大类，将其对应到海关税号编码进行处理，得出各个城市的初级产品出口数据。

第三，制造业出口比重的处理：首先根据《2017 年国民经济行业分类注释》确定制造业所包含的行业分类，然后根据国民经济行业分类的商品种类与海关商品编码相匹配，最终通过数据透视表处理，获得各城市制造业在出口所占比重。

第四，高能耗产业出口比重的处理。《2010 年国民经济和社会发展统计报告》中的六大高耗能行业分别为：化学原料及化学制品制造业、黑色金属冶炼及压延加工业、有色金属冶炼及压延加工业、非金属矿物制品业、石油加工炼焦及核燃料加工业、电力热力的生产和供应业。从《国民经济行业分类》中分离出高耗能行业，确立高能耗产业所包含的产品，然后将高能耗行业的产品与海关商品编码匹配，最终处理得出各城市高能耗产业出口比重。

第五，高技术产业出口比重的处理。根据《高技术产业（制造业）分类(2017)》，高技术产业主要包括：医药制造业；航空、航天器及设备制造业；电子及通信设备制造业；计算机及办公设备制造业；医疗仪器设备及仪器仪表制造业；信息化学品制造业。从《国民经济行业分类》中分离出高技术产业，确立高技术产业所包含的产品，然后将高技术产业的产品与海关商品编码相匹配，处理得出各城市高技术产业出口比重。

第六，重大技术、设备、零部件进口规模占比的处理。通过《重大技术装备和产品进口关键零部件、原材料商品目录》，确定先进技术、设备、零部件的商品种类，然后与海关数据商品编码相对应，最后通过数据透视表处理获得各城市重大技术、设备、零部件在进口中的比重。

第七，资源型产品进口占总进口的比重的处理。首先界定资源性产品的分类，资源性产品是指人类赖以生存的基本条件和重要物质基础，是有限的、不可再生的。资源性产品主要指：水、能源、矿产、土地四大类产品。其次建立海关进出口商品与资源性产品的对应关系，通过数据透视表处理获得各城市资源性产品占进口总额的比重。

第八，新兴产业产品出口比重的处理。根据国家统计局对新兴产业的界定，从《国民经济行业分类》中分离出新兴产业产品，然后根据《国民经济行业分类》产品与海关进出口商品的匹配关系，最后通过数据透视表处理获得各城市的新兴产业产品占出口总额的比重。

第九，节能环保清洁产品出口占比的处理。根据国家统计局《节能环保清洁产业统计分类》，从《国民经济行业分类》中分离出节能环保清洁产业的产品，将节能环保清洁产业的产品种类与海关商品进行匹配，然后通过数据透视表处理和获得各城市的节能环保清洁产品占出口额的比重。

三、指数测算方法与赋权结果

（一）测算方法

通过查阅相关文献，指标权重的确定方法有很多，大致分为两大类：一是主观赋权，即根据专家专业知识和经验知识，对选取的各指标的重要性进行排序或直接赋予权重，代表方法有层次分析法、模糊综合分析法等；二是客观赋权法，即利用统计方法，获取数据本身所蕴含的信息，客观地对研究指标赋权，代表方法有熵值法、变异系数法、主成分分析法等。本章考虑到主观赋权过于依赖专家的主观经验，因此，选择熵值法对各指标赋权。熵值法也称熵权法，本方法根据数据内蕴含的信息量，计算评价指标的熵值从而赋予相应权重。熵值大小决定数据信息量大小，熵值越小意味着指标的信息量越大，赋予的权重就越大。本章选择使用熵值法进行数据处理，具体步骤如下：

第一步，评价指标标准化处理。考察各项指标数据的单位量级，同样会发现各指标量级有一定的差别，为了解决这一问题，就需要对原始数据进行标准化处理。本章数据存在正向与负向两类评价指标，采用极差标准化法进行处理。

正向指标标准化为：

$$Y_{ijt} = \frac{a_{ijt} - a_j^{\min}}{a_j^{\max} - a_j^{\min}} \qquad (4-1)$$

负向指标标准化为：

$$Y_{ijt} = \frac{a_j^{\max} - a_{ijt}}{a_j^{\max} - a_j^{\min}} \qquad (4-2)$$

其中，a_{ijt} 表示 t 年 i 城市的 j 指标值，$a_j^{\max}$、$a_j^{\min}$ 分别表示 j 指标值在所有年份所有城市的最大值与最小值，即全样本最大、最小值。这里的 Y_{ijt} 是标准化处理后的值，计算出来的 $Y = \left[Y_{ijt} \right]_{(d \times m) \times n}$ 是一个三维数组。

第二步，评价指标的权重与最终评分。假设面板数据 $d \times m \times n$，其中 d 是城市数，m 是年份数，n 是对应的评价指标个数，最终建立原始数据矩阵 $Y = \left[Y_{ijt} \right]_{(d \times m) \times n}$，$Y_{ijt}$ 表示 t 年 i 城市 j 指标的标准化后的值。然后依据方程（4-3）至方程（4-7）得到每座城市的高质量发展指数值。

将 t 年 i 城市的 j 指标值在第 j 个指标下的占比 p_{tij} 表示为：

$$p_{ijt} = \frac{Y_{ijt}}{\sum\limits_{t=1}^{d} \sum\limits_{i=1}^{m} Y_{ijt}} \qquad (4-3)$$

将 j 指标对应的信息熵 e_j 表示为：

$$e_j = -\frac{1}{\ln(d \times m)} \sum_{t=1}^{d} \sum_{i=1}^{m} \left[p_{ijt} \times \ln(p_{ijt}) \right] \qquad (4-4)$$

将 j 指标信息冗余度 g_j 表示为：

$$g_j = 1 - e_j \qquad (4-5)$$

将 j 指标权重 w_j 表示为：

$$w_j = \frac{g_j}{\sum\limits_{j=1}^{n} g_j} \qquad (4-6)$$

将 t 年 i 城市综合评分 S_{it} 表示为：

$$S_{it} = \sum_{j=1}^{n} \left(w_j \times Y_{ijt} \right) \qquad (4-7)$$

（二）测度体系赋权结果

根据上述城市对外贸易高质量发展评价体系，运用熵值法，对 2006～2016 年全国 282 个城市的对外贸易高质量发展水平进行测度，获得指标权重如表 4.2 所示。

表 4.2　　　　　对外贸易高质量发展指数测度体系赋权结果

系统层	权重	目标层	权重	指标层	权重	指标方向
出口贸易结构	0.3135	商品结构	0.0340	初级产品出口比重	0.0016	负
				制造业出口比重	0.0007	正
				高能耗产业出口比重	0.0026	负
				高技术产业出口比重	0.0292	正
		贸易方式	0.1660	一般贸易出口比重	0.0047	正
				综合保税区（有无）	0.1613	正
		经营主体	0.1135	非三资企业数量	0.1135	正

续表

系统层	权重	目标层	权重	指标层	权重	指标方向
贸易效益	0.1814	要素配置效率	0.0551	资本生产率	0.0053	正
				研发经费支出强度	0.0213	正
				外商直接投资额占 GDP 之比	0.0285	正
		贸易竞争力	0.1263	出口市场占有率	0.1149	正
				贸易竞争优势指数	0.0035	正
				出口增长优势指数	0.0079	正
贸易可持续发展	0.1456	优化进口	0.0331	进口贸易占货物总贸易额比重	0.0110	正
				先进技术、设备、零部件进口占比	0.0221	正
		生态效益	0.1081	绿色专利申请量	0.0887	正
				环境污染指数	0.0004	负
				每万美元出口碳排放量	0.0001	负
				节能环保清洁产品出口占比	0.0189	正
		资源效益	0.0044	每万美元出口耗电量	0.0001	负
				资源型产品进口占总进口比重	0.0043	正
				常规能源产品出口占总出口比重	0.0001	负
贸易竞争新优势	0.3595	新兴产业竞争力	0.0954	新兴产业产品出口比重	0.0080	正
				全市专利数量	0.0873	正
		品牌与质量	0.2641	外贸转型升级示范基地数量	0.1237	正
				中国出口 500 强企业数量	0.1404	正

资料来源：笔者整理。

依据上文所述的方法与计算模型，选取全国主要的 282 个城市相关数据并利用熵值法计算从而得出各指标的权重，然后分别汇总到目标层和系统层。系统层权重分别为贸易竞争新优势（35.95%）、出口贸易结构（31.35%）、贸易效益（18.14%）、贸易可持续发展（14.56%）。熵值法计算出各指标的权重代表着这个指标在整个系统中的重要程度。

从系统层权重来看，贸易竞争新优势的权重最大，说明贸易竞争新优势是各城市贸易高质量发展水平的关键维度，提高城市的贸易竞争新优势，将更有利于提升城市的对外贸易高质量发展水平，这也契合我国加快培育外贸竞争新优势的贸易工作重点。出口贸易结构和贸易效益总共占到整个系统一半的权重，说明出口贸易结构、贸易效益是贸易高质量发展的基础维度，贸易结构优化和改善贸易效益是提高对外贸易发展质量的重要层面。贸易可持续仅占到14.56%的权重，虽然该项权重相对较小，但可持续仍然是高质量发展最重要的内涵之一，新阶段，面对国内绿色转型的迫切需求以及国际市场"绿色壁垒"的严峻挑战，应加快构建绿色贸易发展体系，营造绿色贸易发展良好政策环境，促进对外贸易绿色低碳发展，培育绿色竞争优势。

从目标层权重来看，贸易方式、经营主体、贸易竞争力、生态效益、品牌与质量5个目标层权重较大，超过了0.1，表明它们实现对外贸易高质量发展的主要任务目标。从指标权重来看，该评价体系包含26指标，平均权重为0.0385，其中超过0.04的有7个指标，它们分布在6个目标层中，分别是：用于评价贸易方式的一般贸易出口比重和综合保税区；用于评价绩效水平的出口市场占有率；用于评价绿色环保的绿色专利申请量；用于评价新兴产业竞争力的全市专利数量；用于评价品牌与质量的外贸转型升级示范基地数量和中国出口500强企业数量。

第四节　对外贸易高质量发展测度结果分析

一、城市对外贸易高质量发展水平

根据熵值法计算出对外贸易高质量发展指数，将2006～2016年指数最高的前二十名情况整理如表4.3所示。深圳、上海、北京、苏州在2006～2016

年一直位于前四强。城市对外贸易高质量发展水平指数普遍较小，未有超过0.5 的，说明全国 282 个城市对外贸易发展水平一般，但是城市对外贸易高质量发展水平总体上是逐年上升的，表明城市对外贸易高质量发展水平不断提高。

表 4.3　　　　2006～2016 年对外贸易高质量发展指数前二十城市

排名	项目	年份										
		2006	2007	2008	2009	2010	2011	2012	2013	2014	2015	2016
1	城市	深圳	上海	苏州	上海	上海	上海	深圳	苏州	上海	苏州	北京
	指数	0.3609	0.3412	0.3257	0.4140	0.4586	0.4831	0.4966	0.4947	0.4774	0.4819	0.4902
2	城市	苏州	苏州	上海	苏州	苏州	深圳	苏州	深圳	苏州	北京	上海
	指数	0.3544	0.3306	0.3142	0.3640	0.3675	0.4087	0.4455	0.4868	0.4717	0.4787	0.4897
3	城市	上海	深圳	北京	北京	深圳	北京	上海	上海	深圳	上海	苏州
	指数	0.3146	0.3175	0.3009	0.3226	0.3460	0.4005	0.4403	0.4657	0.4665	0.4500	0.4788
4	城市	北京	北京	深圳	深圳	北京	苏州	北京	北京	北京	深圳	深圳
	指数	0.2358	0.2209	0.2754	0.3125	0.3411	0.3956	0.3871	0.4299	0.4535	0.4405	0.4690
5	城市	东莞	东莞	天津	天津	广州	天津	天津	天津	天津	天津	天津
	指数	0.1532	0.1554	0.2005	0.2203	0.2375	0.2877	0.3051	0.3313	0.3247	0.3453	0.3647
6	城市	广州	广州	东莞	东莞	天津	广州	宁波	宁波	宁波	宁波	无锡
	指数	0.1358	0.1298	0.1472	0.1718	0.2242	0.2399	0.2756	0.3201	0.3133	0.3099	0.3447
7	城市	天津	天津	海口	广州	东莞	东莞	无锡	重庆	重庆	广州	广州
	指数	0.1260	0.1197	0.1294	0.1459	0.1857	0.1947	0.2660	0.3058	0.2958	0.3087	0.3283
8	城市	宁波	青岛	广州	宁波	成都	重庆	重庆	广州	广州	重庆	重庆
	指数	0.1242	0.1111	0.1255	0.1298	0.1762	0.1883	0.2561	0.2858	0.2938	0.3083	0.3155
9	城市	佛山	宁波	崇左	牡丹江	重庆	宁波	广州	无锡	无锡	无锡	宁波
	指数	0.1092	0.1056	0.1184	0.1276	0.1583	0.1876	0.2323	0.2539	0.2408	0.2457	0.3061
10	城市	南京	无锡	宁波	海口	宁波	成都	成都	成都	成都	成都	武汉
	指数	0.1079	0.1000	0.1030	0.1258	0.1445	0.1825	0.2270	0.2509	0.2332	0.2397	0.2898

续表

排名	项目	年份										
		2006	2007	2008	2009	2010	2011	2012	2013	2014	2015	2016
11	城市	青岛	佛山	无锡	崇左	郑州	武汉	南京	南京	南京	贵阳	泉州
	指数	0.1069	0.0961	0.1018	0.1183	0.1415	0.1561	0.2077	0.2238	0.2267	0.2276	0.2592
12	城市	杭州	珠海	青岛	无锡	海口	沈阳	东莞	金华	厦门	南京	成都
	指数	0.0978	0.0910	0.0965	0.1055	0.1268	0.1519	0.1840	0.1948	0.1927	0.2061	0.2494
13	城市	珠海	南京	南京	佛山	牡丹江	西安	太原	南通	武汉	常州	南京
	指数	0.0949	0.0884	0.0928	0.1048	0.1233	0.1503	0.1692	0.1911	0.1905	0.2058	0.2323
14	城市	无锡	中山	佛山	南京	杭州	郑州	厦门	杭州	西安	嘉兴	贵阳
	指数	0.0935	0.0852	0.0927	0.1017	0.1197	0.1499	0.1635	0.1909	0.1879	0.2035	0.2243
15	城市	厦门	杭州	珠海	青岛	无锡	无锡	保定	厦门	潍坊	杭州	西安
	指数	0.0923	0.0840	0.0900	0.1016	0.1196	0.1472	0.1634	0.1861	0.1868	0.1988	0.2133
16	城市	中山	厦门	杭州	杭州	青岛	海口	武汉	东莞	杭州	南通	嘉兴
	指数	0.0894	0.0780	0.0845	0.1003	0.1162	0.1421	0.1618	0.1848	0.1864	0.1967	0.2128
17	城市	惠州	大连	厦门	珠海	佛山	杭州	济南	西安	南通	西安	杭州
	指数	0.0845	0.0761	0.0821	0.0923	0.1105	0.1405	0.1604	0.1795	0.1842	0.1957	0.2116
18	城市	福州	广安	中山	厦门	崇左	青岛	郑州	武汉	合肥	东莞	常州
	指数	0.0805	0.0756	0.0748	0.0888	0.1090	0.1391	0.1601	0.1777	0.1834	0.1949	0.2104
19	城市	武汉	南阳	大连	中山	南京	潍坊	沈阳	太原	东莞	武汉	合肥
	指数	0.0740	0.0718	0.0726	0.0830	0.1038	0.1372	0.1600	0.1741	0.1831	0.1948	0.1991
20	城市	金华	惠州	惠州	大连	珠海	牡丹江	西安	青岛	金华	厦门	南通
	指数	0.0719	0.0707	0.0721	0.0825	0.0908	0.1327	0.1576	0.1701	0.1776	0.1940	0.1987

资料来源：笔者整理。

由图 4.18 可知，对外贸易高质量发展指数的全国均值从 2006 年的 0.0458 上升至 2016 年的 0.0789，增长了 72.27%，虽然上涨缓慢，但是总体上保持着上涨趋势。从区域来看，东部地区始终在全国平均水平之上，从 2006 年的 0.0653 上升到 2016 年的 0.1234，增长了 88.97%，遥遥领先全国同期水平；中部和西部地区虽然均值和增速难以达到东部地区，但分别从 2006 年的 0.0380 和 0.0369 增长到 2016 年的 0.0642 和 0.0584，分别增长了 68.95% 和 58.27%，增速和全国平均水平相差无几；作为增速最慢的东北地区，其均值仅从 2006 年的 0.0370 增长到 2016 年的 0.0509，增速仅为 37.57%，远远落后于全国其他区域，东北地区均值自 2011 年达到最大值就开始下滑。

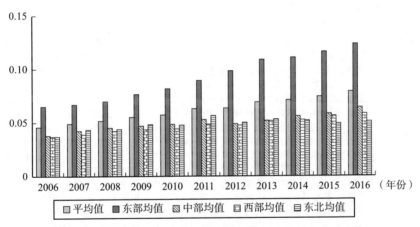

图 4.18 2006~2016 年对外贸易高质量发展指数各区域均值

资料来源：笔者整理。

为进一步对比分析各区域城市对外贸易高质量发展水平，根据熵值法算出的综合评分，运用 K-Means 聚类分析，以东部、中部、西部以及东北为地区划分，确定四大区域各城市对外贸易高质量发展实力。通过聚类分析，将 282 个城市按照区域将对外贸易高质量发展水平划分为四类：Ⅰ-强、Ⅱ-较强、Ⅲ-较弱、Ⅳ-弱。具体分布情况如表 4.4 所示。

表 4.4　　　　基于 K-Means 分析城市对外贸易高质量发展指数分布情况

贸易高质量发展等级	东部	中部	西部	东北
Ⅰ-强	北京 上海 苏州 深圳（4 个）			
Ⅱ-较强	天津 无锡 广州 宁波 泉州 南京（6 个）	武汉（1 个）	重庆 成都（2 个）	
Ⅲ-较弱	嘉兴 杭州 常州 南通 东莞 厦门 金华 青岛 潍坊 威海 济南 保定 扬州 佛山 镇江 海口 泰州 石家庄 盐城 舟山 东营 温州 淮安 绍兴 临沂 中山 徐州 台州 珠海（29 个）	合肥 长沙 郑州 太原 南昌 芜湖 湘潭 赣州 郴州 衡阳 岳阳 南阳 马鞍山（13 个）	贵阳 西安 昆明 南宁 银川 兰州 乌鲁木齐 崇左（8 个）	长春 沈阳 大连 牡丹江 鞍山（5 个）
Ⅳ-弱	福州 惠州 烟台 衡水 湖州 漳州 江门 菏泽 淄博 济宁 汕头 汕尾 丽水 阳江 唐山 湛江 邢台 廊坊 宿迁 茂名 日照 宁德 南平 莆田 河源 潮州 衢州 聊城 三亚 揭阳 德州 龙岩 梅州 沧州 泰安 肇庆 三明 韶关 清远 滨州 承德 枣庄 云浮 邯郸 张家口 秦皇岛 连云港（47 个）	荆州 株洲 六安 濮阳 上饶 许昌 宣城 鹰潭 蚌埠 忻州 淮南 亳州 大同 洛阳 黄山 吉安 晋中 黄石 滁州 新乡 随州 襄阳 漯河 安庆 鹤壁 咸宁 黄冈 阜阳 商丘 吕梁 十堰 铜陵 邵阳 宜昌 常德 九江 长治 晋城 淮北 益阳 新余 宜春 抚州 池州 临汾 驻马店 平顶山 荆门 永州 萍乡 孝感 宿州 信阳 怀化 鄂州 张家界 阳泉 焦作 三门峡 周口 开封 朔州 安阳 运城 娄底 景德镇（66 个）	遵义 天水 渭南 绵阳 北海 桂林 鄂尔多斯 商洛 南充 榆林 梧州 六盘水 嘉峪关 咸阳 巴彦淖尔 武威 德阳 安顺 安康 泸州 自贡 玉林 酒泉 乌海 达州 攀枝花 石嘴山 柳州 宝鸡 陇南 乐山 资阳 玉溪 昭通 吴忠 庆阳 中卫 曲靖 遂宁 通辽 克拉玛依 呼和浩特 汉中 河池 平凉 雅安 乌兰察布 广安 内江 张掖 眉山 广元 包头 西宁 巴中 固原 普洱 贺州 宜宾 百色 金昌 白银 赤峰 来宾 贵港 铜川 临沧 延安 定西 丽江 保山 防城港 呼伦贝尔（73 个）	哈尔滨 双鸭山 吉林 齐齐哈尔 白山 阜新 通化 朝阳 辽阳 白城 佳木斯 盘锦 鹤岗 辽源 大庆 铁岭 锦州 四平 黑河 抚顺 松原 鸡西 营口 伊春 七台河 葫芦岛 本溪 丹东（28 个）

资料来源：笔者计算整理。

东部地区是唯一具有对外贸易高质量发展"Ⅰ-强"城市的区域，北京、上海、深圳、苏州属于对外贸易高质量发展"Ⅰ-强"城市，这主要是因为这 4 个城市的贸易结构优势明显，贸易竞争新优势和贸易效益更高。另外，这些城市已经是我国的政治中心、创新中心、金融中心、文化和国际交流中心，集众多优势于一身。"Ⅱ-较强"城市共 9 个，东部城市占据了 6 个。这主要得益于东部地区率先进行改革开放，是中国对外开放的先行区域，拥有活跃的民营经济和大量外资企业，并且东部区域的城市大多拥有港口或者距离港口城市较近，交通便利有利于开展进出口贸易。东部地区应该继续发挥自己在对外贸易中所处的有利地位，积极进行产业升级，强化科技创新，对外贸易高质量发展水平大幅领先其他地区。

中部地区"Ⅱ-较强"的城市有武汉，湖北九省通衢，武汉位于中国主要经济区的几何中心，武汉在全国内河和陆空交通线中均处于枢纽地位，得益于长江内河航运武汉的邮轮可以经由长江通达于江海，而中部其他 5 个省会城市在这些方面与武汉相比则显得略有不足。另外，武汉的产业基础、人才资源、开放平台、科技创新优势较其他中部城市十分明显。"Ⅲ-较弱"的城市有合肥、长沙等 13 个，其余城市都属于对外贸易高质量发展水平"Ⅳ-弱"的范畴。很明显"Ⅱ-较强""Ⅲ-较弱"的城市都是各省的省会或者是省域副中心城市。由于大部分省份实行的都是强省会战略和建立区域副中心城市来带动各个城市发展，这使得一省之内的资源向着省会城市集中，更有利于这些城市的经济和贸易的发展。其他中部地区城市的综合竞争力大部分集中于"Ⅳ-弱"这个范畴，说明中部城市整体上对外贸易高质量发展水平较弱。

西部地区"Ⅱ-较强"的城市共 2 个：重庆与成都。这 2 个城市分别是直辖市和四川省会，主要得益于强省会战略和直辖市的政治地位，成都和重庆的科教能力，资源禀赋均领先于其他城市。但是西部地区大部分城市的对外贸易高质量发展水平在"Ⅳ-弱"范围，说明西部对外贸易高质量发展水平整体上来说比较弱。

东北地区对外贸易高质量发展水平等级在"Ⅱ-较强"范围内的城市为零，"Ⅲ-较弱"有 5 个城市，剩下的绝大部分城市都集中在"Ⅳ-弱"这个范围内，这是因为东北地区以前是老工业城市，虽然工业基础较好，但是进入

21 世纪以来，落后的产业结构，以及创新与产出的不足，使得东北地区城市在对外贸易中处于不利地位。

二、城市对外贸易高质量发展水平的各系统层分析

通过具体分析各系统层，找出我国城市对外贸易高质量发展中存在的问题，提出相应的解决措施，推动我国对外贸易高质量发展走上新的台阶。

（一）贸易结构

根据熵权法确定的权重，计算出系统层贸易结构指数。一方面，从图4.19 来看，全国各城市的贸易结构发展水平，整体上 2006～2016 年来逐渐改善，尤其以东部地区的贸易结构得分最高，远高于同期其他区域，且保持稳定增长，这得益于东部地区率先进行改革开放，进出口产业链完善，贸易方式更加合理，民营企业进出口活跃，各种经济示范区的建立助推了产业变革，使东部地区的贸易结构相较于中部、西部和东北地区更加完善和健康。

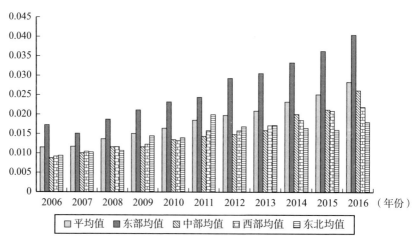

图 4.19　2006～2016 年贸易结构指数各区域均值

资料来源：笔者整理。

另一方面，对比 2016 年和 2006 年各城市贸易结构指数，可知贸易结构指数较高的城市集中于京津冀、江浙沪，以及广东、山东，除此之外各省份的省会城市得分在 2016 年也处于全国前列。表 4.5 的数据进一步说明贸易结构的不均衡加剧，城市之间的差异加大。长三角、京津冀、珠三角和山东半岛上的城市得分较高是受益于改革开放，进出口贸易发展起点高、政策法规与营商环境优越，以及地区的产业集聚和创新带来的核心竞争力。而像武汉、长沙、郑州、合肥等得分较高的省会城市则得益于近些年的强省会战略，利用强大的行政空间内核增强对周边区域各种资源的虹吸能力，发展经济和贸易，推动经济与贸易的高质量发展。

表 4.5 贸易结构指数描述性统计

年份	均值	标准差	最小值	最大值	中位数
2006	0.01153	0.01105	0.00261	0.00872	0.11734
2007	0.01172	0.00851	0.00386	0.01005	0.11497
2008	0.01369	0.01293	0.00384	0.01093	0.11244
2009	0.01506	0.01640	0.00387	0.01169	0.15317
2010	0.01642	0.02006	0.00387	0.01146	0.16935
2011	0.01850	0.02282	0.00267	0.01226	0.17387
2012	0.01976	0.02695	0.00291	0.01025	0.13830
2013	0.02088	0.02808	0.00345	0.01083	0.14271
2014	0.02323	0.03054	0.00428	0.01066	0.14870
2015	0.02512	0.03294	0.00291	0.01054	0.17797
2016	0.02833	0.03704	0.00275	0.01082	0.18641

资料来源：笔者整理。

（二）贸易效益

一方面，从图 4.20 各地区贸易效益发展水平来看，2006～2016 年各地区贸易效益发展水平没有明显的增加，但是值得注意的是东部地区依然是远远超出中部、西部及东北地区的得分情况，并且中部地区开始拉大与西部、东北地区的差距。对于中部、西部及东北地区来说，该三个地区的对外贸易总额在全国的比例相对于东部地区来说是较小的，外贸市场占有率也较小，其经济的发展多依赖于国内贸易及内循环，贸易竞争力和资源配置效率低于东部，则其对外贸易效益的得分相对于东部地区来说偏小也是正常的。

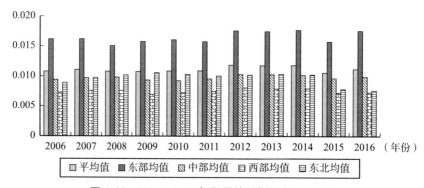

图 4.20　2006~2016 年贸易效益指数各区域均值

资料来源：笔者整理。

另一方面，对比 2016 年和 2006 年各城市贸易效益指数，指数较高的城市主要分布在江苏、浙江、福建、广东这几个省份，其得分较高的原因主要得益于为沿海省份拥有大型港口便利进行对外贸易和产业聚集，也得益于外资率先进入，例如，日本、韩国资本大多进入山东江苏市场，而欧美地区和我国港澳台地区的资本多进入广东、上海、福建、浙江等省份，更得益于政策的倾斜使其经济和贸易发展得到快速发展以及建立完善的贸易链条。中部、西部各省份的省会城市贸易效益较高，得益于其在本省超然的政治地位以及对本省资源的集聚能力，更得益于在承接东部地区产业转移时省会是处于优先权的，使得其经济快速发展和对外贸易的不断扩张。表 4.6 的数据进一步说明，相对于贸易结构来说，贸易效益在全国各城市的发展并没有出现严峻的不均衡现象，各城市的贸易效益差距并没有显著拉大。

表4.6 贸易效益指数描述性统计

年份	均值	标准差	最小值	最大值	中位数
2006	0.01079	0.01007	0.00265	0.00778	0.10106
2007	0.01107	0.00946	0.00273	0.00822	0.08892
2008	0.01081	0.00790	0.00236	0.00858	0.07309
2009	0.01074	0.00940	0.00294	0.00821	0.09160
2010	0.01086	0.00954	0.00330	0.00820	0.09507
2011	0.01089	0.00967	0.00243	0.00811	0.09565
2012	0.01185	0.01160	0.00275	0.00899	0.12787
2013	0.01178	0.01165	0.00230	0.00908	0.13540
2014	0.01182	0.01134	0.00237	0.00901	0.11976
2015	0.01057	0.00988	0.00154	0.00808	0.09963
2016	0.01120	0.01198	0.00113	0.00820	0.12152

资料来源：笔者整理。

（三）贸易可持续发展

从图4.21可知，各地区的贸易可持续发展水平呈现波动趋势，在2011年达到高峰，2012年各区域骤然下跌，2013年除东北之外其他区域呈缓慢上升趋势。党的十八大后，党中央把生态文明建设作为统筹推进"五位一体"总体布局和协调推进"四个全面"战略布局的重要内容，以"绿水青山就是金山银山"理念为先导，推动我国生态环境保护发生历史性和全局性变化。我国开始着重解决经济发展与环境保护之间的平衡关系，这说明可持续发展的观念已经开始在经济发展，尤其是对外贸易的发展中得到运用和体现，整个社会的生态环保意识逐渐得到提升，但仍需进一步发展"绿色"对外贸易，降低"三废"排放量，力争将发展外贸所带来的负面影响控制在环境可承载范围内。

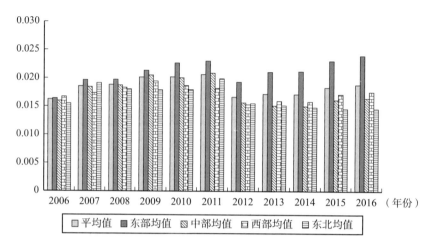

图 4.21　2006~2016 年贸易可持续发展指数各区域均值

资料来源：笔者整理。

从地区发展水平来看，东部、中部、西部之间的差距并不是很大，虽然东部依然保持领先地位，但是相对于贸易结构、贸易效益，东部领先于其他区域的优势相对减弱，值得注意的是，东部地区仍然保持着领先优势。从城市来看，产业升级速度快的城市其可持续性较高，例如，北京、上海、深圳、广州、杭州、天津等几个城市十几年来其可持续性评分有大幅度提高，这得益于它们从传统的加工贸易和依赖资源进行贸易转型到依赖其金融科技水平来发展经济和促进贸易发展，又如，北京、上海利用其金融中心地位发展服务贸易以及把耗能巨大的厂商转移出去，杭州利用互联网进行发展，深圳则专注于高科技行业，天津广州则利用其港口优势发展对外贸易等。表4.7的数据进一步说明，相对于贸易结构、贸易效益来说，贸易可持续在全国各城市的发展呈现的不均衡现象程度较低，2006~2016年各城市的贸易可持续差距的发展速度明显缓和。

表4.7   **贸易可持续发展指数描述性统计**

年份	均值	标准差	最小值	最大值	中位数
2006	0.01628	0.00690	0.00159	0.01586	0.04487
2007	0.01858	0.00509	0.00476	0.01922	0.03294
2008	0.01884	0.00523	0.00472	0.01924	0.03863
2009	0.02016	0.00573	0.00478	0.02019	0.04121
2010	0.02021	0.00619	0.00000	0.02054	0.04892
2011	0.02064	0.00659	0.00496	0.02047	0.05717
2012	0.01665	0.00805	0.00116	0.01503	0.05462
2013	0.01719	0.00959	0.00356	0.01483	0.08764
2014	0.01713	0.01010	0.00404	0.01480	0.10488
2015	0.01836	0.01132	0.00340	0.01561	0.10954
2016	0.01884	0.01194	0.00484	0.01555	0.10829

资料来源：笔者整理。

（四）贸易竞争新优势

从图4.22可以看出，全国各城市的贸易竞争新优势发展水平总体上呈现上升趋势。然而，从各区域来看，东部地区的贸易竞争新优势遥遥领先于中部、西部及东北地区，并且这种领先优势持续增长。对比2016年和2006年各城市贸易竞争新优势指数，评分较高的城市主要集中在长三角、珠三角、环渤海这三块区域，其他得分较高的城市则主要是中部地区一些省会城市，并且贸易竞争新优势发展十分不均衡调，表4.8的数据进一步说明，贸易竞争新优势的城市不平衡现象加剧。造成这种局面的原因主要有：一是进出口主要集中在这些区域；二是各大型企业集中在这些城市；三是我国的主要重点高校、科研院所、重点实验室等均分布在这些城市；四是因为这些城市的经济发展水平、工资水平、生活水平较高吸引大量科技人才，对推动科技创新、产业升级发挥重要作用。

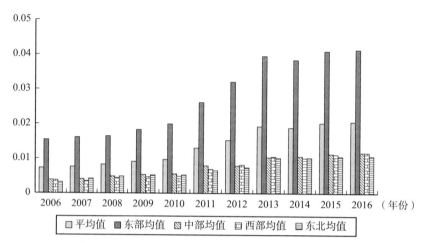

图4.22　2006~2016年贸易竞争新优势指数各区域均值

资料来源：笔者整理。

表4.8　　　　　　　　　　　　贸易竞争新优势得分描述性统计

年份	均值	标准差	最小值	最大值	中位数
2006	0.00727	0.01763	0.00000	0.00373	0.14684
2007	0.00761	0.01811	0.00000	0.00401	0.16253
2008	0.00827	0.01719	0.00000	0.00490	0.15195
2009	0.00909	0.01799	0.00000	0.00504	0.16429
2010	0.00971	0.01904	0.00001	0.00530	0.15593
2011	0.01301	0.02449	0.00003	0.00583	0.20109
2012	0.01529	0.02832	0.00001	0.00507	0.20699
2013	0.01928	0.03381	0.00002	0.00658	0.24726
2014	0.01889	0.03233	0.00004	0.00597	0.22003
2015	0.02023	0.03411	0.00005	0.00689	0.23686
2016	0.02062	0.03428	0.00006	0.00715	0.24035

资料来源：笔者整理。

第五节　本章小结

自党的十九大首次提出"高质量发展"以来，高质量发展的内涵与测度极具现实意义。对外贸易高质量发展是经济高质量发展的重要组成，已有关于贸易高质量发展水平的测度集中在国家层面，需要深入到区域或城市层面。本章在对有关贸易高质量发展的指导意见和相关政策解读的基础上，首先，尝试构建城市层面对外贸易高质量发展的测度体系，将贸易高质量发展分解到贸易结构、贸易效益、贸易可持续发展和贸易竞争新优势四个系统层，确定"商品结构、贸易方式、经营主体、要素配置效率、贸易竞争力、进口结构、生态效益、资源效益、新兴产业竞争力、品牌与质量"共十个支撑系统层的目标，细化到 26 个测度指标，最大程度采集的数据，采用合成指数法测度 2006～2016 年我国城市层面贸易高质量发展水平。

其次，对测度结果进行区域和城市层面的分析发现，我国城市对外贸易高质量发展水平虽然整体上不高，但是呈现逐年上升趋势。东部地区贸易高质量发展水平明显高于其他地区，中部地区逐渐超越西部地区和东北地区，直辖市、省会城市的对外贸易高质量发展水平明显优于其他城市，区域和城市的不平衡特征明显。从四个系统层来看，贸易结构、贸易竞争新优势的区域和城市不平衡现象加剧，贸易效益、贸易可持续发展相对而言，城市不平衡发展的趋势较为缓和。

同时，本章采用历次人口普查数据，在区域、城市层面对我国人口规模、人口密度、年龄结构、受教育结构等人口结构的时空特征进行描述，并且进行对比分析。一方面，我国人口规模庞大，人口老龄化速度较快，老年系数和总抚养比均迅速攀升；另一方面，各地区同样存在人口分布不均匀、人口年龄结构差别巨大，各地区的老龄化速度不一致等特征。受到人口流动、出生率等因素的影响，东部地区、大型城市的人口规模以及劳动年龄组人口规模明显超越其他地区，东北地区的人口流失十分严重。

新经济背景下人口结构变化影响贸易高质量发展的实证研究

第一节　人口结构变化影响贸易　　　　高质量发展的实证研究设计

在本书的第三章，从理论上考察了人口结构变化引致的众多贸易效应和内在机理，并且探讨了新经济发展的贸易效益和对影响机理的冲击。在本书的第四章，对城市贸易高质量发展水平进行了测度和评价。为了实证考察新经济背景下人口结构变化对贸易高质量发展的影响，本章设计了递进式实证结构：第一步，结合第三章内容阐述人口结构变化对贸易高质量发展的影响机理和效应，以此为基础，将影响效应区分为总效应和中介效应两大类，总效应包括劳动力供给、人力资本供给、生产与消费等因素的变化对贸易高质量发展产生的效应，中介效应包括劳动力成本和创新水平变化对贸易高质量发展产生的效应；第二步，分别采用对应的实证方法，从总效应和中介效应渠道实证检验人口结构变化对贸易高质量发展的影响效应与作用力；第三步，以新经济发展作为背景，构建城市新经济发展测度体系并测度出对应的指数，将该指数作为调节变量，在第一步、第二步基础上，分别与代表性的人口结构指标或中介变量指标进行交叉并进行回归，最后根据关键变量和交叉变量的系数来解读新经济发展的贸易效应，着重揭示新经济发展对人口结构变化的贸易效应所产生的调节作用。

一、人口结构变化对贸易高质量发展的影响机理和效应

第三章阐述了人口结构变化引致的贸易效应，在这五大类效应中，贸易规模增长效应、贸易比较优势与出口竞争优势调整效应、贸易竞争新优势效应，与对外贸易高质量发展的目标与重点任务紧密关联。人口结构变化影响对外贸易发展的机理主要有劳动力与人力资本供给、消费需求、劳动力成本、劳动力技能禀赋、创新、年龄相关认知能力等等，这些机理同样也是人口结构变化影响贸易高质量发展的重要渠道。本节主要基于人口规模、劳动力和人力资本供给的观察视角，阐述人口结构变化对城市贸易高质量发展的影响。

（一）优化出口商品结构、提升贸易竞争力，从而有利于城市贸易高质量发展

在引力模型中，地理、经济、人口、政策、文化宗教语言等因素对贸易流量均起到重要的影响。国内学者将引力方程中的影响因素分为两大类：规模和距离。规模包括：经济总量、人口总量、地理总量（罗来军等，2014）。

距离包括：地理距离、经济距离、文化距离、技术距离、政治距离。人口属于规模因素，人口直接影响货品的销量，是决定市场空间与消费规模的最直接因素。从国家层面来看，丰富的劳动力和庞大的人口规模，意味着强大的生产潜能和广阔的市场空间。在全球化生产分工体系中，具备这种人口特征的国家，往往会经历一段"人口红利"时期，表现为进出口规模迅速增长，经常项目持续顺差，对外贸易成为推动经济增长的引擎。不仅如此，相对于人口小国，人口大国的进、出口产品的种类也会更加丰富。相反，当一国人口结构进入老龄化阶段，劳动力供给降低、劳动力成本上涨，会降低劳动密集型产品的比较优势，降低偏向于使用年轻型人力资源的行业的比较优势，从而使得此类产品和行业的出口竞争力下降，甚至导致产品生产种类和企业数量下降。人口老龄化进程的加快所产生的劳动力禀赋效应，将抑制中国制造业国际竞争力的提高。

当然，劳动力丰富并不必然导致人口红利，如果劳动力缺乏基本的技能素质，或者难以在国内自由流动，或者社会抚养比过高，很可能难以产生人口红利；同样，人口老龄化也并非一定会导致对外贸易竞争力的下降，人口老龄化速度的加快会"倒逼"企业加大研发力度，提升技术和优化管理，用技术替代劳动力，从而提高国际竞争力。因此，这种因果关系是否产生、程度如何以及呈现的结果存在多种可能，在很大程度上受到劳动力成本、积聚创新等主要机制的支配，并且依赖于国内的基础设施、营商环境、贸易政策等客观条件。

另外，将观察视角从国家转向城市。国家包含了众多的城市，我国的地级市就有290多个，并且人口在城市之间的分布普遍不均衡，我国不同城市之间的人口结构存在显著的差异。然而，基于国家层面进行分析的机理同样适用于城市。基于我国城市数据的研究表明，城市人口规模、劳动参与率、劳动人口比的提高，或抚养比的下降，会显著促进城市出口增长，并且城市人口结构变化对出口的影响伴随着人力资本的提高而弱化（铁瑛等，2019）。

从企业层面来看，城市劳动参与率的提高会促进企业出口规模增长，因为劳动参与率提高所带来的劳动供给的增加，既可以增加当地的消费需求，活跃市场，又会降低名义工资率，从而降低企业生产成本，有助于出口扩张（铁瑛和张明志，2017）。而且，劳动人口不足、老年抚养比上升，会导致劳动力短缺以及劳动力成本提升，采取传统加工贸易模式的企业难以为继，寻求向一般贸易模式转型（蔡宏波和韩金镕，2022）。

（二）吸引外商直接投资、提高贸易竞争力，从而有利于城市贸易高质量发展

在跨国公司对外直接投资行为动机中，无论是资源寻求型、利润寻求型、市场寻求型，还是效率寻求型、战略资产寻求型，东道国（地区）的要素禀赋、自然资源、市场规模是东道国区位优势，也是吸引跨国公司选址的核心因素，能够促成跨国公司实现低成本生产并提高生产经营效益，是跨国公司在全球生产与价值链中保持竞争优势和获取利润的关键环节。因而，拥有充足劳动力与人力资本的国家（地区），对外资具有天然的吸引力，在国际分工体系中占据着重要的地位。我国改革开放以来，随着城镇化进程的加快，大量农业人口流向城市，为制造业提供了巨大而廉价的生产要素，被认为是出口导向增长模式成功的重要原因。一些研究发现，来自亚洲的外资比欧美外资更看重劳动力成本，欧美资金更看重我国广阔的市场（Kevin et al.，2001），虽然劳动力成本优势逐渐降低，但是我国消费市场规模对外商直接投资的流入一直存在较大的促进作用（廖利兵，2013）。从城市层面来看，进入 21 世纪以来，长三角、珠三角、京津，以及其他省会城市，一直是我国常住人口分布最密集的地区，这些城市辖属于人口大省，并且是周边其他人口大省的主要人口流入地区，劳动力规模和人力资本规模庞大，我国吸引外商直接投资最多的城市也集中在这些地区。

（三）调整进出口平衡、生态和资源效益，从而有利于城市对外贸易高质量发展

关于人口结构变化对国际贸易收支的影响，已形成众多的研究成果。大量研究表明，丰富的劳动力禀赋、较低的抚养比会促进一国出口增长，并形成经常项目盈余。与之形成鲜明对比的是，人口结构变化对进口的影响研究较为稀少，目前尚未发现基于中国城市进口数据的研究。实际上，人口规模的扩大、劳动力供给的提高，不仅促进出口，也会促进进口，不仅影响出口结构也会影响进口结构。在全球化分工、价值链与生产链分散的国际经济环境中，中国以劳动力禀赋等资源优势嵌入到国际分工体系，在国际分工体系中不断攀升，对外贸易具有"两头在外""大进大出"的特征。将进口产品按照大类经济分类（BEC），主要包含中间品、资本品和消费品。中间品、资本品和国内劳动力要素结合，对于完成国内生产活动是必不可少的。消费品用于满足国内日益庞大的消费市场对产品种类和品质的多样化需求。因此，当城市的人口规模扩大、劳动力供给提高，其进口规模也会迅速提高。另外，城市人口的集中，一方面为城市发展带来了经济活力，另一方面资源与能源消耗增加，城市所面临的生态环境保护和绿色发展约束增强，对资源和能源型产品的进口依赖增强，生产活动不再仅仅注重经济效益，同时重视生态效益和资源效益，因而有利于促进贸易可持续发展。

（四）促进创新，提升新兴产业和品牌竞争力，从而有利于城市对外贸易高质量发展

从国家层面来看，人口老龄化对科技创新的影响比较复杂，机制丰富，结果多样。陶涛等（2023）认为人口数量减少主要通过思想效应、产出效应、公共预算总量效应、倒逼效应和需求效应影响科技创新能力，前三种对科技创新能力产生负面影响，后两种产生正面影响。少儿人口比与老年人口

比的上升对以专利申请或授权为代表的技术创新往往具有显著的抑制作用。也有研究认为，人口负增长时代人口规模和结构变动对于劳动年龄人口规模较大、研发人员占劳动力比重较小的国家的科技创新能力基本没有影响（翟振武等，2021）。与之相对应，劳动年龄人口比重的提升通常能够显著促进技术创新（邵汉华和汪元盛，2019）。

将研究视角从国家层面转向区域或城市，亢梅玲等（2024）基于全国人口抽样调查和普查数据，研究年轻劳动力（20~34岁）人口比重的变动对地区创新绩效的影响，发现城市年轻劳动力人口比重的提高对专利数量和质量都有显著的促进作用。冯伟和付悦（2022）基于省级面板数据，发现人力资本和人口密度均会对地区创新产生促进作用，人力资本的促进效应更为明显。刘晔等（2021）基于中国287个地级及以上城市的数据，揭示了人力资本水平提升对区域创新产出的重要作用。与之相对应，老年系数或老年抚养比的加深会显著抑制城市的创新能力，李飚和仇勇（2024）采用全国人口抽样调查和普查数据实证检验城市人口老龄化对创新的影响，二者显著负相关。城市人口的流失和收缩可能会抑制创新，因为人口流失不仅导致企业获取技术创新所需资源的难度增加，尤其是获取人才和人力资本的难度增加，另外，还使得知识技术的积累与扩散速度放缓、空间收缩。

人口和劳动力规模的扩大，之所以有利于创新，关键在于人口集中所带来的集聚效应。人口集聚使得企业可以共享区域内的劳动力池，降低劳动力市场的搜寻与匹配成本，并且有利于信息和知识的交流与传播（Duranton & Puga，2005），因此促进创新。一些研究认为，城市人口积聚还会提高该地区的人力资本水平、企业生产率以及企业出口技术复杂度（蔡庆丰等，2023；陈心颖，2015；杨本建和黄海珊，2018；王晓璐和杨东亮，2020；董有德和宋国豪，2023）。

（五）优化出口贸易结构，从而有利于城市对外贸易高质量发展

人力资本对贸易发展的重要性已经引起关注。近期较多研究采用双重差

分估计方法从城市和企业层面识别了人力资本扩张对贸易发展的影响。周茂等（2019）研究发现人力资本扩张提高了城市劳动者的技能水平，使得出口技术复杂度上升，从而推动城市制造业的出口升级。毛其淋（2019）研究发现，人力资本扩张提高了加工贸易企业的生产效率与自主创新能力，从而提高企业出口技术复杂度和出口国内附加值率。毛其淋（2024）认为，人力资本扩张能够缓解企业的融资约束，降低出口固定成本，进而促使企业更多地选择直接出口贸易方式，从间接出口转向直接出口。张亮等（2024）也认为，人力资本积累显著促进企业创新行为和创新质量。

（六）人口集中导致的拥挤效应，不利于城市对外贸易高质量发展

人口规模的扩大和劳动力供给的增加也会产生拥挤效应。典型特征表现为，城市土地和公共设施服务因需求的大幅增加显得供给不足，土地价格迅速攀升，土地租金、房屋价格也相应地迅速上涨，公共设施与服务供给不足，交通拥堵、通勤成本增加，城市内部的运输和储存成本也相应增加，环境污染问题严重等等。拥挤效应导致居民生活成本攀升，增加企业的经营成本，也被认为是城市人口和产业的分散力量。

从当前城市经济发展、城市人口规模与分布的现状来看，人口集中带来的集聚效应占据了主导地位（程开明和刘书成，2022），集聚效应仍然是促进城镇化建设、扩大城市规模、促进城市群发展的内在动力。然而一些研究发现，人口集聚与城市群经济发展存在倒 U 形关系（童玉芬等，2023）；城市人口规模处于不同的区间，专业化集聚和多样化集聚的经济增长效应将明显不同（袁冬梅等，2019）。这说明集聚效应不仅存在地区和行业异质性，而且对于不同的经济目标，其目标实现程度存在差异。对于拥挤效应带来的负向影响，当地政府倾向于通过扩大公共设施和服务供给，推进交通设施升级改造，实施产业和税收政策优化产业结构等措施进行调节和降解。

二、初步实证分析：回归方程构建与数据说明

（一）计量模型设定

$$HQFT_{it} = \alpha_{it} + \beta Popstruc_{it} + \gamma X_{it} + \mu_i + \delta_{it} + \varepsilon_{it} \qquad (5-1)$$

在方程（5–1）中，i 为城市，t 为时间，$HQFT_{it}$ 表示在 t 年 i 城市的对外贸易高质量发展水平；$Popstruc_{it}$ 表示 t 年 i 城市的人口结构，本章主要从人口规模、人口年龄结构与教育结构三个角度来观察城市的人口结构；X_{it} 表示其他控制变量；μ_{it} 表示城市固定效应，δ_{it} 表示时间固定效应，ε_{it} 表示随机干扰项。

（二）变量选取

1. 被解释变量

对外贸易高质量发展水平：用对外贸易高质量发展指数代理，是被解释变量，指标构建方法与测度结果来自第四章。

2. 核心解释变量

围绕研究主题，本章选择人口规模、人口年龄结构以及人口教育结构作为衡量人口结构的关键变量。人口规模以城市统计年鉴中的年末总人口衡量，人口规模是生产规模和市场规模的体现，在经典的引力方程模型中，贸易国的人口规模是决定一国贸易规模的关键因素。人口年龄结构使用城市的从业人口比来衡量，原因在于，劳动人口比、抚养比虽然是常用的人口年龄结构指标，但是城市口径的劳动人口比和抚养比数据极为稀缺，目前只能从人口普查和抽样调查中获取，在样本期间，只有 2010 年普查数据和 2015 年抽样

调查数据可以采集，且抽样调查数据和普查数据的调查方式等并非一致。由此，本章采用从业人口比来衡量城市人口年龄结构指标，相对于其他指标，该指标能够比较准确地体现城市当期的劳动人口比情况。

根据国家统计局的统计指标解释，从业人口是指在参考期内为赚取报酬、利润或家庭收入而工作最少 1 小时的年龄在 16 岁及以上人士，从业人口比指标能够体现劳动人口的充裕度和供给强度，是城市劳动力供给的体现。教育结构以城市本、专科及以上人口与全市人口之比来衡量，教育结构体现了该城市人口受高等教育情况和学历层次，教育结构能够体现城市的人力资本层次（张宽和黄凌云，2019；王启超、王兵和彭睿，2020）。

3. 控制变量

考虑到宏观经济环境和政策的影响，以及一些城市固定属性特征的影响，控制了城市固定效应和时间固定效应。另外，由于企业是城市对外贸易高质量发展的生产销售主体，因此控制了规上工业企业数量，即按照国家统计局标准划分的规模以上工业企业数量。本节实证分析涉及的变量名称、计算办法与说明如表 5.1 所示。

表5.1 实证过程涉及的变量说明

变量名称	符号	变量定义及说明
城市对外贸易高质量发展指数	$HQFT$	参照第四章计算结果
人口结构	$lnps$	城市年末总人口数（单位：万人），取对数
	LP	从业人口比：（总人口数－未就业人数）/（总人口数）
	HC	教育结构层次＝普通本专科及以上人口/全市常住人口数
规上工业企业数量	$lnIE$	城市规模以上企业数量（单位：个），取对数
平均工资	$lnwage$	平均工资：报告期实际支付的全部职工工资/报告期全部职工人数（单位：万元/人），取对数

续表

变量名称	符号	变量定义及说明
专利授权	lnpatent	城市专利授权数量（单位：个），取对数
人口密度	lnpd	单位土地面积上的人口数量（单位：人/平方公里），是衡量一个国家或地区人口分布状况的重要指标，取对数

资料来源：笔者整理。

（三）数据说明

原始样本包含 2006～2016 年的数据，282 个城市，共计 3102 个样本。表5.2 为各变量的描述性统计。

表 5. 2　　　　　　　　　　　**回归的描述性统计**

变量	观测值	均值	标准差	最小值	最大值
HQFT	3102	0. 06171	0. 05871	0. 01212	0. 49658
lnps	3102	5. 86598	0. 70391	2. 86847	8. 12918
LP	3102	0. 12026	0. 11399	0. 02345	1. 47310
HC	3102	0. 01547	0. 01916	0. 00004	0. 12764
lnIE	3102	6. 53362	1. 12886	2. 94443	9. 84118
lnpd	2820	5. 72693	0. 91491	1. 60943	7. 88156
lnwage	3102	1. 21210	0. 43676	− 0. 30407	2. 50755
lnpatent	3070	3. 96853	1. 90291	0. 00000	10. 6309

表 5.2 报告了总体样本的描述性统计结果，比较变量的均值和标准差，标准差普遍比均值小或相近，反映各变量具有一定的离散程度并且不是特别的分散。观察各变量的最大值和最小值，均有明显差距，产生这些差距的原因有两点：一是随着时间的推移，变量的数值会发生变动；二是每个城市的经济发展水平不同，存在区域差异。

三、回归结果分析

本章核心自变量采用的是城市口径人口结构数据，样本量较大。人口规模、从业人口比会受到属地生育率、预期寿命影响因素的影响，从已有研究来看，生育率等因素并不会直接影响贸易高质量发展水平，并且本章在回归方程中均纳入时间和个体固定效应，因此较好地避免了遗漏变量带来的内生性影响。

估计结果如表5.3所示，从总体上看，对外贸易高质量发展指数回归方程中各变量的系数显著性都较好。下面分别考察每个解释变量同外贸易高质量发展的相关性及其内在联系：列（1）~列（4）的估计结果显示，从平均效应上来说，人口规模、从业人口比以及教育结构层次的上升显著促进城市对外贸易高质量发展。原因在于，人口规模是生产规模、产品种类、消费规模的重要体现，城市人口规模的提高，意味着拥有较大的生产能力和消费需求市场，本地市场规模效应逐渐显现，加上生产能力扩大带来的其他经济效应，促进了本地贸易高质量发展，人口规模扩大对贸易规模和产品结构的促进作用已经被广泛认同。城市从业人口比有利于促进贸易高质量发展，因为劳动力供给相对充足，能够满足生产对劳动要素的需求，从而稳定生产活动，而且劳动力充足有助于缓解工资提高和其他成本上涨带来的压力，同时劳动人口集中的城市产生集聚效应和溢出效应，信息沟通成本较低，有利于生产技术和经验的传播。大城市往往拥有稀缺技能劳动力、高技术劳动力，这会增加城市的高技能工人供给，降低企业搜寻匹配技能工人的成本，满足新兴产业发展对特定岗位和人才的需求。教育结构层次的提高，意味着受高等教育的劳动者比例提高，城市人口具有较好的认知基础和专业知识技能，有利于生产经营活动的开展，有利于提高生产效率，同时也意味着有更多潜在的人力资本和创新型人才，促进产业革新和结构升级。在样本范围内，这些正向作用得到发挥，推动城市对外贸易高质量发展水平的提升。

表 5.3 贸易高质量发展水平回归结果

被解释变量	贸易高质量发展指数				
	（1）	（2）	（3）	（4）	（5）
ln*ps*	0.082 *** （4.62）			0.087 *** （5.12）	0.103 *** （6.07）
LP		0.059 *** （3.40）		0.058 *** （3.68）	0.055 *** （3.73）
HC			0.563 *** （3.11）	0.647 *** （3.37）	0.529 *** （2.73）
ln*IE*					-0.023 *** （-8.08）
常数项	-0.232 *** （-1.80）	0.323 *** （12.45）	0.388 *** （13.10）	-0.317 *** （-2.55）	-0.233 * （-1.09）
城市固定效应	控制	控制	控制	控制	控制
年份固定效应	控制	控制	控制	控制	控制
时期数	11	11	11	11	11
城市数	282	282	282	282	282
观测值	3102	3102	3102	3102	3102
调整 R^2	0.842	0.842	0.840	0.846	0.852

注：*、**、*** 分别表示10%、5%、1%的显著性水平。考虑到样本的随机误差项可能存在异方差，回归过程均采用稳健标准误回归。

表 5.3 的列（5）加入了控制变量。规上工业企业数量的提高反而不利于促进贸易高质量发展，原因可能在于，我国对于规上工业企业的划分标准为国有企业以及主营业务收入超过一定标准的非国有企业，国有企业主营业务通常为关系国计民生的行业，国有企业并非对外贸易的主体力量，并且规上工业企业数量较多的城市，往往并非对外贸易发达城市，规上企业增多反

而会挤占中小微型贸易企业的要素资源和发展空间。

四、稳健性检验

(一)指标替换

在稳健性检验中,首先对人口结构的部分指标进行替换,回归结果如表5.4所示,用人口密度(PD)替换人口规模(lnps),因为城市的人口密度对人口规模具有较好的替代性,人口规模大的城市人口密度高,反过来亦是如此。结果显示,指标替换后的估计系数在显著程度和符号方向上与基准回归基本一致。

表5.4　　　　　　　　　　　人口结构指标替换回归结果

被解释变量	贸易高质量发展指数			
	(1)	(2)	(3)	(4)
ln*pd*	0.071 *** (3.80)	0.051 *** (3.12)	0.048 *** (2.96)	0.054 *** (3.29)
LP		0.134 *** (4.17)	0.134 *** (4.16)	0.124 *** (4.07)
HC			0.353 ** (1.91)	0.217 (1.19)
ln*IE*				−0.022 *** (−7.83)
常数项	−0.130 (−1.03)	−0.066 (−0.60)	−0.057 (−0.52)	0.104 (0.94)
城市固定效应	控制	控制	控制	控制
年份固定效应	控制	控制	控制	控制
时期数	10	10	10	10
城市数	282	282	282	282

续表

被解释变量	贸易高质量发展指数			
	（1）	（2）	（3）	（4）
观测值	2820	2820	2820	2788
调整 R^2	0.848	0.858	0.859	0.864

注：*、**、***分别表示10%、5%、1%的显著性水平。考虑到样本的随机误差项可能存在异方差，回归过程均采用稳健标准误回归。

（二）样本调整

为了避免基准回归受到局部特异样本的干扰，本章对样本进行调整，再进行相应的估计，具体结果如表5.5和表5.6所示。鉴于中国对外贸易较为活跃的城市更多集中于东部地区沿海省份，东南沿海地区的城市由于经济发展起步早，贸易发展水平较高，可能会吸引较多外省份的劳动人口流入，使得户籍人口和劳动人口增加，从而人口结构发生较大变化，为了规避地理区位因素对估计结果造成的偏误，表5.5是剔除东部地区沿海省份的城市的回归结果。另外，为了剔除超级特大城市以及规避经济政策倾斜对贸易发展的影响，表5.6为剔除四大直辖市以及15个副省级城市的回归结果。通过表5.5和表5.6可以看出，经过上述处理后，从平均效应上来说，人口规模、从业人口比和教育结构层次的提升对样本城市贸易高质量发展水平起到显著促进作用，与上文实证结论基本保持一致。

表5.5　　　　　样本调整：剔除东部沿海省份城市的回归结果

被解释变量	贸易高质量发展指数				
	（1）	（2）	（3）	（4）	（5）
lnps	0.069 *** (4.03)			0.082 *** (5.39)	0.085 *** (5.52)

续表

被解释变量	贸易高质量发展指数				
	（1）	（2）	（3）	（4）	（5）
LP		0.088 *** (2.58)		0.082 *** (2.52)	0.083 *** (2.56)
HC			1.205 *** (5.16)	1.315 *** (5.33)	1.292 *** (5.23)
ln*IE*					− 0.003 ** (− 1.96)
常数项	− 0.310 *** (− 3.02)	0.077 *** (4.07)	− 0.003 (− 0.15)	− 0.516 *** (− 5.22)	− 0.509 *** (− 5.14)
城市固定效应	控制	控制	控制	控制	控制
年份固定效应	控制	控制	控制	控制	控制
时期数	11	11	11	11	11
城市数	196	196	196	196	196
观测值	2156	2156	2156	2156	2156
调整 R^2	0.611	0.608	0.619	0.640	0.641

注：* 、** 、*** 分别表示10%、5%、1%的显著性水平。考虑到样本的随机误差项可能存在异方差，回归过程均采用稳健标准误回归。

表5.6　　　　样本调整：剔除直辖市和副省级城市回归结果

被解释变量	贸易高质量发展指数				
	（1）	（2）	（3）	（4）	（5）
ln*ps*	0.059 *** (3.82)			0.064 *** (4.38)	0.072 *** (4.88)
LP		0.036 *** (3.35)		0.034 *** (3.18)	0.033 *** (3.17)
HC			0.523 *** (3.07)	0.590 *** (3.31)	0.528 *** (2.96)
ln*IE*					− 0.010 *** (− 5.02)

续表

被解释变量	贸易高质量发展指数				
	（1）	（2）	（3）	（4）	（5）
常数项	-0.345 *** (-3.21)	0.060 *** (5.36)	0.045 *** (3.65)	-0.399 *** (-3.92)	-0.377 *** (-3.66)
城市固定效应	控制	控制	控制	控制	控制
年份固定效应	控制	控制	控制	控制	控制
时期数	11	11	11	11	11
城市数	263	263	263	263	263
观测值	2893	2893	2893	2893	2893
调整 R^2	0.757	0.755	0.755	0.762	0.764

注：*、**、*** 分别表示10%、5%、1%的显著性水平。考虑到样本的随机误差项可能存在异方差，回归过程均采用稳健标准误回归。

（三）内生性检验

以上双向固定效应回归模型初步证实人口结构对贸易高质量发展具有显著影响。在进行替换指标和调整样本之后，结果依然比较稳健。为了论证的严谨性和研究结论的可靠性起见，接下来考虑人口结构和贸易高质量发展之间可能存在互为因果关系带来的内生性问题，在存在人口流动的情况下，城市的人口结构有可能受到贸易高质量发展水平的影响，当城市贸易规模较大、企业较多、发展水平较高时，可能会吸引更多的流动人口流入，加入流入地户籍，从而影响人口结构。尽管上文已经考虑到这一点，并对调整后的样本进行了回归，但是为谨慎起见，本章进一步采用工具变量法解决双向关联带来的内生性问题。

对于人口规模，本章选用滞后六期的人口自然增长率作为工具变量，原因在于：首先，人口自然增长率取决于人口出生率和人口死亡率二者之间的相对变动情况，具有较好的外生性，滞后六期的人口自然增长率主要是新生

· 161 ·

人口，尚不具有生产与创新能力，不会直接影响到贸易结构、贸易效益、贸易可持续发展以及贸易竞争新优势，因而不会对贸易高质量发展产生直接影响；其次，人口出生率和死亡率与文化背景、生育意愿、健康状况、医疗水平等因素相关，这些因素中有一部分可以通过固定效应控制，其他部分不会直接影响到 6 年后的城市贸易高质量发展水平，因此不会带来新的遗漏变量问题。再次，贸易高质量发展水平更不会影响到六年前的人口出生率和死亡率。最后，新增人口对人口规模具有直接影响，若 6 年前的人口自然增长率较高，那么有理由相信经过 6 年之后，该城市的人口规模会扩大，因为新增人口年龄较小，流出到其他城市的可能性极低，而且新增人口已经普遍进入小学阶段，具备多样产品的物质需求和消费能力。

对于从业人口比，本章选用滞后十二期的从业人口比作为工具变量，该滞后期对应到 1994~2004 年的从业人口比数据，选用该期间数据的原因在于：首先，该滞后期的户籍人口和劳动人口对 12 年后的户籍人口和从业人口有一定的影响，因为对于处于青年或中青年阶段的劳动力而言，经过 12 年后仍然会有一定比例继续工作。其次，从 1994 年开始，我国政府在宏观经济领域实施了一系列重大改革措施，包括外汇管理体制改革、对外贸易体制改革、分税制改革，与此同时，户籍改革开始试点，城镇化改革进入扩张阶段，这些对外改革开放和政策措施的实施，对我国人口流动、人口结构变化产生了持续性的重大影响。最后，由于上述原因，该滞后期从业人口比对 12 年后的贸易结构、贸易效益、贸易可持续发展以及贸易竞争新优势不会产生直接影响，当然贸易高质量发展水平更不会影响到 12 年前的人口结构。

工具变量的回归结果如表 5.7 所示。列（3）、列（6）分别将工具变量加入基准方程进行回归，可见工具变量不直接影响被解释变量，二者统计关系不显著。列（1）、列（4）分别为工具变量回归结果，人口规模、从业人口比对贸易高质量发展指数的影响方向及显著性与基准回归保持一致，结论稳健。列（2）、列（5）同时汇报了第一阶段估计结果，工具变量对人口结构变量有直接的影响，滞后期的人口自然增长率与人口规模显著正相关，与预期一致。滞后期的从业人口比与当期从业人口比负相关，原因可能在于：从 1994 年开始，我国在宏观经济领域实施的重要改革措施，改变了国内的经济与贸易发展格局，加速了人口的跨省份流动，尤其是促使中部、西部、东北地区人口向东南地区流动，原先户籍人口众多、劳动力要素充裕的省份受长期的人口流动影响，成为了户籍人口和劳动力人口不足的省份，使得二者呈负相关关系。

表 5.7   **工具变量回归**

被解释变量	贸易高质量发展指数					
	(1)	(2)	(3)	(4)	(5)	(6)
	IV-2SLS	第一阶段	OLS	IV-2SLS	第一阶段	OLS
$\ln ps$	0.224 ** (1.90)		0.103 *** (9.47)			
$Rate$		0.001 *** (4.55)	0.000 (0.95)			
LP				0.282 * (1.56)		0.052 *** (6.31)
$LP94$					−0.020 *** (−2.44)	−0.004 (−1.31)
HC	0.642 *** (2.56)	−1.097 ** (−2.13)	0.509 *** (3.93)	0.258 * (1.64)	0.299 (0.92)	0.327 * (2.40)
$\ln IE$	−0.028 *** (−5.89)	0.028 *** (5.18)	−0.024 *** (−10.54)	−0.017 *** (−5.50)	−0.010 * (−1.70)	−0.019 *** (−8.00)
常数项	−1.032 (−1.27)	6.907 *** (167.72)	−0.192 *** (−2.47)	0.349 *** (3.23)	0.592 *** (10.85)	0.485 *** (20.83)
城市固定效应	控制	控制	控制	控制	控制	控制
年份固定效应	控制	控制	控制	控制	控制	控制
时期数	11	11	11	11	11	11
城市数	282	282	282	282	282	282

被解释变量	贸易高质量发展指数					
	（1）	（2）	（3）	（4）	（5）	（6）
	IV-2SLS	第一阶段	OLS	IV-2SLS	第一阶段	OLS
观测值	3043	3043	3043	2780	2780	2780
调整 R^2	0.844	0.996	0.834	0.809	0.744	0.854

注：*、**、***分别表示10%、5%、1%的显著性水平。考虑到样本的随机误差项可能存在异方差，回归过程均采用稳健标准误回归。列（1）中识别不足检验 Anderson LM 统计量为21.973，显著拒绝识别不足假设，弱工具变量检验 Cragg-Donald Wald F statistic 统计量为19.987；列（3）中识别不足检验 Anderson LM 统计量为6.612，显著拒绝识别不足假设，弱工具变量检验 Cragg-Donald Wald F statistic 统计量为5.93。S-Y 弱工具变量临界值25%的 max-IV size 为5.53，20%的 max-IV size 为6.66。

五、影响机制分析：回归方程构建与数据说明

在以上分析中，人口规模、从业人口比、教育结构三个指标在一定程度上可视为生产能力与市场规模、劳动力禀赋、人力资本层次的直接代理指标，这些人口结构指标的提高直接主导了生产与市场规模的扩大、劳动力供给的增加，以及人力资本层次的提高。然而，在人口结构变化影响对外贸易发展的机制中，还存在一些较为间接的影响机制，例如，劳动力成本机制与创新能力机制，这些机制被广泛重视。劳动力成本和创新能力分别由劳动力市场和创新市场决定，人口结构只是影响劳动力成本和创新能力的一个因素，人口规模的扩大、从业人口比的提高、教育结构的提升并不一定意味着劳动力成本的下降以及创新能力的提高，反之亦然。为了进一步探明该类影响机制是否发挥作用以及由此产生的贸易效应，接下来采用中介回归方程进行估计。在方程（5-1）的基础上，设立方程（5-2）与方程（5-3）。

$$M_{it} = \alpha_{it} + \beta Popstruc_{it} + \gamma X_{it} + \mu_i + \delta_t + \varepsilon_{it} \qquad (5-2)$$

$$HQFT_{it} = \alpha_{it} + \beta_1 Popstruc_{it} + t M_{it} + \gamma X_{it} + \mu_i + \delta_t + \varepsilon_{it} \qquad (5-3)$$

在方程（5-2）中，系数 β 反映了人口结构变量对中介变量 M 的影响效

应，系数 t 体现中介变量 M 对贸易高质量发展的影响。系数 β_1 反映了剥离中介效应之后的人口结构变化对贸易高质量发展的剩余影响。

（一）劳动成本机制

基于表 5.8 的结果发现：第一，列（1）、列（3）中人口规模、从业人口比的系数显著为负，说明人口规模的扩大、从业人口比的上升导致工资水平下降，原因在于人口规模和劳动力人口供给的提高，使得劳动力要素变得相对充裕，供应增加，使得劳动力成本或用工成本下降。列（5）中教育结构的系数不显著，说明高等教育人口比例的提高对劳动力成本影响不显著。第二，列（2）、列（4）、列（6）中，工资水平的系数显著为负，表明工资水平的提升总体上对城市对外贸易高质量发展起到了抑制作用，工资提高意味着企业用工成本、生产经营成本的上升，面对激烈的国际市场，企业生存难度和经营压力同步增加，可用于研发创新的资金欠缺，进口先进设备和资源能源产品的资金不足，竞争力和创新力下降，抑制了城市对外贸易高质量发展。第三，分别结合表 5.8 中列（1）~列（6）的关键变量系数可知，城市人口规模扩大、从业人口比提高能够通过降低工资水平来促进贸易高质量发展，即人口结构变化能够通过劳动力成本机制促进城市的对外贸易高质量发展。教育结构层次的提高并不能通过劳动力成本机制对贸易高质量发展产生影响。

表 5.8　　　　　　　　　　　　劳动成本机制检验

被解释变量	工资水平	贸易高质量发展指数		工资水平	贸易高质量发展指数		工资水平	贸易高质量发展指数	
	(1)	(2)		(3)	(4)		(5)	(6)	
	lnps			LP			HC		
人口结构变量	-0.221***	0.078***	0.097***	-0.215***	0.054***	0.054***	0.593	0.565***	0.450***
	(-6.41)	(4.40)	(5.56)	(-4.82)	(3.10)	(3.19)	(1.47)	(3.11)	(2.45)

续表

被解释变量	工资水平	贸易高质量发展指数	工资水平	贸易高质量发展指数		工资水平	贸易高质量发展指数	
	(1)	(2)	(3)	(4)		(5)	(6)	
lnwage		−0.026*** (−4.83)	−0.010** (−2.09)	−0.023*** (−4.07)	−0.023*** (−3.90)	−0.010** (−1.92)		−0.030*** (−5.46)	−0.018*** (−3.47)
lnIE	0.095*** (12.79)		−0.023*** (−8.29)	0.085*** (11.49)		−0.019** (−7.04)	0.088*** (11.95)		−0.019*** (−6.47)
常数项	2.114*** (8.67)	−0.169 (−1.31)	−0.133* (−1.05)	0.072*** (10.69)	0.356*** (13.00)	0.504*** (15.18)	0.574*** (9.09)	0.378*** (14.35)	0.521*** (15.67)
城市固定效应	控制	控制	控制	控制	控制	控制	控制	控制	控制
年份固定效应	控制	控制	控制	控制	控制	控制	控制	控制	控制
时期数	11	11	11	11	11	11	11	11	11
城市数	282	282	282	282	282	282	282	282	282
观测值	3102	3102	3102	3102	3102	3102	3102	3102	3102
调整 R^2	0.974	0.843	0.848	0.974	0.842	0.846	0.974	0.841	0.845

注：*、**、***分别表示10%、5%、1%的显著性水平。考虑到样本的随机误差项可能存在异方差，回归过程均采用稳健标准误回归。列（1）、列（3）、列（5）对应回归方程（5−2）；列（2）、列（4）、列（6）对应回归方程（5−3）。

（二）创新机制

基于表5.9的结果发现：第一，列（1）、列（3）人口规模、从业人口比的系数显著为正，说明人口规模的扩大、从业人口比的上升提高了专利授权数量，原因在于人口是生产与创新的主体，是决定创新能力的根本，人口规模和劳动力供给增加，能够形成规模效应：能够投入更多的人力，进行大规模研发；拥有广阔的本地市场，利于创新的测试应用与推广。另外，还能够形成集聚效应：劳动力的集聚，促进信息的交流，促进研发团队的建立，提高创新的效率。列（5）的教育结构的系数为正却不显著，说明高等教育人口比例的提高虽然能够提高人口受教育层次，但是并没有直接促进创新数量的提升。第二，列（2）、列（4）、列（6）中专利数量的系数显著为正，说明发明专利数量的提升有利于促进城市对外贸易高质量发展，因为发明专利是创新能力的体现，创新是发展的第一动力，创新科技应用，能够促进新产品新产业的发展，推动产业转型升级。以科技创新为引领，着眼抢占未来产业高地，能够提升产业链供应链韧性和安全水平，打造现代化产业体系。创新成果的转化和应用推广，还能够填补技术空白，解决产业堵点的"专精特新"，大力提升产品附加值，打造具有国际影响力的自主品牌。创新是夯实外贸高质量发展的产业基础，培育贸易竞争新优势的源泉。第三，分别结合表5.9中列（1）~列（6）关键变量系数可知，城市人口规模扩大、从业人口比提高能够通过提高专利授权数量来促进贸易高质量发展，即人口结构变化能够通过创新机制促进城市的对外贸易高质量发展。高等教育比例的提高并不能通过创新机制对贸易高质量发展产生影响。

表 5.9 　　　　　　　　　　　创新机制检验

被解释变量	M	HQFT	M	HQFT	M	HQFT
	(1)	(2)	(3)	(4)	(5)	(6)
	lnps		LP		HC	
人口结构变量	1.188 ***	0.099 ***	0.755 ***	0.055 ***	0.791	0.426 **
	(4.70)	(5.57)	(4.92)	(3.28)	(0.39)	(2.32)
lnpatent		0.001 *		0.001 **		0.002 ***
		(1.53)		(1.94)		(2.72)
lnIE	0.225 ***	-0.025 ***	0.272 ***	-0.021 **	0.266 ***	-0.021 **
	(4.54)	(-8.69)	(5.48)	(-7.47)	(5.32)	(-7.21)
常数项	-2.086	-0.155	5.606 ***	0.488 ***	6.017 ***	0.499 ***
	(-1.18)	(-1.21)	(13.26)	(14.85)	(14.27)	(14.87)
城市固定效应	控制	控制	控制	控制	控制	控制
年份固定效应	控制	控制	控制	控制	控制	控制
时期数	11	11	11	11	11	11
城市数	282	282	282	282	282	282

续表

被解释变量	M	$HQFT$	M	$HQFT$	M	$HQFT$
	（1）	（2）	（3）	（4）	（5）	（6）
观测值	3070	3070	3070	3070	3070	3070
调整 R^2	0.947	0.849	0.946	0.847	0.946	0.845

注：* 、** 、*** 分别表示10%、5%、1%的显著性水平。考虑到样本的随机误差项可能存在异方差，回归过程均采用稳健标准误回归。列（1）、列（3）、列（5）对应回归方程（5-2）；列（2）、列（4）、列（6）对应回归方程（5-3）。

六、影响效应的异质性探讨：系统层分组与区域分组

（一）系统层分组

为了考察人口结构对贸易高质量发展各个维度的影响效应，本章进一步以系统层的贸易结构、贸易效益、贸易可持续发展、贸易竞争新优势为被解释变量，再用同样的解释变量进行回归分析，回归结果如表5.10至表5.13所示。

表5.10 贸易结构发展水平回归结果

被解释变量	贸易结构指数				
	（1）	（2）	（3）	（4）	（5）
lnps	0.035 *** (3.24)			0.039 *** (3.90)	0.045 *** (4.36)
LP		0.014 * (1.75)		0.013 * (1.53)	0.012 (1.42)
HC			0.537 *** (3.53)	0.581 *** (3.71)	0.543 *** (3.47)
lnIE					-0.007 *** (-4.94)

续表

被解释变量	贸易结构指数				
	（1）	（2）	（3）	（4）	（5）
常数项	-0.165** （-2.13）	0.076*** （7.85）	0.069*** （7.14）	-0.222*** （-2.97）	-0.195*** （-2.58）
城市固定效应	控制	控制	控制	控制	控制
年份固定效应	控制	控制	控制	控制	控制
时期数	11	11	11	11	11
城市数	282	282	282	282	282
观测值	3102	3102	3102	3102	3102
调整 R^2	0.612	0.609	0.614	0.619	0.622

注：*、**、***分别表示10%、5%、1%的显著性水平。考虑到样本的随机误差项可能存在异方差，回归过程均采用稳健标准误回归。

表5.11　　　　　　　　　贸易效益发展水平回归结果

被解释变量	贸易效益指数				
	（1）	（2）	（3）	（4）	（5）
lnps	0.007*** （3.05）			0.007*** （2.94）	0.007*** （2.82）
LP		0.005* （1.73）		0.005* （1.85）	0.005* （1.85）
HC			-0.006 （-0.46）	0.000 （0.03）	0.001 （0.11）
lnIE					0.000 （0.70）
常数项	-0.022 （-1.26）	0.029*** （15.97）	0.032*** （32.30）	-0.025 （-1.38）	-0.026 （-1.44）
城市固定效应	控制	控制	控制	控制	控制
年份固定效应	控制	控制	控制	控制	控制
时期数	11	11	11	11	11

续表

被解释变量	贸易效益指数				
	（1）	（2）	（3）	（4）	（5）
城市数	282	282	282	282	282
观测值	3102	3102	3102	3102	3102
调整 R^2	0.622	0.918	0.918	0.919	0.919

注：*、**、***分别表示10%、5%、1%的显著性水平。考虑到样本的随机误差项可能存在异方差，回归过程均采用稳健标准误回归。

表 5.12　　　　　　　　　　贸易可持续发展水平回归结果

被解释变量	贸易可持续发展指数				
	（1）	（2）	（3）	（4）	（5）
lnps	0.015 *** (3.98)			0.015 *** (3.80)	0.017 *** (4.45)
LP		0.011 *** (2.45)		0.010 *** (2.72)	0.010 *** (2.72)
HC			−0.022 (−0.76)	−0.008 (−0.29)	−0.029 (−0.92)
lnIE					−0.004 *** (−5.28)
常数项	−0.045 * (−1.61)	0.056 *** (5.64)	0.062 *** (6.28)	−0.050 * (−1.75)	−0.035 (−1.28)
城市固定效应	控制	控制	控制	控制	控制
年份固定效应	控制	控制	控制	控制	控制
时期数	11	11	11	11	11
城市数	282	282	282	282	282
观测值	3102	3102	3102	3102	3102
调整 R^2	0.530	0.529	0.525	0.535	0.543

注：*、**、***分别表示10%、5%、1%的显著性水平。考虑到样本的随机误差项可能存在异方差，回归过程均采用稳健标准误回归。

表 5.13   贸易竞争新优势发展水平回归结果

被解释变量	贸易竞争新优势指数				
	（1）	（2）	（3）	（4）	（5）
lnps	0.024 *** (3.97)			0.025 *** (3.91)	0.033 *** (5.24)
LP		0.029 *** (3.56)		0.028 *** (3.84)	0.027 ** (3.94)
HC			0.055 (1.20)	0.074 * (1.50)	0.013 (0.26)
lnIE					-0.011 *** (-9.47)
常数项	0.001 (0.03)	0.161 *** (15.00)	0.174 *** (16.72)	-0.019 (-0.42)	0.023 (0.55)
城市固定效应	控制	控制	控制	控制	控制
年份固定效应	控制	控制	控制	控制	控制
时期数	11	11	11	11	11
城市数	282	282	282	282	282
观测值	3102	3102	3102	3102	3102
调整 R^2	0.866	0.868	0.865	0.869	0.876

注：*、**、*** 分别表示 10%、5%、1% 的显著性水平。考虑到样本的随机误差项可能存在异方差，回归过程均采用稳健标准误回归。

由表 5.10 的回归结果可以看出，从平均效应上来看，城市的人口结构变化对贸易结构仍然起到优化促进作用：城市人口规模、从业人口比、教育结构与贸易结构指数均正相关，可能原因在于：人口规模扩大带来的消费市场和生产能力提高，能够增加非三资企业数量，能够促进制造业出口和一般贸易出口；劳动力和拥有高等教育学历的人口供给的增加同样能够增加制造业出口增长，促进高技术产业的生产、发展和出口。从而有利于结构升级和贸易方式优化，能够有利于非三资对外贸易企业的生存和经营发展。因此，总体来看将促进城市贸易结构发展。

由表5.11的回归结果可以看出,从平均效应上来看,城市人口规模、从业人口比对贸易效益发展水平的影响仍然显著为正,但是与表5.10相比,人口规模、从业人口比变量的系数变小说明作用力减弱。教育结构层次与贸易效益指数的关系不显著。以上结果可能说明,人口规模的扩大、劳动力供给的提高,对要素配置优化、出口增长优势以及贸易竞争优势的作用力已经较弱,依靠国内市场的规模、生产规模和劳动力人口供给优势已经难以大幅提升对外贸易效益。人口结构对贸易效益在经济意义上的重要性降低。

由表5.12的回归结果可以看出,从平均效应上看,人口规模、从业人口比的提升对贸易可持续发展起到促进作用,与表5.11类似,人口规模、从业人口比与贸易可持续发展指数显著正相关,教育结构层次与贸易可持续发展指数之间无显著统计关系。可能原因在于:人口是直接的消费者,随着城市规模的扩大和就业人口的集中,一方面,环境约束使得绿色消费和绿色发展理念迅速普及,另一方面,资源和能源的压力增强,从而导致对绿色能源、高品质进口消费品的需求直接增加,迫使污染性产业的搬离和迁出,从而促进贸易可持续发展。教育结构层次与贸易可持续之间无明显的相关性,可能原因在于受高等教育人口比例的提高并不能提高绿色环保产品的生产或进口消费。

由表5.13的回归结果可以看出,从平均效应上看,人口规模的提升、从业人口比的提高能够显著促进贸易竞争新优势发展水平,可能的原因在于:人口规模提高和劳动人口集中,意味着消费市场广阔,生产力充足,并且劳动力要素供应充分,使出口企业能获得大量与岗位匹配的专业技能人才,增加出口能力和企业竞争力,有利于先进思想和技术的形成及传播,促进创新从而促进新兴产业的发展,同时人口集中带来的知识溢出效应能够促进新产品新服务的应用推广,从而有利于贸易竞争新优势的培育。

（二）区域分组

为了考察人口结构变化对贸易高质量发展在不同区域层面的差异性，进一步将样本分为东部地区、中部地区、西部地区、东北地区四组，回归结果如表5.14所示。

表5.14　东部地区、中部地区、西部地区、东北地区分组回归结果

被解释变量	贸易高质量发展指数							
	东部地区		中部地区		西部地区		东北地区	
$\ln ps$	0.055 (1.06)	0.111*** (2.52)	0.060*** (2.87)	0.062*** (2.99)	0.109*** (4.54)	0.111*** (4.64)	0.344*** (3.52)	0.344*** (3.45)
LP	0.032** (2.25)	0.025*** (2.15)	−0.007 (−0.25)	−0.005 (−0.17)	0.206*** (3.57)	0.203*** (3.52)	0.106** (2.29)	0.106** (2.28)
HC	−0.906*** (−2.59)	−1.232*** (−3.91)	0.709** (1.94)	0.694* (1.90)	1.414*** (4.04)	1.366*** (3.82)	1.707*** (3.94)	1.708*** (3.91)
$\ln IE$		−0.067*** (−9.98)		−0.005* (−1.77)		−0.004 (−1.16)		−0.000 (−0.01)
常数项	−0.047 (−0.13)	0.129 (0.42)	−0.312** (−2.22)	−0.297** (−2.11)	−0.680*** (−4.92)	−0.661*** (−4.80)	−2.258*** (−3.43)	−2.256*** (−3.39)
城市固定效应	控制	控制	控制	控制	控制	控制	控制	控制
年份固定效应	控制	控制	控制	控制	控制	控制	控制	控制
时期数	11	11	11	11	11	11	11	11
城市数	86	86	80	80	83	83	33	33
观测值	946	946	880	880	913	913	363	363
调整 R^2	0.898	0.911	0.576	0.577	0.688	0.689	0.709	0.709

注：*、**、***分别表示10%、5%、1%的显著性水平。考虑到样本的随机误差项可能存在异方差，回归过程均采用稳健标准误回归。

根据表5.14的结果可以看出，从平均效应上看，人口规模、从业人口比、教育结构层次对贸易高质量发展的影响效应存在一定的区域差异。第一，中部地区的从业人口比与贸易高质量发展指数无显著关系，其他地区的从业人口比与贸易高质量发展指数显著正相关。说明中部地区从业人口比的提高已经难以发挥贸易高质量发展促进作用，中部地区贸易高质量发展已经不能够依赖劳动人口供给优势。第二，东部地区的教育结构层次与贸易高质量发展指数显著负相关，其他地区的教育结构层次与贸易高质量发展指数显著正相关。说明东部地区教育结构层次的提升已经不能够对贸易高质量发展形成促进作用，不仅如此，教育结构层次的提高有可能增加财政和公共服务的负担，对贸易高质量发展形成负向影响。第三，人口规模带来的生产和消费规模扩大等效应，从业人口比提高带来的劳动力供给效应，以及教育结构层次提高的人力资本效应，对于促进西部地区和东北地区的贸易高质量发展作用较大，高于中部地区和东部地区。说明人口结构因素仍然是促进西部地区和东北地区贸易高质量发展的重要因素。

第二节　城市的新经济发展水平

一、城市新经济融合指数测度

新经济的发展，数字技术在经济与贸易部门的广泛应用，推动了贸易数字化的进程。跨境电商和数字贸易的发展，提高了对外贸易流程中每一个环节的执行效率，降低了对外贸易成本，促进了国际贸易的发展。数字技术不仅便利化市场信息的获取，买卖双方合同的商谈签订，还可以实现跨境支付和金融服务，实现数字交付，无疑使得合同执行效率大幅提升，对外贸易更加便捷。云计算、物联网等数字贸易模式的发展，同时提高了贸易的普惠性和包容性，拓展了小微企业的生存空间。

本节实证分析新经济背景下人口结构变化对我国贸易高质量发展的影响。

首先，为了衡量城市的新经济发展水平，构建城市层面的新经济融合指数，该指数着重体现城市信息与通信产业的发展与应用，包括产业基础和应用程度两个维度。产业基础包括企业数量、从业人员占比、产品出口比重，这些指标体现城市信息与通信产业的发展规模、相对地位和产品市场竞争力，是城市制造业与信息通信技术深度融合的基础。应用程度包括电信业务量、宽带接入率和智能制造词频，这些指标体现互联网与电信在城市居民和企业中的应用强度与关注度，表5.15为具体的指标体系，然后运用熵值法计算出城市新经济融合指数。其次，将城市层面的新经济融合指数作为调节变量，与人口结构及关键变量交叉，分析其发挥的调节作用以及新经济发展带来的贸易高质量发展效应。

表5.15 城市层面新经济融合指数测度体系

系统层	指标名称	指标说明
产业基础	电子信息制造业出口比重（%）	电子信息制造业出口占制造业出口总值比重（+）
	信息传输、计算机服务和软件业从业人员占比（%）	信息传输、计算机服务和软件业从业人员/从业总人口（+）
	科技企业孵化器数量（个）	城市科技企业孵化器数量（+）
	信息技术制造业企业数（个）	城市信息技术（信息传输、计算机服务和软件业）制造业企业数（+）
应用程度	智能制造词频占比（%）	上市公司与智能制造有关的关键词出现的频率（+）
	电信业务量（万元/百人）	城市电信业务总量/城市总人口（+）
	互联网宽带接入率（%）	城市互联网宽带接入用户数/城市总人口（+）

资料来源：笔者整理。

二、城市新经济融合指数测算结果分析

（一）城市新经济融合指数分析

根据熵值法最终计算出城市新经济融合指数，将2006～2016年评分前二

十情况整理如表 5.16 所示。深圳、上海、北京、苏州在样本期间大部分年份位于前四强。城市新经济融合指数普遍较小，但是增长很快。说明样本内 282 个城市的新经济发展水平一般，但是在不断提高。

表 5.16　　　　2006～2016 年城市新经济融合指数前二十城市

排名	项目	年份										
		2006	2007	2008	2009	2010	2011	2012	2013	2014	2015	2016
1	城市	深圳	深圳	深圳	深圳	深圳	深圳	深圳	深圳	深圳	深圳	深圳
	指数	0.1849	0.1670	0.1948	0.2236	0.2771	0.2623	0.3032	0.3361	0.3699	0.5217	0.6300
2	城市	北京	保山	上海	巴中	上海	东莞	苏州	东莞	北京	上海	上海
	指数	0.0848	0.0749	0.0604	0.0996	0.1018	0.0780	0.1032	0.1117	0.3313	0.4097	0.4729
3	城市	苏州	平凉	开封	北京	东莞	北京	东莞	苏州	天津	北京	苏州
	指数	0.0797	0.0500	0.0598	0.0684	0.0703	0.0741	0.0975	0.1112	0.3165	0.4024	0.4272
4	城市	上海	上海	濮阳	广元	北京	陇南	上海	上海	苏州	佛山	北京
	指数	0.0755	0.0494	0.0566	0.0675	0.0696	0.0731	0.0941	0.1056	0.2791	0.2869	0.4011
5	城市	朝阳	北京	十堰	上海	宝鸡	上海	成都	北京	成都	天津	杭州
	指数	0.0619	0.0492	0.0566	0.0652	0.0691	0.0663	0.0693	0.0803	0.2486	0.2736	0.3338
6	城市	东莞	南阳	枣庄	河池	苏州	苏州	北京	成都	武汉	苏州	东莞
	指数	0.0618	0.0437	0.0551	0.0589	0.0588	0.0634	0.0675	0.0800	0.2256	0.2532	0.3064
7	城市	珠海	东莞	安顺	东莞	池州	曲靖	武汉	西安	杭州	南京	南京
	指数	0.0568	0.0430	0.0540	0.0550	0.0572	0.0602	0.0589	0.0737	0.2158	0.2338	0.2826
8	城市	天津	汉中	北京	漯河	商丘	安康	天水	重庆	东莞	东莞	武汉
	指数	0.0525	0.0371	0.0519	0.0523	0.0565	0.0587	0.0583	0.0646	0.2083	0.2276	0.2782
9	城市	绵阳	苏州	遵义	天水	孝感	宜宾	广州	广州	无锡	成都	广州
	指数	0.0478	0.0369	0.0513	0.0517	0.0552	0.0536	0.0528	0.0635	0.2036	0.2177	0.2188
10	城市	惠州	商洛	白城	张家口	厦门	金昌	晋城	武汉	南京	重庆	佛山
	指数	0.0450	0.0308	0.0506	0.0474	0.0531	0.0533	0.0520	0.0609	0.1949	0.1959	0.2075
11	城市	福州	平顶山	漯河	遵义	宿州	广州	重庆	天水	上海	杭州	重庆
	指数	0.0416	0.0297	0.0504	0.0471	0.0520	0.0530	0.0505	0.0607	0.1910	0.1953	0.2072

续表

排名	项目	年份										
		2006	2007	2008	2009	2010	2011	2012	2013	2014	2015	2016
12	城市	厦门	广州	东莞	延安	中山	三门峡	无锡	中山	广州	武汉	成都
	指数	0.0403	0.0274	0.0484	0.0457	0.0517	0.0527	0.0496	0.0549	0.1892	0.1940	0.1874
13	城市	杭州	佛山	克拉玛依	苏州	眉山	黄山	中山	杭州	西安	西安	西安
	指数	0.0389	0.0261	0.0482	0.0452	0.0506	0.0515	0.0474	0.0518	0.1588	0.1622	0.1860
14	城市	广州	杭州	邯郸	阜阳	铜陵	泸州	北海	商洛	合肥	广州	珠海
	指数	0.0340	0.0235	0.0468	0.0441	0.0456	0.0512	0.0462	0.0487	0.1315	0.1619	0.1836
15	城市	武汉	珠海	自贡	贵阳	淮北	内江	西安	沈阳	盐城	烟台	天津
	指数	0.0330	0.0234	0.0455	0.0441	0.0453	0.0506	0.0450	0.0444	0.1299	0.1422	0.1562
16	城市	沈阳	湘潭	呼和浩特	上饶	广州	景德镇	杭州	无锡	青岛	扬州	徐州
	指数	0.0312	0.0230	0.0446	0.0404	0.0445	0.0496	0.0442	0.0436	0.1220	0.1421	0.1396
17	城市	中山	商丘	苏州	宜春	忻州	杭州	沈阳	晋城	佛山	镇江	威海
	指数	0.0311	0.0226	0.0428	0.0401	0.0442	0.0469	0.0436	0.0419	0.1190	0.1388	0.1375
18	城市	天水	运城	商洛	中山	杭州	咸宁	厦门	北海	常州	珠海	惠州
	指数	0.0286	0.0221	0.0420	0.0399	0.0442	0.0437	0.0381	0.0411	0.1142	0.1367	0.1312
19	城市	四平	南京	攀枝花	黑河	三亚	邵阳	珠海	珠海	长沙	沈阳	常州
	指数	0.0277	0.0218	0.0408	0.0396	0.0420	0.0429	0.0362	0.0402	0.1036	0.1241	0.1281
20	城市	南京	长沙	咸宁	杭州	天水	晋中	惠州	惠州	商洛	常州	青岛
	指数	0.0274	0.0216	0.0405	0.0394	0.0397	0.0374	0.0351	0.0370	0.0991	0.1164	0.1201

资料来源：笔者整理。

由图 5.1 可知，城市新经济融合指数的全国均值从 2006 年的 0.0085 上升至 2016 年的 0.0376，增长了 342.35%，年环比增速 12% 左右。从阶段特征来看，城市新经济融合指数呈现出 2006~2010 年快速上涨，2011 年与 2013 年有所回调，但从 2013 年开始又重新呈现上涨趋势。从区域来看，东部地区城市新经济融合指数均值始终在全国平均水平之上，从 2006 年的

0.0158 上升到 2016 年的 0.0717，增长了 353.80%，领先其他地区；中部、西部地区虽然增速难以达到东部地区，但也分别从 2006 年的 0.0042 和 0.0052 增长到 2016 年的 0.0228 和 0.0244，增幅分别达到 442.86% 和 369.23%，超东部地区；东北地区增速相对缓慢，其均值仅从 2006 年的 0.0082 增长到 2016 年的 0.0178，增幅达 117.07%。

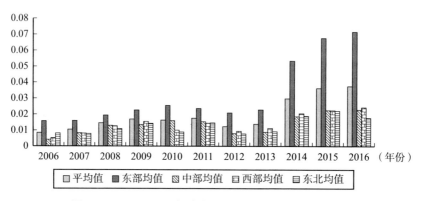

图 5.1　2006～2016 年城市新经济融合指数各区域均值

资料来源：笔者整理。

2011～2013 年城市新经济融合指数有所下跌来看，可能是因为受到国内国际两大外部环境因素的影响，中国经济在 2010 年超越日本成为世界第二大经济体之后，美国等西方国家对中国开始采取一系列的脱钩政策，经济上的制裁与竞争日益加剧，加上 2008 年国际金融危机的影响，全球经济增速放缓，需求疲软，产业转移放缓。从国内来看，我国在此期间正处于迈向经济新常态的关键阶段，增长速度换挡，经济结构调整从增量扩张为主转向调整存量、做优增量并举，发展动力从主要依靠资源和低成本劳动力等要素投入转向创新驱动。2013 年以后随着供给侧结构性改革的重点任务成为经济发展的主线，不再以 GDP 的增速作为衡量经济发展的主要标准而是兼顾经济发展质量，并且战略性新兴产业的培育和发展取得了一定的成绩，经济结构更加完善，在此基础上新经济融合水平得到了迅速的提升。

为进一步对比分析各城市新经济发展水平，根据熵值法计算出的新经济融合指数，运用 K-Means 聚类分析，以东部、中部、西部以及东北为地区划分，通过聚类分析，将 282 个城市按照城市新经济融合指数划分为四类：Ⅰ-强，Ⅱ-较强，Ⅲ-较弱，Ⅳ-弱。具体分布情况如表 5.17 所示。

表 5.17　　　　基于 K-Means 分析城市新经济融合指数分布情况

指数等级	东部	中部	西部	东北
Ⅰ-强	北京 上海 深圳 苏州（4 个）			
Ⅱ-较强	广州 杭州 南京 天津 东莞 佛山 珠海（7 个）	武汉（1 个）	成都 西安 重庆（3 个）	
Ⅲ-较弱	常州 福州 邯郸 河源 衡水 惠州 济南 济宁 江门 揭阳 南通 宁波 青岛 厦门 威海 无锡 徐州 烟台 盐城 镇江 中山 石家庄 秦皇岛 连云港（24 个）	合肥 长沙 郑州 太原 洛阳 商丘 许昌 株洲 抚州 赣州 六安 马鞍山（12 个）	包头 宝鸡 北海 贵阳 呼伦贝尔 兰州 泸州 绵阳 南充 内江 商洛 石嘴山 天水 西宁 张掖（15 个）	大庆 牡丹江 沈阳 长春（4 个）
Ⅳ-弱	保定 滨州 沧州 潮州 承德 德州 东营 海口 菏泽 湖州 淮安 嘉兴 金华 廊坊 丽水 聊城 临沂 龙岩 茂名 梅州 南平 宁德 莆田 清远 衢州 泉州 日照 三明 三亚 汕头 汕尾 韶关 绍兴 宿迁 台州 泰安 泰州 唐山 潍坊 温州 邢台 扬州 阳江 云浮 枣庄 湛江 漳州 肇庆 舟山 淄博 张家口（51 个）	南昌 安庆 安阳 蚌埠 亳州 常德 郴州 池州 滁州 大同 鄂州 阜阳 鹤壁 衡阳 怀化 淮北 淮南 黄冈 黄山 黄石 吉安 焦作 晋城 晋中 荆门 荆州 九江 开封 临汾 娄底 漯河 吕梁 南阳 平顶山 景德镇 萍乡 濮阳 上饶 邵阳 十堰 朔州 宿州 随州 铜陵 芜湖 咸宁 湘潭 襄阳 孝感 忻州 新乡 新余 信阳 宣城 阳泉 宜昌 宜春 益阳 鹰潭 永州 岳阳 运城 长治 周口 驻马店 张家界 三门峡（67 个）	安康 安顺 巴彦淖尔 巴中 白银 百色 保山 赤峰 崇左 达州 德阳 定西 鄂尔多斯 金昌 防城港 嘉峪关 酒泉 固原 广安 广元 贵港 桂林 汉中 河池 贺州 呼和浩特 克拉玛依 昆明 来宾 乐山 丽江 临沧 柳州 陇南 眉山 南宁 攀枝花 六盘水 平凉 普洱 庆阳 曲靖 遂宁 通辽 铜川 渭南 乌兰察布 乌鲁木齐 吴忠 乌海 梧州 武威 咸阳 雅安 延安 宜宾 银川 榆林 玉林 玉溪 昭通 中卫 资阳 自贡 遵义（65 个）	鞍山 白城 白山 本溪 朝阳 大连 丹东 抚顺 阜新 哈尔滨 葫芦岛 鹤岗 黑河 鸡西 吉林 锦州 辽阳 辽源 盘锦 四平 七台河 佳木斯 齐齐哈尔 松原 铁岭 通化 伊春 营口 双鸭山（29 个）

资料来源：笔者计算整理。

　　东部地区是唯一具有城市新经济融合指数"Ⅰ-强"城市的区域。北京、上海、深圳、苏州属于城市新经济融合指数"Ⅰ-强"城市，而"Ⅱ-较强"城市共11个，东部城市也占据了7个。东部地区科教创新实力较强，再加上数字技术应用较为领先、较大规模的市场、较发达的数字经济产业等优势大力集聚资源，数字经济基础设施较为完善，数字经济发展具备良好基础，另外，这些城市已经是我国的政治中心、创新中心、金融中心、文化和国际交流中心，集众多优势于一身，使得东部地区城市新经济发展水平高于其他区域。

　　中部地区"Ⅱ-较强"的城市有武汉，"Ⅲ-较弱"的城市有12个，其余均是"Ⅳ-弱"。这表明了中部地区大部分城市新经济发展水平较低，这主要因为过去中部地区大部分城市的产业基础相对薄弱，数字技术应用和创新水平相对滞后。

　　西部地区"Ⅱ-较强"的城市共3个：重庆、成都和西安。这3个城市分别是直辖市和省会，主要得益于强省会战略和直辖市的政治与经济地位，重庆、成都和西安的科教能力，科技人才禀赋领先于其他城市。"Ⅲ-较弱"的城市有15个，其余城市新经济发展水平在"Ⅳ-弱"范围，说明西部地区新经济发展水平整体上来说比较弱。

　　东北地区新经济融合指数等级在"Ⅱ-较强"及以上范围内的城市为零，"Ⅲ-较弱"有4个城市，剩下的绝大部分城市都集中在"Ⅳ-弱"这个范围内，这是因为东北地区以前是老工业城市，虽然工业基础较好，拥有土地资源优势，但是自进入21世纪以来，传统的优势与数字产业发展缺乏有效的联动机制，东北地区的技术、市场相对其他城市缺乏竞争优势，因此其新经济产业基础和发展水平落后于其他地区。

　　（二）城市新经济融合指数的系统层分析

　　1. 产业基础

　　根据熵权法确定的权重，计算出系统层产业基础指数。一方面，从图

5.2 来看，全国各城市整体上 2006～2016 年来是逐渐改善的，尤其以东部地区的产业基础指数最高，远高于中部、西部地区，且保持稳定增长。产业基础的地区差异在一定程度上可以解释新经济融合指数的地区差异，因为"产业基础"指数注重评价该地区信息与通信产业的发展规模和层次，产业基础是新经济发展的根基。西部和东部地区的数字基础设施仍有待完善，数字技术应用和创新水平相对滞后；中部地区的数字基础设施水平略高，数字技术应用和创新水平在不断发展；东部地区的数字基础设施较为完善，数字技术应用水平和创新水平都比较高。

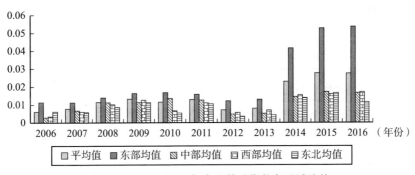

图 5.2　2006～2016 年产业基础指数各区域均值

资料来源：笔者整理。

另一方面，对比 2016 年和 2006 年各城市产业基础指数，可知产业基础指数较高的区域集中在京津、长三角、珠三角、川渝城市群以及个别省份的省会，集聚特征明显。表 5.18 进一步说明产业基础的区域不均衡特征，城市之间、区域之间差异明显。京津、长三角、珠三角、川渝地区城市群新经济产业基础指数较高主要得益于这些区域的数字产业发展和基础设施较其他区域更加完善、创新水平更高。

表5.18 产业基础描述性统计

年份	均值	标准差	最小值	最大值	中位数
2006	0.00597	0.01245	0.00009	0.12604	0.00201
2007	0.00777	0.00983	0.00046	0.10614	0.00527
2008	0.01145	0.01344	0.00036	0.12276	0.00724
2009	0.01326	0.01449	0.00027	0.14285	0.00993
2010	0.01156	0.01437	0.00027	0.16544	0.00770
2011	0.01290	0.01499	0.00036	0.17815	0.01071
2012	0.00716	0.01602	0.00027	0.20705	0.00256
2013	0.00804	0.01768	0.00041	0.22872	0.00316
2014	0.02298	0.04716	0.00005	0.31133	0.00325
2015	0.02767	0.05379	0.00016	0.34144	0.00394
2016	0.02746	0.05936	0.00000	0.41373	0.00365

资料来源：笔者整理。

2. 应用程度

从图5.3来看，2006年至2016年各地区应用程度指数呈现上升趋势。东部地区的应用程度遥遥领先于中部、西部地区及东北地区，这种领先持续扩大。对比2016年和2006年各城市产业基础指数，可知应用程度较高的城市主要集中在长三角、珠三角地区和北京，以及几个省会城市。表5.19的数据进一步说明，应用程度在城市间分布不均衡现象同样在加剧。造成这种局面的主要原因有：第一，长三角、珠三角城市以及省会城市的信息产业以及互联网产业发展的基础比较完善；第二，各大运营商以及高新技术企业主要集中在这几个区域；第三，这些地区的居民和企业使用信息与通信产品或服务起步较早，更加普及。然而，与产业基础的区域不平衡程度相比，应用程度的区域不平衡程度较低，间接说明相对于信息与技术产业的发展，信息与技术的应用更加容易在区域、城市间普及和扩散。

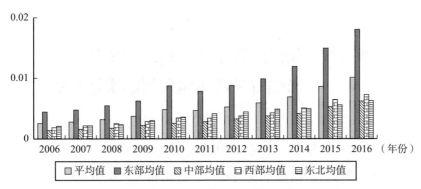

图 5.3 2006～2016 年应用程度指数各区域均值

资料来源：笔者整理。

表 5.19   应用程度描述性统计

年份	均值	标准差	最小值	最大值	中位数
2006	0.00253	0.00473	0.00021	0.05886	0.00139
2007	0.00278	0.00481	0.00032	0.06084	0.00158
2008	0.00317	0.00577	0.00018	0.07203	0.00174
2009	0.00372	0.00644	0.00037	0.08077	0.00208
2010	0.00481	0.00939	0.00041	0.11163	0.00261
2011	0.00465	0.00711	0.00050	0.08417	0.00281
2012	0.00521	0.00799	0.00037	0.09612	0.00310
2013	0.00588	0.00919	0.00067	0.10735	0.00336
2014	0.00687	0.01123	0.00057	0.13387	0.00371
2015	0.00859	0.01530	0.00104	0.18029	0.00414
2016	0.01012	0.01853	0.00103	0.21627	0.00485

资料来源：笔者整理。

第三节　新经济背景下人口结构变化
影响贸易高质量发展的实证分析

通过上一节实证分析，发现人口规模、劳动人口比、人口教育结构这三个人口结构变量与贸易高质量发展水平显著正相关，说明人口规模的扩大、劳动力供给的增加、受教育层次的提高，有利于促进对外贸易高质量发展。并且，人口规模、劳动人口比的变化能够通过劳动力成本机制和创新机制促进贸易高质量发展。本节在第三章理论分析基础上，实证分析新经济发展的贸易效应以及对以上影响效应的调节。

首先，在回归方程（5-1）中加入人口结构变量与新经济融合指数的交叉项，考察新经济发展对总效应的调节作用。其次，在间接机制回归方程中加入中介变量与新经济融合指数的交叉项，考察新经济发展对劳动成本机制、创新机制等中介渠道的调节作用。待估方程如下：

$$HQFT_{it} = \alpha_{0it} + \beta Popstruc_{it} + Popstruc_{it} \times Y1 + \gamma X_{it} + \mu_i + \delta_t + \varepsilon_{it} \quad (5-4)$$

$$HQFT_{it} = \alpha_0 + \beta Popstruc_{it} + M_{it} \times Y1 + M_{it} + Y1 + \gamma X_{it} + \mu_i + \delta_t + \varepsilon_{it} \quad (5-5)$$

方程（5-4）的回归结果如表5.20所示。

表5.20　　　　新经济发展对人口结构变化的贸易高质量发展效应的调节作用

被解释变量	贸易高质量发展指数						
	（0）	（1）	（2）	（3）	（4）	（5）	（6）
lnps	0.053 *** （3.99）	0.050 *** （3.51）			0.060 *** （4.46）	0.072 *** （5.31）	0.071 *** （5.14）
lnps × Y1		0.136 *** （3.06）			0.146 *** （3.50）	0.143 *** （3.40）	0.144 *** （3.43）
LP	0.044 *** （2.84）		0.056 *** （3.33）		0.065 *** （3.93）	0.065 *** （4.06）	0.063 *** （3.93）

续表

被解释变量	贸易高质量发展指数						
	(0)	(1)	(2)	(3)	(4)	(5)	(6)
$LP \times Y1$			-0.078 (-0.93)		-0.087 (-1.23)	-0.100 (-1.43)	-0.096 (-1.37)
HC	0.496*** (2.83)			0.285* (1.65)	0.389** (2.20)	0.309* (1.74)	0.294* (1.65)
$HC \times Y1$				3.119*** (3.23)	2.980*** (3.15)	3.063*** (3.27)	3.101*** (3.30)
$Y1$	0.371*** (13.19)	-0.511* (-1.84)	0.407*** (11.40)	0.284*** (7.08)	-0.662*** (-2.63)	-0.661*** (-2.61)	-0.672*** (-2.65)
$\ln IE$						-0.015*** (-6.87)	-0.016*** (-7.05)
$\ln wage$							0.001 (0.29)
$\ln patent$							0.001** (2.03)
常数项	-0.113 (-1.17)	-0.071 (-0.69)	0.273*** (14.14)	0.293*** (15.30)	-0.179* (-1.83)	-0.134 (-1.35)	-0.133 (-1.32)
城市固定效应	控制	控制	控制	控制	控制	控制	控制
年份固定效应	控制	控制	控制	控制	控制	控制	控制
时期数	11	11	11	11	11	11	11
城市数	282	282	282	282	282	282	282
观测值	3102	3102	3102	3102	3102	3102	3102
调整 R^2	0.873	0.872	0.871	0.872	0.877	0.880	0.880

注：*、**、*** 分别表示10%、5%、1%的显著性水平。考虑到样本的随机误差项可能存在异方差，回归过程均采用稳健标准误回归。

通过表5.20的回归结果可得：

（1）人口规模、教育结构层次与新经济融合指数的交互项回归系数显著为正，说明新经济发展水平的提升，进一步扩大了城市之间因人口规模、高等教育结构层次的差距带来的贸易发展质量差距。原因在于：第一，新经济发展对生产部门带来了巨大的影响，通过促进生产技术、生产工序以及经营管理流程的数字化转型，使得原有生产部门效率提升成本降低，生产规模扩大，使得新的生产部门诞生，因此人口规模所体现的生产力得到加倍释放和进一步扩大，为贸易高质量发展奠定产业基础和生产力基础；第二，新经济发展降低了贸易成本促进贸易便利化，创造新的消费模式和新的数字产品，使得人口规模所代表的消费者能够更加便捷更加低成本的满足多样化、个性化需求，扩大原有需求并增加新需求，从而促进贸易高质量发展；第三，对于受高等教育比例较高的城市来说，由于居民学历层次相对较高，专业基础较强，因此更加容易学习和应用新技术、新工艺，使得新思想、新产品、新模式和新工艺等更加容易传递扩散和应用，也加剧了城市之间因教育结构层次差异带来的贸易发展质量差距。

（2）人口规模、教育结构层次与新经济融合指数的交互项回归系数显著为正，同时也说明，新经济发展水平较高的东部地区城市，将进一步获得贸易高质量发展优势，而新经济发展水平相对较低的其他地区城市，与东部地区城市之间的贸易高质量发展差距将进一步扩大。

（3）从业人口比与新经济融合指数的交互项不显著，说明新经济发展整体上不能够通过从业人口比来发挥对贸易高质量发展的调节作用。原因可能在于：新经济发展使得劳动力要素在生产过程中的地位发生了变化，新经济发展水平越高，数字技术应用程度会越高，劳动力被替代的程度也会越高，尤其是我国当前正处在新旧动能转换、经济转型时期，传统岗位劳动力正加速被人工智能、数字技术应用所替代，因此新经济发展水平越高，劳动人口供给较多或集中的城市因劳动力要素禀赋获得贸易高质量发展优势的可能性进一步降低。

（4）在加入所有人口结构变量与新经济融合指数的交叉项之后，新经济融合指数的系数转变为负，一方面说明人口规模、从业人口比、教育结构层次是新经济发展促进贸易高质量发展的重要渠道，并且作用力十分强大。另一方面也说明在控制了这些渠道之后，新经济发展也产生了一些负向影响，这些负向影响可能与新经济发展过程中高额的投入成本与不确定市场风险有关。无论源自公共财政还是源自企业，在新经济发展过程中的新基建投入、软件研发投入、固定成本投入等都非常高，这些投入占用了巨额资金，对其他生产活动形成了一定的挤压，并且这些投入的预期收益周期长，面临较高的市场风险。

（5）加入工资水平、专利授权数量之后，交叉变量的系数符号和显著性并未发生变化，结果较为稳健。然而，此时工资水平的系数不再显著，说明在控制了人口结构、新经济发展水平、规上工业企业数量等变量后，工资水平对于贸易高质量发展的影响不再显著，客观上说明人口规模、从业人口比、新经济发展水平、规上工业企业数量等变量，是用工成本机制发挥作用力的基础与根本，在控制这些变量之后，用工成本机制将难以发挥作用力。专利授权数量的系数显著为正，说明在控制其他变量之后，创新机制仍发挥对贸易高质量发展的促进作用。

方程（5－5）的回归结果如表 5.21 所示。

表 5.21　　　新经济发展对劳动力成本机制、创新机制的调节作用

被解释变量	贸易高质量发展指数							
	lnps				LP			
	(1)	(2)	(3)	(4)	(5)	(6)	(7)	(8)
人口结构	0.043*** (3.04)	0.058*** (4.05)	0.042*** (2.97)	0.056*** (3.87)	0.047*** (3.06)	0.047*** (3.15)	0.044*** (2.80)	0.042*** (2.75)
$lnwage \times Y1$	0.109* (1.72)	0.083 (1.35)			0.152*** (2.76)	0.134*** (2.51)		
$lnpatent \times Y1$			0.025*** (2.44)	0.020** (2.04)			0.029*** (3.23)	0.025*** (2.94)
$lnwage$	-0.012*** (-2.64)	-0.003 (-0.69)			-0.009* (-1.81)	-0.001 (-0.32)		

续表

被解释变量	贸易高质量发展指数							
	lnps				LP			
	(1)	(2)	(3)	(4)	(5)	(6)	(7)	(8)
lnpatent			0.000 (1.23)	0.001 ** (2.13)			0.000 (1.18)	0.001 ** (3.13)
Y1	0.155 (1.36)	0.193 * (1.75)	0.173 *** (2.49)	0.193 *** (2.86)	0.069 (0.68)	0.095 (0.96)	0.141 ** (2.24)	0.156 ** (2.54)
lnIE		− 0.015 *** (− 6.80)		− 0.016 *** (− 6.95)		− 0.013 *** (− 5.71)		− 0.013 *** (− 2.59)
常数项	0.191 ** (2.10)	0.016 (0.16)		0.016 (0.16)	0.282 *** (13.33)	0.381 *** (13.74)	0.261 (12.56)	0.372 *** (13.44)
城市固定效应	控制	控制	控制	控制	控制	控制	控制	控制
年份固定效应	控制	控制	控制	控制	控制	控制	控制	控制
时期数	11	11	11	11	11	11	11	11
城市数	282	282	282	282	282	282	282	282
观测值	3102	3070	3070	3070	3070	3070	3070	3070
调整 R^2	0.873	0.882	0.871	0.874	0.872	0.874	0.872	0.874

注：*、**、*** 分别表示10%、5%、1%的显著性水平。考虑到样本的随机误差项可能存在异方差，回归过程均采用稳健标准误回归。

通过表5.21回归结果可得：

（1）从列（1）、列（2）、列（5）、列（6）观察到，新经济融合指数与工资水平交叉项的系数为正且基本显著，结合实证分析中工资水平与贸易高质量发展水平的负向关系，说明城市新经济发展水平的提高，能够冲击到用工成本机制，降低工资水平提高对贸易高质量发展的负向作用，缓和城市之间因用工成本差异造成的贸易高质量发展差距。原因在于：第一，新经济的发展，尤其是人工智能的应用，使得制造业大量的工作岗位和任务被机器或智能化工具替代，劳动力要素的投入比降低，用工成本在生产经营中的重要程度下降，土地、原材料等资源型生产要素的成本越来越重要，固定资产投入和固定生产成本对企业选址与生产经营决策影响程度提升，这也意味着用工成本对于企业选址和生产经营活动的影响力减弱；第二，新经济发展使得企业很大程度上可以突破地理和空间限制，获取本地城市范围之外的劳动力要素和人力资本，从而降低了本地劳动市场的用工成本的影响力。

（2）从列（3）、列（4）、列（7）、列（8）观察到，新经济融合指数与专利授权数量交叉项的系数为正且基本显著，结合实证分析中专利授权数量与贸易高质量发展水平的正向关系，说明城市新经济发展水平的提高，能够冲击到创新机制，扩大创新能力提高对贸易高质量发展的正向作用，加剧城市之间因创新能力差异造成的贸易高质量发展差距。原因在于：第一，新经济的发展，缩小了发明创新到推广应用之间的距离与成本，加速了发明创新在市场上的转化率；第二，新经济发展水平提高，促使信息与技术的流通与传播速度加快，信息与技术扩散带来的溢出效应，进一步扩大创新机制的贸易高质量发展效应。

（3）交叉项的系数显著为正，同时也说明，新经济发展水平较高的东部地区城市，将通过劳动力成本机制、创新机制进一步获得贸易高质量发展优势，而新经济发展水平相对较低的其他地区城市，有可能与东部城市之间的贸易高质量发展差距进一步扩大。

第四节 本 章 小 结

首先，本章基于高度细化的海关数据和城市人口结构数据，实证分析城市人口结构变动对贸易高质量发展水平的影响。通过构建城市层面的对外贸易高质量发展水平测度体系，采用最新可得的海关数据等，从出口贸易结构优化、贸易效益、贸易可持续发展和贸易竞争新优势培育四个维度合成城市对外贸易高质量发展水平指数。然后，基于2006～2016年城市口径数据，采用双向固定效应模型,实证验证人口结构变动影响对外贸易高质量发展水平的机制和效应,并从对外贸易高质量发展的四个维度分别进行检验和分析,检验结果肯定了人口结构变化对贸易高质量发展的显著影响和促进作用。稳健性检验与内生性检验显示实证结论十分稳定,说明人口与市场规模、劳动力供给和人力资本层次是人口结构变化促进贸易高质量发展的重要机制。

其次,本章采用中介效应方程对劳动力成本机制、创新机制进行了检验,发现工资水平的提高会抑制对外贸易高质量发展,创新能力的增强会促进对外贸易高质量发展,与此同时,用工成本机制和创新机制是人口结构变化影响对外贸易高质量发展的重要机制,并且作用十分显著。

最后,本章在以上实证基础上纳入新经济背景因素,探究新经济发展对以上影响机制和效应的冲击或调节。研究发现,新经济融合指数在城市、区域发展的不平衡不协调现象十分明显,新经济发展水平的提升总体上会促进城市对外贸易高质量发展。新经济发展水平的提升能够通过人口规模、人力资本层次这些渠道来加剧城市之间贸易高质量发展的差异。新经济发展在通过劳动力成本机制缓和城市之间贸易高质量发展差距的同时,却又会通过创新机制放大城市之间的贸易高质量发展的差距。

基于上述研究,可以得到如下政策启示:第一,正视人口结构变化对中国对外贸易高质量发展的影响作用,面对当前人口老龄化越发严重和人口结构转型步伐的加快,在经济"换挡"期,理性看待并正确认识人口结构转型所带来的要素成本上升及出口增速放缓。认识到对外贸易高质量发展必须摆脱对低成本劳动力优势的依赖,摆脱劳动力成本上涨对贸易高质量发展形成的约束。第二,促进人力资本积累,加快实现从"人口红利"到"人才红利"的转变,这既是对抗老龄化背景下用工成本上升的重要手段,也是推行先进制造业"人才为本"战略的必然举措,这要求我们不仅要加强公共教育投资,而且需要鼓励并适当补贴人力资本投资,尤其要注重对劳动者的再教育和技能培训。第三,劳动力成本对贸易高质量发展的负面影响,将在新经济发展过程中被减弱，这也客观说明，在人口结构转型背景下，大力发展数字经济是摆脱劳动力生产要素约束的有效途径。第四，创新尤其是技术创新，依然是新经济背景下，贸易高质量发展的关键动能，创新不仅有利于贸易高质量发展，也是突破人口结构转型所形成的经济发展约束的重要办法。因此，应继续鼓励创新，激励创新，重视创新人才。第五，鼓励知识要素、信息数据、技术的流动和应用推广，新技术新产品新要素在统一大市场内的流动，不但有利于优化要素配置和区域之间的协调发展，也有利于促进贸易高质量发展。第六，人口结构转型与新经济发展已经是不可逆转的趋势，这两大趋势相互交织，人口规模的扩大、劳动力集中、人力资本层次的提高以及创新能力的增强，对贸易高质量发展的促进作用，很有可能在新经济发展过程中被放大和升级。因此，应采用适当的财政收入和支出政策，协调地区发展的不平衡。

第六章

人口结构变化、专业化产业集聚与出口增长

第一节 研究背景、目的与意义

　　《中国制造 2025》提出，制造业是"立国之本、兴国之器、强国之基"，党的二十大报告强调"坚持把发展经济的着力点放在实体经济上""推动制造业高端化、智能化、绿色化发展"。制造业是推动中国国民经济和国际贸易高质量发展的源泉。在低生育率和老龄化问题日益凸显的背景下，人口结构变化对劳动力市场的冲击对我国制造业形成了一定的成本压力。一方面，迫使制造业结构升级，向高端化智能化攀升；另一方面，促使制造业进行空间分布与组合的重构，为区域

或城市出口竞争力与竞争优势的形成带来新的契机。在此背景下，本章从产业集聚这一机制出发，探究人口结构转变对制造业出口增长的影响，并区分该影响效果在不同类型行业所呈现的共性和特性，为培育贸易新优势，促进区域协调发展提供借鉴。

本章的研究目的是剖析人口结构变化影响我国城市制造业出口增长的机理与效应，具体研究目标有：第一，着重以从业人口比、人口规模为视角，观察城市人口结构变化对制造业出口增长带来的影响；第二，结合新经济地理学视角下的产业集聚机制，阐述人口对制造业产业集聚的重要性，以及制造业产业集聚对城市出口增长的影响，进一步以专业化产业集聚为中介机制，验证人口结构变化对制造业出口增长的影响机制；第三，根据行业的生产要素异质性特征，将制造业大类行业区分为劳动、资本、技术、数字密集型行业，以及按照数字技术产品中间投入系数将制造业区分为高、低两组，分析以上效应在制造业大类行业中的异质性。

本章研究意义在于对以往研究形成重要补充。已有研究过于重视劳动力供给、用工成本、消费需求等机制，研究对象通常为国家或地区的对外贸易，数据口径通常为国家或省级口径。可能囿于数据的可得性，对于其他重要机制如创新机制、集聚机制的实证较少，对于其他研究对象如产业或行业的生产与贸易活动研究的较少，尤其是基于行业异质性的探究更少。理论和实践告诉我们，无论是哪一类人口结构变化影响对外贸易的机制，都是以供给端的生产与创新、需求端的消费与储蓄为依托，深入探讨会发现，供给端也是需求端的基础，没有生产与创新，将失去消费与储蓄。如果没有企业或行业这些生产部门，人口结构变化对贸易的影响将会变得微不足道。在供给端，除了劳动力供给、用工成本、创新这些渠道之外，还有一个十分重要的机制，那就是集聚机制，对它的研究显得十分必要。在新经济地理学视角中，人口是促成产业集聚或分散的关键力量，因为人口既是消费需求的基础，也是劳动力池、专业化人才和人力资本的源泉。当前企业选址越来越重视当地的人力资源，城市的发展同样依赖人力资源，这可以从企业和城市竞相招揽人才的竞争中窥见一斑。然而人口集聚通过前后向市场关联，既可能形成规模经济和溢出效应，也可能导致城市的拥堵、拥挤，各种要素成本高涨和随之而来的外部不经济，这就不难理解，一方面，我们看到很多企业或产业仍然向大城市聚拢，另一方面，也有很多企业或产业搬离大城市，向小城市甚至国外迁移。那么，随之不禁产生一个疑问，当前人口结构变化会驱使制造业趋于集聚还是趋于分散？在当今中国，尽管人口老龄化已经成为社会常态，但是人口规模巨大、人口集中度高，仍然是我国人口结构变化过程中的典型特征，城市仍然是人口集中居住和生产的地方，随之而来的另外一个疑问是，城市人口结构变化能否通过产业集聚机制影响出口增长？这种影响机制与效应在制造业不同产业是否存在差异？

目前在关于人口结构影响对外贸易的文献中，以产业集聚作为中介机制并进行检验的研究并不多见。本章采用 2001 ~ 2016 年中国 282 个城市的面板数据，分别从制造业整体和制造业大类行业进行实证检验，考察人口结构变化对制造业出口增长的影响效应，并着重考察人口结构变化能否通过专业化产业集聚机制促进出口增长。

第二节　文献回顾与机理分析

一、人口结构对专业化产业集聚的影响研究

经济活动在地理空间上的呈现不是平坦的，城市的出现，使得经济活动的集聚特征更加明显。究竟是什么原因导致了这种现象，中外学者对其有深入的研究。作为区位理论的先驱，杜能在《孤立国》（1826 年）提出了农业

生产区位理论，农场地租和到达中心城市的运费成为决定市场距离的关键因素，阿隆索《区位和土地利用》（1964 年）将杜能的分析框架扩展到城市内部，用通勤者代替农场主，用中央商务区代替孤立国中的城市，建立单中心城市模型，又一次产生了土地利用的同心圆结果。韦伯的《工业区位论》（1909 年）首次明确了"区位因素"概念，并总结出"一般因素""特殊因素"等五大类决定工厂选址的区位因素，尤其侧重考察运费、劳动力成本、集聚因素对工厂选址的影响。寥什的《经济空间秩序》（1939 年）建立了市场区位论，寻求最大利润成为决定企业区位的目标，而不是运输费用或生产成本最小化。

古典区位理论重视自然地理因素的作用。近十多年来，人文地理因素对经济活动空间格局的塑造被深入讨论（Redding，2023），新经济地理学研究经济活动的空间分布规律，认为在控制自然地理因素的前提下，经济活动集聚是一个内生决定的过程，新经济地理学将空间因素纳入一般均衡分析框架，对经济活动的空间分布规律和空间集聚机制进行了研究（Krugman，1991；Krugman & Venables，1997；Fujita & Mori，1997），分析框架典型代表是 D-S 垄断竞争模型，在规模收益递增和运输成本的相互作用下，制造商通常选择与需求规模最大的市场靠近。

无论是区位理论还是新经济地理学，产业集聚的过程是生产要素的集聚，是接近市场的集聚。从古至今人口一直是不可或缺的生产要素和最终消费者。因此，产业集聚不仅受区位、经济基础、自然资源等因素的制约，必然与人口结构有着密切的关系。人口集聚是产业、城市集聚的基础，人口集聚达到一定的规模才可能有产业的存在和发展（刘娟，2010；胡双梅，2005）。人口集聚扩大了对最终消费品的需求，使企业产生规模效益，因此人口集聚是促使发生产业集聚的重要力量（Ottaviano & Puga，1998）。人口集聚与产业集聚具有高度的一致性（范剑勇等，2004；敖荣军和刘松勤，2016）。从要素供给角度来看，一定规模的人口为产业发展提供了必要的劳动力，劳动力供给的增加会降低企业的劳动力要素成本，人口集聚客观上形成了相对固定的"劳动力池"，提高本地劳动力供需匹配效率性。从消费需求角度来看，人口聚集有助于形成大规模的本地消费市场，扩大对该地区最终消费品的需求，市场规模的扩大也可能导致企业向该地区聚拢。

一般而言，人口集聚会引致产业集聚，但是对于不同要素密集特征的产业，人口集聚对产业集聚的具体影响并不完全相同（沈立和倪鹏飞，2020）。不同类型产业对所需匹配的劳动力要素在数量和质量特征上有不同的要求，尤其是处于制造业价值链高端的高技术行业、新兴技术行业，区域或城市的人口质量对企业区位选择和产业集聚起着关键的作用。马利基（Malecki，1985）曾对比分析 1973 年与 1984 年美国不同区域的高技术产业集聚情况，发现高素质人才对产业集聚具有明显的促进作用，产业集聚所吸纳的富有创新力的人才是新兴企业更加需要和注重的稀缺资源。

在技术变革迅速的新经济时代背景下，人才对于知识和信息创造极为重要，是生产和创新的主体。大量研究证实了创新能力对产业集聚的吸引力。杜兰顿和普加（Duranton & Puga，2004）的研究表明，创新和新生产过程的发明都会为新技术的产业化以及产生集聚经济效应提供良好平台。罗森塔尔和斯特兰奇（Rosenthal & Strange，2004）使用美国城市数据上进行分析，发现专业化集聚可以产生多种经济效益，包括技术创新、知识共享、劳动力市场效率和供应链效率，这些效应使得企业在集聚区域能够获得更高的生产效率和竞争力。莫里提（Moretti，2012）探讨了城市人口结构对就业机会和产业集聚的影响，发现年轻以及受教育水平高的人口更容易吸引高科技产业和创新型企业的集聚。殷广卫（2009）指出，产业集聚受到当地创新能力的影响，同时当地的创新能力也取决于高技术人才的地理集聚。李景海（2010）提出，从长期经济发展的角度来看，加工制造业集聚将会遇到市场创新需求的限制，制造产业开始逐渐舍弃传统的高度依赖自然资源和廉价劳动力的粗放型生产模式，越来越多地引进智能化和数字化技术追求创造性地生产。王国霞和李曼（2019）对人口流动和制造业集聚之间的关系进行分析，结果发现制造业重心与人口迁移重心变动轨迹呈现出"偏离－趋同"关系，制造业集聚的地理位置和人口结构高度相关。刘成坤（2022）采用2000~2019年中国制造业省级数据，研究人口老龄化如何通过劳动力供给、劳动力成本和人力资本积累等途径影响制造业集聚的问题，研究结论显示：一方面，人口老龄化通过降低劳动力供给倒逼制造业集聚，另一方面，人口老龄化也会通过提高劳动力成本和人力资本积累水平对制造业集聚产生阻碍作用。

二、专业化产业集聚对出口增长的影响研究

专业化产业集聚带来外部经济。首先，知识溢出的形成依托于厂商空间位置的临近，集聚可以促进厂商之间技术交流、商业往来、生产管理等经验共享，甚至在面临共同的风险时，促进风险分散与分摊。在信息传播与交流的过程中，在商谈与合作中，获得新灵感和新想法，促进创新。产业集聚的知识溢出作用在国内外文献中已有充分的表述（梁琦，2009；王缉慈，2010）。其次，产业集聚形成后，大类行业中，上下游厂商的产业链更加通畅便捷，这种前向关联有利于提高生产和运输效率，降低交易成本；最后，基础设施、信息资源、营商环境等外部要素都能够在集聚区实现互通共享。因此，制造业专业化产业集聚对于降低生产、运输、交易、运营等成本并提升国际市场竞争力具有重要意义，对出口贸易具有较大的促进作用。

产业集聚通过外部经济渠道促进出口在经验研究中得以证实。朱钟棣和杨宝良（2003）认为，外部经济的存在使得产业集聚能够促进产业内企业形成良好的竞争合作格局、提高生产率、扩大出口市场份额，从而使产业在国际竞争中获得有利的分工地位。宣烨和宣思源（2012）认为，产业集聚带来的外部经济能够使企业通过节约成本、降低生产过程中和国际市场变动带来的不确定性和随机性、共享劳动力池等途径提升企业的出口竞争力。杨丹萍

和毛江楠（2011）研究发现，在近90%的制造行业中，产业集聚对贸易竞争力具有显著的促进作用。钱学锋（2010）认为，产业集聚的外部性能够促进生产率提高从而促进企业出口增长。邱斌等（2012）发现中国制造业出口企业存在出口学习效应，产业的集聚尤其是出口企业的集聚，使得缄默知识通过正式或非正式渠道在企业间进行传播，可以获取出口信息。

然而，过度集聚也会导致市场拥挤效应和外部的不经济，从而使得当地厂商迁址。集聚力和分散力常常是共生共存，藤田等（Fujita, Krugman & Venables, 1999）在《空间经济学——城市、区域与国际贸易》（*The Spatial Economy: Cities, Regions and International Trade*）中列举了产业分散力的来源：不可流动的要素、土地租金、通勤成本，拥堵和其他纯外部不经济。汉德森（Henderson, 1986）认为，随着城市规模的不断扩大，专业化集聚对于城市经济增长的作用效果由显著促进转为逐渐消失。孙祥栋等（2016）基于中国城市面板数据实证分析，发现专业化集聚对城市经济增长的作用效果呈现为倒 U 形。陈大峰、闫周府和王文鹏（2020）认为对于传统制造业和成熟专业化集聚而言，继续扩大人口规模所带来的经济租金上升、交通成本增加、劳动力工资上涨、环境恶化等规模不经济，城市人口规模的扩张会减弱专业化集聚的正外部性，使得城市人口规模与专业化集聚之间存在负向关系。包群等（2012）基于中国 2000 ~ 2006 年持续经营的 4 万多家制造业企业数据，研究发现同质性出口企业过度集聚导致了我国出口企业外溢的"去本地化效应"。

已有理论和实证研究说明，城市的人口结构越来越成为影响该地区专业化产业集聚的核心因素，但是人口结构与专业化产业集聚之间的关系可能不是单向的关系，由于产业的生产要素密集类型、生产技术等产业特质存在差异，不同产业的人口结构适宜区间必然不同。同样，专业化产业集聚通常能够提高厂商的市场竞争力，从而有利于城市相关产业的出口，但是这种集聚带来的效应的大小也会因为行业的差异而存在异质性。

综合上述分析，本章提出两个假设：第一，城市的人口结构变化会影响制造业专业化产业集聚，并且这种影响效应具有明显的行业异质性；第二，人口结构的变化能够通过产业集聚机制影响城市的出口增长，这种影响效应同样会表现出明显的行业异质性。

第三节　实证研究设计

一、计量模型设定

本章采用固定效应模型：

$$\ln exp_{it} = \alpha_0 + \beta_0 Population\_structrue_{it} + \eta Controls_{it} + \mu_i + \varepsilon_{it} \qquad (6-1)$$

方程（6-1）中，t 表示年份，i 表示城市，exp 为出口规模，$Population\_structrue_{it}$ 表示人口结构。为了增加模型稳健性，$Controls$ 是控制变量，借鉴孙楚仁等（2013）、于潇和续伊特（2020）的研究，控制变量包括对经济发展水平（地区总产值）、基础设施建设（邮局数、道路面积）、对外开放程度（外商直接投资额）、政府财政制度（地方财政预算内支出）。μ_i 表示固定效应，ε_{it} 为误差项。为考察人口结构变化对出口增长产生影响的具体渠道，即制造业产业集聚的中介作用。参考了温忠麟（2014）构建如下中介模型：

$$lq_{it} = \alpha_1 + \beta_1 Population\_structrue_{it} + \theta Controls_{it} + \mu_i + \delta_{it} \qquad (6-2)$$

$$\ln exp_{it} = \alpha_0 + \beta_0' Population\_structrue_{it} + \beta_2' lq_{it} + \eta' Controls_{it} + \mu_i + \xi_{it}$$

$$(6-3)$$

首先，检验基准方程（6-1），观察人口结构变化对城市出口增长是否具有显著影响，初步探究核心解释变量对被解释变量的直接影响；其次，检验回归方程（6-2）中解释变量系数是否显著，若系数显著则说明城市人口结构变化能够影响制造业产业集聚；再其次，将中介变量加入基准方程形成方程（6-3），并且将关键变量的回归系数与基准方程（6-1）的系数相比较，分析产业集聚的中介机制效应；最后，将方程（6-1）至方程（6-3）分别进行制造业大类产业回归，分析以上影响效应在每一个大类产业中是否存在差异。

二、核心变量选取与测度

（一）人口结构指标

本章着重分析人口规模、劳动人口比对城市制造业出口增长的影响效应，人口规模以城市（全市）常住人口作为衡量指标。城市层面的劳动人口比目前从全国人口普查数据可获得，然而受限于调查时期，样本较少，为了在统计意义上最大程度接近劳动人口比这一指标，本章采用从业人口比来代理城市的劳动人口占比情况，从业人口比从宏观角度反映了城市就业人口状况，城市的从业人口比用年末单位就业人口与年末总人口之比计算得到。

（二）产业集聚指标

产业集聚指标用于判断地区在特定产业集中度和专业化程度，为探究区域产业空间优势和产业经济发展情况提供评价依据。目前学术界测度产业集聚的主流方法或维度有：行业集中度、空间基尼系数、赫芬达尔-赫希曼指数、EG 指数、区位熵。当中，行业集中度、空间基尼系数适合从全域角度考察一国的产业集聚程度；赫芬达尔-赫希曼指数适用于衡量行业的市场垄断情况；EG 指数需要利用企业口径的微观数据。根据研究目的，本章选择区位熵来衡量城市的制造业专业化程度。

区位熵计算方式如方程（6-4）所示：

$$lq_{ij} = \frac{q_{ij}/q_j}{q_i/q} = \frac{q_{ij}/\sum_{j=1}^{m} q_{ij}}{\sum_{i=1}^{n} q_{ij}/\sum_{i=1}^{n}\sum_{j=1}^{m} q_{ij}} \qquad (6-4)$$

其中，lq_{ij} 表示 j 地区 i 产业在全国的区位熵。q_{ij} 为 j 地区 i 产业总产值、就业人数等测度值；q_j 为 j 地区所有产业总产值、就业人数等测度值；q_i 表示全国范围内 i 产业总产值、就业人数等测度值。q 为全国范围内所有产业的总产值、就业人数等测度值。一般而言，区位熵越高，表示该地区内制造业产业集聚水平越高。

三、数据说明

（一）样本介绍

本章收集了 282 个城市 2001～2016 年的面板数据。城市年末总人口数、城市从业人口数、城市平均工资及其他控制变量数据均来自《中国城市统计年鉴》；城市出口贸易数据整理自海关数据库；部分城市存在少数缺失值，酌情采用趋势插补法、邻近插补法或替代插补法进行插补。表 6.1 汇报了主要变量的描述性统计结果。

表 6.1 数据指标及来源

变量名称	符号	变量定义及说明
出口增长	lnexp	城市货物贸易出口额，取对数
从业人口比	rr	就业人数/总人口数
人口规模	lnpop	城市年末总人口数（单位：万人），取对数
产业集聚度	lq	区位熵。根据方程（6-4）计算
外商直接投资	lnfdi	外商实际投资额（单位：万美元），取对数

续表

变量名称	符号	变量定义及说明
经济发展水平	lngdp	地区生产总值，取对数
工资水平	lnwage	城市平均月度工资（单位：元/人），取对数

（二）描述性统计

本章样本为 2001～2016 年 282 个中国城市的面板数据，为减弱模型的多重共线性和异方差性，同时增加一些总量型自变量，并且对总量类型的自变量数据进行对数化处理。表 6.2 汇报了主要变量的描述性统计结果。

表 6.2　　　　　　　　　　　　　**变量描述性统计**

变量名称	样本	均值	标准差	最小值	最大值
rr	4480	0.112	0.106	0.023	1.473
lnpop	4479	5.860	0.692	2.770	8.129
lq	4481	0.871	0.467	0.021	2.849
lnfdi	4286	9.418	1.997	0.693	14.941
lngdp	4474	15.782	1.117	12.238	19.457
lnwage	4460	10.091	0.656	2.283	12.678

四、回归结果分析

通过基准回归结果探究人口结构变化对制造业出口增长的直接影响。表 6.3 报告了基准回归结果。为了避免受到遗漏变量的影响，回归均控制了城市固定效应和时间固定效应，并且依次加入其他控制变量。结果显示，城市人口规模与制造业出口增长之间的关系不显著，即人口规模的大小与制造业总出口没有显著的关联。然而城市从业人口比与出口增长表现出显著的负向关系，其原因可能在于，就业人口是生产劳动的主体，但是随着就业人口增加，拥堵效应越发显现，这种拥堵效应对于企业而言，具体可体现在生产办公、交通通信等各类生产经营成本的提高上，特别是对于生产、办公以及研发活动需要空间的制造行业而言，"拥堵"效应更加凸显，从而不利于企业的生存或扩大生产，可能导致城市制造业出口规模下降，企业迁出。外商直接投资显著促进了出口增长，原因易于理解，因为外商直接投资较多从事"两头在外"的加工贸易，另外，外资能够通过产业上下游的业务关联来拉动国内企业的出口。此外，城市工资水平与出口增长没有显著的统计关系。

表 6.3　　　　基准回归：人口结构变化对出口规模的影响效应

被解释变量	出口规模				
	（1）	（2）	（3）	（4）	（5）
rr	−0.825*** (−3.39)	−0.821*** (−3.37)	−0.771*** (−3.27)	−0.769*** (−3.26)	−0.855*** (−3.59)
lnpop		−0.096 −0.46	−0.148 −0.74	−0.191 (−0.93)	−0.230 (−1.12)
lnfdi			0.050*** (3.44)	0.047*** (3.22)	0.051*** (3.47)
lngdp				0.073 (0.85)	0.097 (1.12)
lnwage					−0.167*** (−2.58)
常数项	15.10*** (75.57)	15.53*** (16.59)	15.50*** 17.01	14.74** (11.38)	16.08*** (11.58)
城市固定效应	控制	控制	控制	控制	控制
年份固定效应	控制	控制	控制	控制	控制
观测值	4392	4390	4217	4211	4194
调整 R²	0.905	0.905	0.906	0.907	0.907

注：*、**、***分别表示10%、5%、1%的显著性水平，括号内为 t 值。

五、中介效应分析

表 6.4 报告了人口规模对制造业区位熵的回归结果。第一,从业人口比的增加,对制造业集聚产生了显著的正向影响,可能的原因在于,从业人口比的增加,说明劳动力和人力资本较为充裕,整体上而言对制造业选址具有明显的吸引力。第二,人口规模和集聚之间关系为负但是并不显著,对于制造业而言,城市规模扩大和人口集中,导致了城市的拥堵,以及各种生产要素成本的提高,整体而言削弱了制造业出口增长的潜力。

表 6.4   中介效应检验:人口结构变化对制造业产业集聚的影响效应

被解释变量	产业集聚				
	(1)	(2)	(3)	(4)	(5)
rr	0. 376 *** (6. 86)	0. 376 *** (6. 86)	0. 422 *** (7. 65)	0. 423 *** (7. 66)	0. 410 *** (7. 35)
ln*pop*		− 0. 021 (− 0. 46)	− 0. 020 (− 0. 44)	− 0. 037 (− 0. 78)	− 0. 044 (− 0. 93)
ln*fdi*			− 0. 010 (− 3. 13)	− 0. 011 *** (− 3. 29)	− 0. 010 *** (− 3. 01)
ln*gdp*				0. 031 * (1. 58)	0. 037 * (1. 85)
ln*wage*					− 0. 032 ** (− 2. 11)
常数项	0. 210 *** (4. 62)	0. 303 (1. 45)	0. 340 * (1. 61)	0. 03 (0. 01)	0. 248 (0. 77)
城市固定效应	控制	控制	控制	控制	控制
年份固定效应	控制	控制	控制	控制	控制
观测值	4480	4478	4284	4278	4261
调整 R^2	0. 870	0. 870	0. 868	0. 868	0. 868

注: * 、** 、*** 分别表示 10% 、5% 、1% 的显著性水平,括号内为 t 值。

表 6.5 报告了城市制造业集聚对于制造业出口增长具有显著的正向促进作用，原因在于制造业集聚直接导致产量和规模的扩大，从而促进出口增长。综合表 6.3 至表 6.5 的回归结果，可以看出，尽管城市劳动人口比的提升，与城市整体制造业的出口增长整体上负相关，但是仍然能够通过集聚机制发挥对出口增长的促进作用。

表 6.5　中介效应检验：人口结构变化、制造业集聚对出口增长的影响效应

被解释变量	出口增长				
	（1）	（2）	（3）	（4）	（5）
rr	−1.076 *** （−4.44）	−1.073 *** （−4.42）	−1.039 *** （−4.42）	−1.037 *** （−4.41）	−1.113 *** （−4.70）
lq	0.625 *** （9.28）	0.626 *** （9.30）	0.634 *** （9.48）	0.633 *** （9.45）	0.630 *** （9.39）
$\ln pop$		−0.078 （−0.38）	−0.132 （−0.67）	−0.164 （−0.81）	−0.198 （−0.97）
$\ln fdi$			0.056 *** （3.95）	0.054 *** （3.75）	0.058 *** （3.95）
$\ln gdp$				0.050 （0.60）	0.070 （0.82）
$\ln wage$					−0.147 ** （−2.29）
常数项	14.97 *** （75.51）	15.32 *** （16.53）	15.27 *** （16.94）	14.75 *** （11.52）	15.94 *** （11.60）
城市固定效应	控制	控制	控制	控制	控制
年份固定效应	控制	控制	控制	控制	控制
观测值	4392	4390	4217	4211	4194
调整 R^2	0.907	0.907	0.908	0.908	0.909

注：*、**、*** 分别表示 10%、5%、1% 的显著性水平，括号内为 t 值。

第四节　制造业部门大类分类回归分析

虽然劳动从业人员比和制造业总出口的关系为负,然而制造部门包含众多大类行业,这些大类行业在产品属性、要素投入、生产技术等方面有各自的特征和不同要求,因而,制造业大类行业的出口受到人口因素的影响必然存在行业间的差异,同理,集聚作为人口影响出口的重要渠道,在不同类型的大类行业上,是否发挥作用以及作用的大小也会表现出一定的差异。为了深入考察异质性影响,本章对制造部门 13 ~ 部门 40 共 28 个大类行业进行分样本回归。为了便于探究实证结果的异质性和潜在的经济含义,分别按照要素密集度类型、数字技术应用程度对大类行业进行分类,然后结合回归结果作对应分析。

一、制造业部门大类行业分类

(一) 按照行业要素密集类型分类

要素密集度是指产品生产过程中,所投入的各种生产要素的比例,能够反映不同产业或产品对不同类型生产要素的依赖程度。要素密集度的不同或差异,本质上体现了产品性质和生产技术的不同。2020 年中共中央、国务院《关于构建更加完善的要素市场化配置体制机制的意见》,首次将数据与土地、劳动力、资本、技术并列为五大生产要素。2021 年国务院在《"十四五"数字经济发展规划》中,强调"数据要素是数字经济深化发展的核心引擎,数据对提高生产效率的乘数作用不断凸显,成为最具时代特征的生产要素"。参考朱云飞 (2021)、胡晨光 (2020) 的方法,采用"固定资产利用强度"

"研发经费投入强度"两个衡量指标，对国民经济制造业行业大类进行归类，分别归为劳动、资本、技术、数字四大要素密集类型行业。具体方法为，"固定资产利用强度"为某行业人均固定资产（固定资产平均余额与从业人员的比值）与各行业平均值之比，"研发经费投入强度"为某行业研发经费投入程度（研发经费支出与产品销售收入的比值）与各行业平均值之比。某行业的"固定资产利用强度"越大，说明对资本的依赖程度越高；"研发经费投入强度"越大，说明对技术的依赖程度越高。按照两个指标是否大于1，分为技术、资本、劳动密集型三类行业。其中，在"研发经费投入强度"大于1的27个行业中，仅化学原料和化学制品制造业、化学纤维制造业、汽车制造业、医药制造业等4个行业的"固定资产利用强度"大于1，说明技术密集型基本可与资本密集型产业区分，这也反映出技术替代资本的发展趋势。为便于分析，结合行业特征，将汽车制造业、医药制造业归入技术密集型产业，将化学原料和化学制品制造业、化学纤维制造业归入资本密集型产业。将其他"固定资产利用强度"大于1的行业归入资本密集型产业，将"固定资产利用强度"和"研发经费投入强度"都小于1的行业归入劳动密集型产业。最后，确定数字密集型产业，参照中国信通院《中国数字经济发展白皮书》（2020）对数字经济的分类从技术密集型产业中析出数字密集型产业，包括硬件、软件两个方面，分别为计算机、通信和其他电子设备制造业，信息传输、软件和信息技术服务业。具体行业分类情况如表6.6所示。

表6.6 行业分类情况

类型	劳动密集型	资本密集型	技术密集型	数字密集型
编号	13、14、15、17、18、19、20、21、23、24、29、30、33	16、22、25、26、28、31、32	27、34、35、36、37、38、40	39

注：通过以上方法，将制造部门13~部门40个制造业大类行业划分为劳动、资本、技术和数字密集型四类。

（二）按照行业数字技术中间投入程度分类

从国民经济核算系统来看，任何一个行业的产出都包含了来自其他行业的中间品投入，在新经济发展的今天，数字技术已经日益融合到产业发展进程中，即使对于劳动密集型或资源密集型行业，同样有数字技术产品的中间投入。那么，大类行业的数字技术产品中间投入的差异，是否会造成人口结构变化对出口增长的影响效应存在行业异质性？产业集聚中介机制的作用发挥是否会受到大类行业数字技术产品中间投入程度的影响？为了区分效应和探究缘由，首先，需要识别大类行业的数字技术产品中间投入程度，其次，根据投入程度对大类行业进行分类，最后，依据分类情况综合分析。

根据国家统计局国民经济核算司编制的投入产出表，计算编制年份中制造业部门大类行业的数字技术中间品投入系数。根据联合国 ISIC3.0 和 ISIC4.0 分类标准，数字技术产品指来自以下产业的产品：信息与通信技术制造业、信息与通信技术贸易、信息与通信技术服务。对应到中国国民经济行业分类标准中的 C39（计算机、通信和其他电子设备制造业）和服务业 I（信息传输、软件和信息技术服务业）。与样本密切相关的投入产出表分别为 2002 年、2007 年、2012 年、2017 年编制的投入产出表。国民经济行业分类标准在 2002 年、2011 年、2017 年分别进行了更新，行业编号有两处略微调整，为此本章以最新的行业大类编号进行标记，同时对以往年份相对应的缺失行业值进行相应插补。数字技术中间品投入系数的计算结果如表 6.7 所示。

表 6.7　　　　　　　制造业大类行业数字技术产品中间投入系数

大类行业	年份			
	2002	2007	2012	2017
13 农副食品加工业	0.003179	0.002429	0.001121	0.002245
14 食品制造业	0.010820	0.003166	0.001616	0.004838

续表

大类行业	年份			
	2002	2007	2012	2017
15 酒、饮料和精制茶制造业	0.019627	0.005549	0.002086	0.006641
16 烟草制品业	0.003006	0.003790	0.003001	0.003416
17 纺织业	0.009310	0.003580	0.001568	0.003381
18 纺织服装、服饰业	0.016987	0.008628	0.003308	0.004185
19 皮革、毛皮、羽毛及其制品和制鞋业	0.020864	0.004185	0.002405	0.005091
20 木材加工和木、竹、藤、棕、草制品	0.011081	0.003544	0.002930	0.002541
21 家具制造业	0.022597	0.006745	0.002834	0.003567
22 造纸和纸制品业	0.007610	0.003063	0.002774	0.003625
23 印刷和记录媒介复制业	0.010954	0.007557	0.005941	0.007637
24 文教、工美、体育和娱乐用品制造业	0.054504	0.063632	0.014504	0.018007
25 石油加工、炼焦和核燃料加工业	0.006365	0.004435	0.001340	0.001263
26 化学原料和化学制品制造业	0.014823	0.005130	0.002760	0.005684
27 医药制造业	0.023018	0.007157	0.003847	0.008724
28 化学纤维制造业	0.004791	0.002941	0.001258	0.001966
29 橡胶和塑料制品业	0.011075	0.002701	0.001996	0.005097
30 非金属矿物制品业	0.021321	0.004067	0.004209	0.004465
31 黑色金属冶炼和压延加工业	0.006973	0.006781	0.002019	0.002518
32 有色金属冶炼和压延加工业	0.017510	0.020206	0.000780	0.001611
33 金属制品业	0.032396	0.004522	0.004128	0.005249
34 通用设备制造业	0.035907	0.031106	0.097894	0.108296
35 专用设备制造业	0.045765	0.027900	0.036118	0.048694
36 汽车制造业	0.018865	0.019410	0.017799	0.024213
37 铁路、船舶、航空航天和其他运输设备制造业	0.041323	0.037199	0.038987	0.046404
38 电气机械和器材制造业	0.066966	0.081158	0.072859	0.090926
39 计算机、通信和其他电子设备制造业	0.562264	0.599568	0.571891	0.616740
40 仪器仪表制造业	0.274525	0.341123	0.249031	0.250338

资料来源：笔者整理。

　　结合表6.7与表6.8分析，可得如下特点：第一，数字技术产品中间投入系数在大类行业中存在高度的差异性。第二，资本密集型行业几乎全部分布在数字技术产品中间投入系数较低组。技术密集型行业和数字密集型行业全部分布在数字技术产品中间投入系数较高组。第三，劳动密集型行业一半以上在较低组，其余在较高组。但是行业组别分布不固定，存在较大的变动。第四，数字技术中间品投入系数在技术、数字密集型行业呈现明显的增长趋势，在其他类别行业的变动趋势不明朗。第五，技术、数字密集型行业的数字技术产品中间投入远高于其他类型行业。

表6.8　　　　　　　　大类行业数字技术产品中间投入系数分组分析

组别	要素密集类型	年份			
		2002	2007	2012	2017
较低	劳动密集	13、14、17、18、20、23、29	13、14、15、17、19、20、29、30、33	13、14、15、17、19、20、21、29	13、14、17、18、19、20、21、30
	资本密集	16、22、25、26、28、31、32	16、22、25、26、28	22、25、26、28、31、32	16、22、25、28、31、32
较高	劳动密集	15、19、21、24、30、33	18、21、23、24	18、23、24、30、33	15、23、24、29、33、26
	资本密集		31、32	16	26
	技术密集	27、34、35、36、37、38、40	27、34、35、36、37、38、40	27、34、35、36、37、38、40	27、34、35、36、37、38、40
	数字密集	39	39	39	39

资料来源：笔者整理。

　　以上特点说明，相对于资本密集型行业，在劳动密集型行业中，数字技术产品对其他要素形成了相对较高的替代，原因可能在于当前的数字技术产品对劳动要素的替代性高于对资本要素的替代性。同理，在数字与技术密集型行业中，数字技术产品对该类行业的其他生产要素具有高度的替代性，远远超过互补性，因此投入系数显著增长。

二、制造业部门大类行业回归分析

（一）大类分行业回归结果分析

大类分行业回归结果见表6.9，从业人口比与大类行业出口增长的关系为：在21个大类行业中，表现为负向关系且十分显著，分别为"13 农副食品加工业""14 食品制造业""17 纺织业""18 纺织服装、服饰业""19 皮革、毛皮、羽毛及其制品和制鞋业""20 木材加工和木、竹、藤、棕、草制品业""21 家具制造业""22 造纸和纸制品业""23 印刷和记录媒介复制业""24 文教、工美、体育和娱乐用品制造业""26 化学原料和化学制品制造业""29 橡胶和塑料制品业""30 非金属矿物制品业""33 金属制品业""34 通用设备制造业""35 专用设备制造业""36 汽车制造业""37 铁路、船舶、航空航天和其他运输设备制造业""38 电气机械和器材制造业""39 计算机、通信和其他电子设备制造业""40 仪器仪表制造业"。只有1个大类行业（25 石油、煤炭及其他燃料加工业）的出口增长与从业人口比关系显著为正。其余6个大类行业出口增长与从业人口比的关系并不显著，包括"15 酒饮料和精制茶制造业""16 烟草制品业""27 医药制造业""28 化学纤维制造业""31 黑色金属冶炼和压延加工业""32 有色金属冶炼和压延加工业"。人口规模与大类行业出口增长的关系为：在5个大类行业中，表现为负向关系且十分显著，分别为"15 酒饮料和精制茶制造业""20 木材加工和木、竹、藤、棕、草制品业""29 橡胶和塑料制品业""37 铁路、船舶、航空航天和其他运输设备制造业"。其余23个大类行业人口规模与出口增长的关系不显著。

表 6.9　分行业部门 13～部门 40 基准回归结果：人口结构变化对出口增长的影响效应

行业类型	行业	项目	回归系数与 t 值	行业类型	行业	项目	回归系数与 t 值
劳动密集	13	从业人口比	−1.993 *** (−4.04)	资本密集	22	从业人口比	−2.484 *** (−3.93)
		人口规模	0.427 (1.10)			人口规模	0.225 (0.42)
	14	从业人口比	−1.397 *** (−2.55)		25	从业人口比	1.936 * (1.85)
		人口规模	−0.139 (−0.30)			人口规模	0.235 (0.25)
	15	从业人口比	−0.670 (−0.91)		26	从业人口比	−1.310 *** (−3.44)
		人口规模	−2.03 *** (−3.18)			人口规模	−1.249 *** (−3.82)
	17	从业人口比	−0.875 ** (−1.95)		28	从业人口比	−0.685 (−1.16)
		人口规模	0.206 (0.53)			人口规模	0.069 (0.14)
	18	从业人口比	−1.496 *** (−3.37)		31	从业人口比	−0.147 (−0.26)
		人口规模	0.039 (0.10)			人口规模	−0.218 (−0.44)
	19	从业人口比	−1.889 *** (−3.59)		32	从业人口比	0.218 (0.29)
		人口规模	−0.226 (−0.51)			人口规模	−0.631 (−1.00)
	20	从业人口比	−1.295 *** (−2.61)	技术密集	27	从业人口比	−0.354 (−0.56)
		人口规模	−0.675 * (−1.59)			人口规模	0.241 (0.46)
	21	从业人口比	−1.807 *** (−3.41)		34	从业人口比	−1.723 *** (−4.06)
		人口规模	0.086 (0.19)			人口规模	−0.319 (−0.89)

续表

行业类型	行业	项目	回归系数与t值	行业类型	行业	项目	回归系数与t值
劳动密集	23	从业人口比	−2.201 *** （−2.82）	技术密集	35	从业人口比	−1.010 ** （−2.19）
		人口规模	−0.576 （−0.89）			人口规模	0.327 （0.84）
	24	从业人口比	−1.375 *** （−2.64）		36	从业人口比	−1.363 *** （−2.38）
		人口规模	−0.470 （−1.05）			人口规模	0.331 （0.68）
	29	从业人口比	−2.339 *** （−4.73）		37	从业人口比	−1.297 ** （−1.94）
		人口规模	−0.802 * （−1.91）			人口规模	−1.326 ** （−2.41）
	30	从业人口比	−1.875 *** （−3.95）		38	从业人口比	−1.313 *** （−2.66）
		人口规模	−0.022 （−0.06）			人口规模	0.278 （0.66）
	33	从业人口比	−1.980 *** （−4.16）		40	从业人口比	−1.813 *** （−3.24）
		人口规模	−1.005 *** （−2.45）			人口规模	0.593 （1.28）
资本密集	16	从业人口比	0.833 （0.46）	数字密集	39	从业人口比	−1.428 ** （−2.06）
		人口规模	1.757 （1.25）			人口规模	−0.009 （−0.02）

注：限于篇幅，仅列出自变量从业人口比、人口规模的系数与t值。控制变量与表6.3的列（5）相同。*、**、*** 分别表示10%、5%、1%的显著性水平。
资料来源：笔者整理。

　　以上结果说明，样本期内，无论是劳动密集型还是资本、技术、数字密集型行业，城市从业人口比与出口增长大部分均表现出显著的负向关系，说明城市从业人口比的提高，劳动人口的集中，并没有对制造业出口带来正向的促进作用。可能原因在于，当前城市劳动人口越来越多从事于服务业而非制造业，而且人口集中带来的拥堵效应使得各项生产与管理成本上涨，对制造业出口增长产生了不利影响。城市人口规模与少数制造业大类行业出口增长负相关，与大部分大类行业统计关系不显著。

（二）城市的劳动从业人口比与大类行业集聚的关系

从表6.10可以看出，城市的劳动从业人口比与大类行业集聚的关系为：

第一，在9个大类行业中，表现为负向关系且十分显著，分别为"14食品制造业""18纺织服装、服饰业""19皮革、毛皮、羽毛及其制品和制鞋业""21家具制造业""22造纸和纸制品业""24文教、工美、体育和娱乐用品制造业""26化学原料和化学制品制造业""30非金属矿物制品业""31黑色金属冶炼和压延加工业"。这些大类行业均属于劳动或资本密集型行业，属于数字技术产品中间投入系数较低组。

第二，在8个大类行业中，表现为正向关系且十分显著，分别为"20木材加工和木、竹、藤、棕、草制品业""27医药制造业""33金属制品业""34通用设备制造业""35专用设备制造业""37铁路、船舶、航空航天和其他运输设备制造业""38电气机械和器材制造业""39计算机、通信和其他电子设备制造业"。这些行业除20外，均属于技术或数字密集型行业，并且属于数字技术产品中间投入系数较高组。

第三，在其余11个大类行业中，城市从业人口比与大类行业集聚之间的关系不显著。属于数字技术产品中间投入系数较低组。

表6.10　中介效应检验：分行业部门13~部门40人口结构变化对产业集聚的影响分析

行业类型	行业	项目	回归系数与t值	行业类型	行业	项目	回归系数与t值
劳动密集	13	从业人口比	0.305 (1.55)	资本密集	22	从业人口比	-0.927*** (-5.96)
		人口规模	-1.184*** (-6.94)			人口规模	0.129 (0.97)

续表

行业类型	行业	项目	回归系数与t值	行业类型	行业	项目	回归系数与t值
劳动密集	14	从业人口比	-0.407 *** (-2.86)	资本密集	25	从业人口比	-0.013 (-0.03)
		人口规模	0.022 (0.19)			人口规模	-0.763 ** (-2.23)
	15	从业人口比	-0.292 (-1.12)		26	从业人口比	-0.495 *** (-4.68)
		人口规模	-0.273 (-1.22)			人口规模	-0.477 *** (-5.25)
	17	从业人口比	-0.087 (-1.35)		28	从业人口比	-0.142 (-1.42)
		人口规模	0.100 (-0.81)			人口规模	0.023 (0.28)
	18	从业人口比	-0.139 ** (-1.99)		31	从业人口比	-0.442 *** (-3.58)
		人口规模	0.121 ** (2.02)			人口规模	-0.719 *** (-6.78)
	19	从业人口比	-0.588 *** (-5.69)		32	从业人口比	0.078 (0.40)
		人口规模	0.066 (0.74)			人口规模	-0.444 *** (-2.63)
	20	从业人口比	0.442 * (1.66)	技术密集	27	从业人口比	0.260 * (1.62)
		人口规模	1.121 *** (4.91)			人口规模	-0.055 (-0.40)
	21	从业人口比	-0.419 *** (-3.46)		34	从业人口比	0.471 *** (12.02)
		人口规模	0.120 (1.15)			人口规模	0.165 *** (4.93)
	23	从业人口比	0.060 (0.96)		35	从业人口比	0.116 *** (2.61)
		人口规模	0.339 *** (6.30)			人口规模	0.029 (0.77)

续表

行业类型	行业	项目	回归系数与t值	行业类型	行业	项目	回归系数与t值
劳动密集	24	从业人口比	−0.499 *** (−6.97)	技术密集	36	从业人口比	−0.008 (−0.08)
		人口规模	−0.004 (−0.08)			人口规模	−0.030 (−0.33)
	29	从业人口比	0.035 (1.00)		37	从业人口比	0.557 ** (4.93)
		人口规模	−0.013 (−0.43)			人口规模	−0.104 (−1.07)
	30	从业人口比	−0.339 *** (−2.98)		38	从业人口比	0.160 *** (3.82)
		人口规模	0.215 ** (2.20)			人口规模	0.063 (0.64)
	33	从业人口比	0.173 *** (4.34)		40	从业人口比	0.017 (0.24)
		人口规模	−0.056 * (−1.65)			人口规模	−0.165 *** (−2.55)
资本密集	16	从业人口比	−0.248 (−0.13)	数字密集	39	从业人口比	0.136 *** (2.97)
		人口规模	−0.493 (−0.29)			人口规模	0.321 *** (8.12)

注：限于篇幅，仅列出自变量从业人口比、人口规模的系数与t值。控制变量与表6.4的列（5）相同。*、**、*** 分别表示10%、5%、1%的显著性水平。

资料来源：笔者整理。

（三）人口规模与大类行业集聚之间的关系

第一，在7个大类行业中，表现为负向关系且十分显著，分别为"13 农副食品加工业""25 石油、煤炭及其他燃料加工业""26 化学原料和化学制品制造业""31 黑色金属冶炼和压延加工业""32 有色金属冶炼和压延加工业""33 金属制品业""40 仪器仪表制造业"。以上行业除40外，均属于劳动或资本密集型行业，并且以资本品中间品原材料为主，并且均属于数字技

· 216 ·

术产品中间投入较低组。

第二，在6个大类行业中，表现为正向关系且十分显著，分别为"18纺织服装、服饰业""20木材加工和木、竹、藤、棕、草制品业""23印刷和记录媒介复制业""30非金属矿物制品业""34通用设备制造业""39计算机、通信和其他电子设备制造业"。以上大类行业中，既有数字密集型，也有劳动或资本密集型，这些大类行业既包括数字技术产品中间投入较低组也包括较高组。它们的共同点是，这些大类行业更多的是面向消费者市场，其最终产品更多的是用于居民消费。最后，其余15个大类行业中，城市人口规模与行业集聚的关系并不显著。

以上结果说明，城市劳动人口的集中或人口规模的扩大，对制造业大类行业的集聚存在一定的作用，并且这种作用存在明显的行业异质性。

（四）人口结构变化、产业集聚对出口增长的关系

表6.11的报告中，在28个大类行业中，21个行业的产业集聚系数显著为正，其余7个均不显著，说明对于大部分大类行业而言，产业集聚能够显著促进其出口增长，主要原因在于制造业产业集聚带来了产量和规模的扩大，从而促进了出口增长，这一点已经在以上分析中得到论证。结合表6.9和表6.10，进一步证实了产业集聚是人口结构影响出口增长的重要中间渠道。

表6.11　中介效应检验：分行业部门13～部门40人口结构变化、产业集聚对出口增长的回归分析

行业类型	行业	项目	回归系数与t值	行业类型	行业	项目	回归系数与t值
劳动密集	13	从业人口比	-2.38 *** (-4.79)	资本密集	22	从业人口比	-2.803 *** (-4.39)
		人口规模	0.45 (1.07)			人口规模	0.264 (0.50)
		产业集聚	0.77 *** (5.46)			产业集聚	0.587 *** (3.29)

行业类型	行业	项目	回归系数与t值	行业类型	行业	项目	回归系数与t值
劳动密集	14	从业人口比	−1.754 *** (−3.15)	资本密集	25	从业人口比	1.338 (1.24)
		人口规模	−0.121 (−0.26)			人口规模	0.288 (0.31)
		产业集聚	0.545 *** (3.55)			产业集聚	0.803 ** (2.15)
	15	从业人口比	−0.631 (−0.83)		26	从业人口比	−1.529 *** (−3.99)
		人口规模	−2.037 *** (−3.19)			人口规模	−1.224 *** (−3.76)
		产业集聚	−0.054 (−0.23)			产业集聚	0.490 *** (4.56)
	17	从业人口比	−1.007 ** (−2.23)		28	从业人口比	−0.646 (−1.08)
		人口规模	0.219 (0.56)			人口规模	0.063 (0.13)
		产业集聚	0.314 ** (2.44)			产业集聚	−0.085 (−0.48)
	18	从业人口比	−1.734 *** (−3.89)		31	从业人口比	−0.412 (−0.71)
		人口规模	0.071 (0.19)			人口规模	−0.185 (−0.38)
		产业集聚	0.538 *** (4.26)			产业集聚	0.584 *** (3.45)
	19	从业人口比	−2.173 *** (−4.09)		32	从业人口比	−0.374 (−0.50)
		人口规模	−0.193 (−0.44)			人口规模	−0.566 (−0.90)
		产业集聚	0.529 *** (3.52)			产业集聚	1.162 *** (5.37)

续表

行业类型	行业	项目	回归系数与t值	行业类型	行业	项目	回归系数与t值
劳动密集	20	从业人口比	−1.349 *** (−2.69)	技术密集	27	从业人口比	−0.677 (−1.05)
		人口规模	−0.669 (−1.58)			人口规模	0.285 (0.54)
		产业集聚	0.110 (0.76)			产业集聚	0.439 ** (2.26)
	21	从业人口比	−1.929 *** (−3.60)		34	从业人口比	−1.798 *** (−4.19)
		人口规模	0.097 (0.22)			人口规模	−0.311 (−0.86)
		产业集聚	0.240 * (1.58)			产业集聚	0.152 (1.27)
	23	从业人口比	−2.390 *** (−3.00)		35	从业人口比	−1.316 *** (−2.83)
		人口规模	−0.558 (−0.86)			人口规模	0.355 (0.92)
		产业集聚	0.284 (1.20)			产业集聚	0.570 *** (4.40)
	24	从业人口比	−1.696 *** (−3.23)		36	从业人口比	−1.561 *** (−2.69)
		人口规模	−0.421 (−0.94)			人口规模	0.346 (0.71)
		产业集聚	0.735 *** (4.89)			产业集聚	0.367 ** (2.17)
	29	从业人口比	−2.523 *** (−5.05)		37	从业人口比	−1.623 ** (−2..39)
		人口规模	−0.779 * (−1.85)			人口规模	−1.287 ** (−2.34)
		产业集聚	0.368 *** (2.63)			产业集聚	0.479 ** (2.41)
	30	从业人口比	−2.045 *** (−4.27)		38	从业人口比	−1.589 *** (−3.19)
		人口规模	−0.002 (−0.01)			人口规模	0.308 (0.73)
		产业集聚	0.375 *** (2.76)			产业集聚	0.556 *** (3.95)

续表

行业类型	行业	项目	回归系数与 t 值	行业类型	行业	项目	回归系数与 t 值
劳动密集	33	从业人口比	-2.030 *** (-4.22)	技术密集	40	从业人口比	-2.147 *** (-3.78)
		人口规模	-1.000 ** (-2.44)			人口规模	0.616 (1.33)
		产业集聚	0.107 (0.79)			产业集聚	0.553 *** (3.46)
资本密集	16	从业人口比	0.691 (0.38)	数字密集	39	从业人口比	-1.801 *** (-2.58)
		人口规模	1.760 (1.25)			人口规模	0.035 (0.06)
		产业集聚	0.299 (0.46)			产业集聚	0.764 *** (3.74)

注：限于篇幅，仅列出自变量从业人口比、人口规模的系数与 t 值。控制变量与表 6.5 的列（5）相同。 * 、 ** 、 *** 分别表示 10% 、 5% 、 1% 的显著性水平。

资料来源：笔者整理。

第五节　本章小结

本章选取 2001~2016 年我国 282 个城市的面板数据，以从业人口比、人口规模为人口结构的观察视角，考察其对制造业出口增长的影响效应，并且着重探究了人口结构变化通过制造业产业集聚影响出口增长的中介机制。初步研究发现，在样本期内，城市的从业人口比与该城市制造业出口增长呈现显著的负向统计关系，人口规模与出口增长之间的关系不再显著。尽管如此，产业集聚仍然是人口结构变化影响制造业出口增长的重要机制。为了进一步探究影响效应和机制的异质性，本章将制造业大类行业按照要素密集度类型、数字技术产品中间投入系数进行分类，然后分别进行分组回归，回归结果揭示出人口结构对城市制造业出口增长的影响效应呈现出十分明显的行业异质性，并且产业集聚机制是否发挥作用也存在明显的行业差异。

初步结论显示，无论是劳动密集型行业，还是资本、技术、数字密集型行业，无论是数字技术产品中间投入系数较高组，还是投入系数较低组，城市从业人口比对该行业的出口增长均起到了抑制作用，城市的人口规模对于制造业出口增长无显著影响。这说明在样本期间，总体而言，从业人口或者常住人口密集的地区已经不再是制造业获得出口增长的优先选择。尽管如此，进一步探究发现，该结论存在非常明显的行业异质性，对于有些行业而言，从业人口或者常住人口密集的地区仍然具有明显的吸引力。

首先，对于一些劳动密集型和资本密集型行业，以及一些数字技术产品中间投入系数较低的行业，城市的从业人口比与产业集聚之间呈现显著的负向关系，间接说明这些行业已经开始从就业人口密集地区向外转移，其原因可能在于就业人口的密集导致了制造业固定成本迅速上升，造成了拥堵效应，迫使这些行业向其他地区扩散。

其次，对于技术、数字密集型行业，以及数字技术产品中间投入系数较高的行业，城市的从业人口比与产业集聚之间呈现显著的正向关系，其原因可能在于，对于这些行业而言，城市从业人口的密集为它们提供了优质的人力资源池，以及高效的人力资本匹配效率，相对于劳动密集型、资本密集型行业，这些行业更加青睐产业集聚带来的知识溢出效应、规模效应、匹配效应以及具有行业特定的成本效应，通过这些效应获得了市场竞争力和出口增长。因此，就业人口密集的地区恰恰是这些行业的优质选址，促进它们进一步向城市集聚。

最后，尽管以上影响效应存在巨大的行业异质性，但是绝大多数制造业大类行业都能够通过产业集聚这一机制，促进出口增长，这一结论在总样本和分样本中均得到证实。通过该研究结论可以获得进一步的启示：一个地区的人口结构已经成为制造业考察和评价集聚选址的重要维度，其优其劣，需要结合制造业行业的生产技术和生产要素投入的特点进行评估。不仅如此，人口结构和服务业的发展也密切关联。因而，在制定地区发展战略和政策的过程中，尤其是在产业政策的制定过程中，应将地区的人口结构作为重点纳入考量范围，在政策实施和保障措施中，要重视人力人才资源的保障措施。

参考文献

［1］阿里巴巴. 她时代：来自未来的 Lady Data ［R/OL］. (2017－07－10).
http：//www. aliresearch. com/cn/presentation.

［2］阿里研究院，中国就业形态研究中心. 数字经济与中国妇女就业创业研究报告 ［R/OL］. (2023－01－16). http：//www. aliresearch. com/ch/presentation/presentiondetails？articleCode＝309229232767242240&type＝% E6% 8A% A5% E5% 91% 8A&organName.

［3］阿隆索. 区位和土地利用 ［M］. 北京：商务印书馆，2010.

［4］安虎森，殷广卫. 中部塌陷：现象及其内在机制推测 ［J］. 中南财经政法大学学报，2009（1）：3－8.

［5］安同良，魏婕. 中国经济学走向何处：复杂经济学视域下新经济发展对中国经济学的重构 ［J］. 中国工业经济，2023，12：5－18.

［6］敖荣军，刘松勤. 人口流动与产业集聚互动的机制与过程：理论解读及经验证据 ［J］. 湖北社会科学，2016（6）：80－85

［7］包群，邵敏，Li gang Song. 地理集聚、行业集中与中国企业出口模式的差异性 ［J］. 管理世界，2012（9）：61－75.

［8］蔡昉. 劳动力供给与中国制造业的新竞争力来源 ［J］. 中国发展观

察，2012 (4): 17 - 19.

[9] 蔡昉，王美艳. 如何解除人口老龄化对消费需求的束缚 [J]. 财贸经济，2021，42 (5): 5 - 13.

[10] 蔡宏波，韩金镕. 人口老龄化与城市出口贸易转型 [J]. 中国工业经济，2022 (11): 61 - 77.

[11] 蔡庆丰，王仕捷，刘昊，等. 城市群人口集聚促进域内企业创新吗 [J]. 中国工业经济，2023 (3): 152 - 170.

[12] 蔡兴，刘子兰. 人口因素与东亚贸易顺差：基于人口年龄结构、预期寿命和性别比率等人口因素的实证研究 [J]. 中国软科学，2013 (9): 48 - 59.

[13] 蔡跃洲，顾雨辰. 平台经济的社会福利机制及其效果测算：来自外卖平台商户问卷调查的证据 [J]. 经济研究，2023，58 (5): 98 - 115.

[14] 钞小静，薛志欣，王昱璎. 中国新经济的测度及其经济高质量发展效应分析 [J]. 人文杂志，2021 (8): 38 - 49.

[15] 陈宝森. 对美国"新经济"的再认识 [J]. 世界经济与政治，2001 (6): 46 - 51.

[16] 陈大峰，闫周府，王文鹏. 城市人口规模、产业集聚模式与城市创新：来自 271 个地级及以上城市的经验证据 [J]. 中国人口科学，2020 (5): 27 - 40.

[17] 陈梦根，张鑫. 中国数字经济规模测度与生产率分析 [J]. 数量经济技术经济研究，2022，39 (1): 3 - 27.

[18] 陈秋霖，许多，周羿. 人口老龄化背景下人工智能的劳动力替代效应：基于跨国面板数据和中国省级面板数据的分析 [J]. 中国人口科学，2018 (6): 30 - 42，126 - 127.

[19] 陈松，刘海云. 人口红利、城镇化与我国出口贸易的发展 [J]. 国际贸易问题，2013 (6): 57 - 66.

[20] 陈维涛. "新经济"的核心内涵及其统计测度评析 [J]. 南京社会科学, 2017 (11): 23 - 30.

[21] 陈卫民, 施美程. 人口老龄化促进服务业发展的需求效应 [J]. 人口研究, 2014, 38 (5): 3 - 16.

[22] 陈心颖. 人口集聚对区域劳动生产率的异质性影响 [J]. 人口研究, 2015, 39 (1): 85 - 95.

[23] 陈彦斌, 林晨, 陈小亮. 人工智能、老龄化与经济增长 [J]. 经济研究, 2019, 54 (7): 47 - 63.

[24] 程开明, 刘书成. 城市经济密度与全要素生产率: 兼论城市规模的调节效应 [J]. 中国人口科学, 2022 (6): 39 - 54.

[25] 程开明, 吴西梦, 庄燕杰. 我国省域新经济新动能: 统计测度、空间格局与关联网络 [J]. 统计研究, 2023, 40 (3): 18 - 32.

[26] 程永宏. 技术性失业: 虚构还是现实 [J]. 经济学家, 2003 (5): 11 - 20.

[27] 崔凡, 崔凌云. 人口老龄化对中国进口贸易的影响分析: 基于静态与动态空间面板模型的实证研究 [J]. 国际经贸探索, 2016, 32 (12): 37 - 48.

[28] 崔彦哲, 赵林丹. 基于交叉熵的无偏赋权法 [J]. 数量经济技术经济研究, 2020, 37 (3): 181 - 197.

[29] 丁琳, 王会娟. 互联网技术进步对中国就业的影响及国别比较研究 [J]. 经济科学, 2020 (1): 72 - 85.

[30] 董有德, 宋国豪. 人口集聚、中国制造业企业出口与技术复杂度 [J]. 上海经济研究, 2023 (10): 63 - 73.

[31] 杜传忠, 许冰. 第四次工业革命对就业结构的影响及中国的对策 [J]. 社会科学战线, 2018 (2): 68 - 74.

[32] 杜鹏, 韩文婷. 互联网与老年生活: 挑战与机遇 [J]. 人口研究, 2021, 45 (3): 3 - 16.

[33] 段会娟，梁琦. 地方专业化、知识溢出与区域创新效率：基于我国省际面板数据的分析 [J]. 经济论坛，2009（22）：21 - 23.

[34] 樊纲."新经济"与中国：兼论传统产业在中国仍大有可为 [J]. 知识经济，2000（11）：32 - 34.

[35] 范剑勇. 市场一体化、地区专业化与产业集聚趋势：兼谈对地区差距的影响 [J]. 中国社会科学，2004（6）：39 - 51，204 - 205.

[36] 方慧，韩云双. 我国人口年龄结构变化对出口商品结构的影响研究 [J]. 经济与管理评论，2016，32（1）：5 - 13.

[37] 冯·杜能. 孤立国同农业和国民经济的关系 [M]. 北京：商务印书馆，2009.

[38] 冯伟，付悦. 人口结构演变和地区创新：来自中国经验数据的实证研究 [J]. 大连理工大学学报（社会科学版），2022，43（6）：35 - 46.

[39] 高越，李荣林. 人口老龄化、人力资本投资和出口商品结构 [J]. 现代财经（天津财经大学学报），2017，37（10）：65 - 77.

[40] 工业和信息化部，发改委，科技部，等. 中国制造2025 [EB/OL]. (2017 - 03 - 23). https：//www. miit. gov. cn/ztzl/lszt/zgzz2025/zcjd/art/2020/art_241826438334494493f2a98669bd9b2a. html.

[41] 孙中原. 管子解读 [M]. 北京：中国人民大学出版社，2015.

[42] 郭海，杨主恩. 从数字技术到数字创业：内涵、特征与内在联系 [J]. 外国经济与管理，2021，43（9）：3 - 23.

[43] 郭凯明. 人工智能发展、产业结构转型升级与劳动收入份额变动 [J]. 管理世界，2019，35（7）：60 - 77，202 - 203.

[44] 国家统计局. 新产业新业态新商业模式统计分类：国统字 [2018] 111 号 [S/OL]. (2023 - 02 - 13). http：//www. stats. gov. cn/sj/tjbz/gjtjbz/202302/P020230213402859034013. pdf.

[45] 陈耀南. 韩非子 [M]. 北京：中信出版社，2014.

［46］韩先锋，宋文飞，李勃昕．互联网能成为中国区域创新效率提升的新动能吗［J］．中国工业经济，2019（7）：119－136．

［47］何大安．大数据思维改变人类认知的经济学分析［J］．社会科学战线，2018（1）：47－57，281－282．

［48］何小钢，梁权熙，王善骝．信息技术、劳动力结构与企业生产率：破解"信息技术生产率悖论"之谜［J］．管理世界，2019，35（9）：65－80．

［49］何小钢，刘叩明．机器人、工作任务与就业极化效应：来自中国工业企业的证据［J］．数量经济技术经济研究，2023，40（4）：52－71．

［50］何宗樾，张勋，万广华．数字金融、数字鸿沟与多维贫困［J］．统计研究，2020，37（10）：79－89．

［51］胡晨光，厉英珍，吕亚倩．研发强度、出口调节与企业经营绩效：基于企业要素密集度差异的视角［J］．财经科学，2020（4）：95－106．

［52］胡双梅．人口、产业和城市集聚在区域经济中的关系［J］．西南交通大学学报（社会科学版），2005（4）：106－109．

［53］黄群慧．以智能制造作为新经济主攻方向［J］．新经济导刊，2016（12）：79－82．

［54］黄少安，王晓丹．"数字化经济"：基本概念、核心技术和需要注意的问题［J］．山东社会科学，2023（1）：82－88．

［55］黄顺绪，严汉平，李冀．人口年龄结构、多元出口市场与比较优势演化［J］．当代经济科学，2017，39（1）：13－20．

［56］黄征学．到底什么是新经济［J］．中国经贸导刊，2016（31）：41－43．

［57］姜奇平．重新认识新经济内涵［J］．中国信息化，2017（3）：12－14．

［58］蒋旭．液晶显示企业数字化转型困境及对策［J］，数码设计，2020，9（5）：290．

［59］亢梅玲，韩依航，吴碧瑶，等．人口年龄结构变动会影响创新吗？

[J]. 中国软科学, 2024 (3): 201-211.

[60] 勒施. 经济空间秩序 [M]. 北京: 商务印书馆, 1995.

[61] 李飚, 仇勇. 人口老龄化与城市创新: 理论逻辑与中国经验 [J]. 北京师范大学学报 (社会科学版), 2024 (1): 153-160.

[62] 李兵, 任远. 人口结构是怎样影响经常账户不平衡的?: 以第二次世界大战为工具变量的经验证据 [J]. 经济研究, 2015, 50 (10): 119-133.

[63] 李春娥, 吴黎军, 韩岳峰. 中国省域数字经济发展水平综合测度与分析 [J]. 统计与决策, 2023, 39 (14): 17-21.

[64] 李国杰, 徐志伟. 从信息技术的发展态势看新经济 [J]. 中国科学院院刊, 2017, 32 (3): 233-238.

[65] 李汉雄, 万广华, 孙伟增. 信息技术、数字鸿沟与老年人生活满意度 [J]. 南开经济研究, 2022 (10): 109-126.

[66] 李洁, 王琴梅. 数字经济发展水平测度及时空演变 [J]. 统计与决策, 2022, 38 (24): 73-78.

[67] 李金昌, 洪兴建. 关于新经济新动能统计研究的若干问题 [J]. 现代经济探讨, 2020 (4): 1-10.

[68] 李景海. 产业集聚生成机理研究进展及展望 [J]. 河南社会科学, 2010, 18 (4): 157-160.

[69] 李明. 人口结构变迁与经常账目失衡 [J]. 南方经济, 2013 (11): 1-16.

[70] 李晓静. 求职信息渠道与大学生就业信心的实证分析 [J]. 当代青年研究, 2007 (11): 53-58.

[71] 李志宏. 人口老龄化对我国经济社会发展的负面"元效应"分析 (之二) [J]. 老龄科学研究, 2014 (11): 3-13.

[72] 廖利兵, 陈建国, 曹标. 中国吸引 FDI 的因素变化研究 [J]. 国际贸易问题, 2013 (12): 137-147.

［73］刘成坤.人口老龄化如何影响制造业集聚？［J］.人口与发展，2022（5）：105－117.

［74］刘成坤.人口老龄化与制造业高质量发展：机制分析与实证检验［J］.南昌大学学报（人文社会科学版），2023，54（2）：55－67.

［75］刘娟.人口学视角下的产业集聚综述［J］.人口学刊，2010，（6）：19－22：

［76］刘军，杨渊鋆，张三峰.中国数字经济测度与驱动因素研究［J］.上海经济研究，2020（6）：81－96.

［77］刘骏，刘涛雄，谢康.机器人可以缓解老龄化带来的中国劳动力短缺问题吗［J］.财贸经济，2021，42（8）：145－160.

［78］刘仕国.新经济测度［J］.世界经济，2002（10）：65－74，80.

［79］刘树成，李实.对美国"新经济"的考察与研究［J］.经济研究，2000（8）：3－11，55－79.

［80］刘晔，徐楦钫，马海涛.中国城市人力资本水平与人口集聚对创新产出的影响［J］.地理科学，2021，41（6）：923－932.

［81］刘志彪.基于内需的经济全球化：中国分享第二波全球化红利的战略选择［J］.南京大学学报，2012（2）：51－59.

［82］鲁志国，金雪军."新经济"研究三题 美国"新经济"现象成因分析［J］.社会科学战线，2001（2）：5－9.

［83］陆杰华，韦晓丹.老年数字鸿沟治理的分析框架、理念及其路径选择：基于数字鸿沟与知沟理论视角［J］.人口研究，2021，45（3）：17－30.

［84］罗来军，罗雨，刘畅.基于引力模型重新推导的双边国际贸易检验［J］.世界经济，2014，37（12）：67－94.

［85］罗珉，李亮宇.互联网时代的商业模式创新：价值创造视角［J］.中国工业经济，2015（1）：95－107.

［86］马建堂.加快发展新经济培育壮大新动能［J］.中国经济报告，

2016（8）：27–28.

[87] 马少晔，陈良华．基于新发展理念的新经济发展指数构建及测度 [J]．财会月刊，2020（18）：132–139.

[88] 毛其淋．人力资本推动中国加工贸易升级了吗？ [J]．经济研究，2019，54（1）：52–67.

[89] 毛其淋，杨琦．人力资本扩张与企业出口贸易方式：高等教育改革驱动贸易高质量发展的证据 [J]．商业经济与管理，2024（6）：18–35.

[90] 毛中根，孙武福，洪涛．中国人口年龄结构与居民消费关系的比较分析 [J]．人口研究，2013，37（3）：82–92.

[91] 茅锐，徐建炜．人口转型、消费结构差异和产业发展 [J]．人口研究，2014，38（3）：89–103.

[92] 倪红福，李善同，何建武．人口结构变化对消费结构及储蓄率的影响分析 [J]．人口与发展，2014，20（5）：25–34.

[93] 宁光杰，林子亮．信息技术应用、企业组织变革与劳动力技能需求变化 [J]．经济研究，2014，49（8）：79–92.

[94] 潘峰华，王缉慈．全球化背景下中国手机制造产业的空间格局及其影响因素 [J]．经济地理，2010，30（4）：608–613.

[95] 配第．赋税 [M]．陈冬野，译．北京：商务印书馆，1962.

[96] 彭斯达，熊梦婷．人口年龄结构对中美贸易收支失衡的影响研究 [J]．国际贸易问题，2015（6）：72–81.

[97] 戚聿东，李颖．新经济与规制改革 [J]．中国工业经济，2018（3）：5–23.

[98] 钱学锋，陆丽娟，黄云湖，等．中国的贸易条件真的持续恶化了吗?：基于种类变化的再估计 [J]．管理世界，2010（7）：18–29.

[99] 钱志新．更加充分发挥江苏科创资源优势 [J]．群众，2022（3）：17–18.

[100] 钱志新.新经济浪潮 [M].北京:企业管理出版社,2022.

[101] 邱斌,叶龙凤,孙少勤.参与全球生产网络对我国制造业价值链提升影响的实证研究:基于出口复杂度的分析 [J].中国工业经济,2012 (1):57-67.

[102] 冉莉君,朱胜.成都新经济指数的构建及产业发展测度 [J].现代商业,2020 (1):168-169.

[103] 任保平,宋雪纯.中国新经济发展的综合评价及其路径选择 [J].中南大学学报(社会科学版),2020,26 (1):26-40.

[104] 邵汉华,汪元盛.人口结构与技术创新 [J].科学研究,2019 (4):739-749.

[105] 邵文波,李坤望.信息技术、团队合作与劳动力需求结构的差异性 [J].世界经济,2014,37 (11):72-99.

[106] 沈立,倪鹏飞.人口少子化会促进地区产业集聚吗?[J].上海经济研究,2020 (9):52-66.

[107] 沈洋,周鹏飞.中国数字经济发展水平测度及时空格局分析 [J].统计与决策,2023,39 (3):5-9.

[108] 盛斌,刘宇英.中国数字经济发展指数的测度与空间分异特征研究 [J].南京社会科学,2022 (1):43-54.

[109] 世界银行,阿里巴巴集团,中国国际发展知识中心.电子商务发展:来自中国的经验 [R/OL].(2019-11-01).https://www.shihang.org/zh/news/video/2019/11/23/e-commerce-development-experience- from-china.

[110] 宋林,何洋.互联网使用对中国农村劳动力就业选择的影响 [J].中国人口科学,2020 (3):61-74,127.

[111] 孙楚仁,赵瑞丽.中国对外贸易遵循比较优势了吗?[J].国际商务研究,2013,34 (6):5-20.

[112] 孙祥栋,张亮亮,赵峥.城市集聚经济的来源:专业化还是多样

化：基于中国城市面板数据的实证分析 [J]. 财经科学，2016（2）：113 - 122.

[113] 唐永，张衔. 技术进步与就业极化：一个马克思主义政治经济学的分析框架 [J]. 政治经济学评论，2022，13（4）：92 - 116.

[114] 陶涛，张毅松，韩杰. 人口负增长时代人口规模结构变动对科技创新的影响 [J]. 人口学刊，2023，45（1）：21 - 36.

[115] 藤田昌久，保罗·克鲁格曼，安东尼 J. 维纳布尔斯，等. 空间经济学：城市、区域与国际贸易 [M]. 梁琦，主译. 北京：中国人民大学出版社，2005.

[116] 田巍，姚洋，余淼杰. 人口结构与国际贸易 [J]. 经济研究，2013，48（11）：87 - 99.

[117] 铁瑛，张明志，陈榕景. 工资扭曲对中国企业出口产品质量的影响研究 [J]. 中南财经政法大学学报，2017（6）：131 - 141.

[118] 铁瑛，张明志，陈榕景. 人口结构转型、人口红利演进与出口增长：来自中国城市层面的经验证据 [J]. 经济研究，2019，54（5）：164 - 180.

[119] 童玉芬，杨艳飞，韩佳宾. 人口空间集聚对中国城市群经济增长的影响：基于 19 个城市群的理论与实证分析 [J]. 人口研究，2023，47（3）：121 - 132.

[120] 汪伟，艾春荣. 人口老龄化与中国储蓄率的动态演化 [J]. 管理世界，2015（6）：47 - 62.

[121] 汪伟，姜振茂. 人口老龄化对技术进步的影响研究综述 [J]. 中国人口科学，2016（3）：114 - 125.

[122] 汪伟. 人口结构变化与中国贸易顺差：理论与实证研究 [J]. 财经研究，2012，38（8）：26 - 37.

[123] 王国霞，李曼. 省际人口迁移与制造业转移空间交互响应研究 [J]. 地理科学，2019（2）：183 - 194.

[124] 王军超."互联网＋"背景下大学毕业生实现高质量就业的探索 [J].创新与创业教育，2017，8（1）：79－81，85.

[125] 王军，朱杰，罗茜.中国数字经济发展水平及演变测度 [J].数量经济技术经济研究，2021，38（7）：26－42.

[126] 王启超，王兵，彭睿.人才配置与全要素生产率：兼论中国实体经济高质量增长 [J].财经研究，2020，46（1）：64－78.

[127] 王仁言.人口年龄结构、贸易差额与中国汇率政策的调整 [J].世界经济，2003（9）：3－9.

[128] 王晓璐，杨东亮.人口集聚能够提升地区个体人力资本水平吗? [J].人口研究，2020，44（4）：102－115.

[129] 王欣，龙青，卢春天.劳动力市场中微信网络对人职匹配的影响研究 [J].青年探索，2019（6）：103－110.

[130] 王莹莹，童玉芬.中国人口老龄化对劳动参与率的影响 [J].首都经济贸易大学学报，2015，17（1）：61－67.

[131] 王有鑫，赵雅婧.人口年龄结构与出口比较优势：理论框架和实证经验 [J].世界经济研究，2016（4）：78－93.

[132] 王宇鹏，耿德伟，王育森.人口年龄结构转变与经常项目差额——理论与实证：来自世界135个国家的经验证据 [J].南方人口，2012，27（2）：21－29.

[133] 韦伯.工业区位论 [M].北京：商务印书馆，2010.

[134] 温忠麟，叶宝娟.中介效应分析：方法和模型发展 [J].心理科学进展，2014，22（5）：731－745.

[135] 巫景飞，汪晓月.基于最新统计分类标准的数字经济发展水平测度 [J].统计与决策，2022，38（3）：16－21.

[136] 吴华清，等.新经济概论 [M].合肥：合肥工业大学出版社，2020.

［137］向晶．人口结构调整对我国城镇居民消费的影响［J］．经济理论与经济管理，2013（12）：14-22.

［138］项松林，赵曙东，魏浩．农业劳动力转移与发展中国家出口结构：理论与中国经验研究［J］．世界经济，2014（3）：24.

［139］谢建国，张炳男．人口结构变化与经常项目收支调整：基于跨国面板数据的研究［J］．世界经济，2013，36（9）：3-24.

［140］谢萌萌，夏炎，潘教峰，等．人工智能、技术进步与低技能就业：基于中国制造业企业的实证研究［J］．中国管理科学，2020，28（12）：54-66.

［141］新京报．我国制造业企业加速转型，走在世界前列［R/OL］．（2022-03-10）. https：//www. bjnews. com. cn/detail/164688384092001. html.

［142］徐少俊，郑江淮．信息化如何影响中国劳动力市场的技能溢价：基于就业升级和就业极化双重视角的分析［J］．经济问题探索，2022（2）：158-170.

［143］徐运保，曾贵．大数据战略下我国创意产业业态创新路径探索：基于新经济内涵嬗变视角［J］．理论探讨，2018（6）：108-114.

［144］许宪春，张钟文，关会娟．中国新经济：作用、特征与挑战［J］．财贸经济，2020，1：5-21.

［145］宣烨，宣思源．产业集聚、技术创新途径与高新技术企业出口的实证研究［J］．国际贸易问题，2012（5）：136-146.

［146］闫雪凌，朱博楷，马超．工业机器人使用与制造业就业：来自中国的证据［J］．统计研究，2020，37（1）：74-87.

［147］杨本建，黄海珊．城区人口密度、厚劳动力市场与开发区企业生产率［J］．中国工业经济，2018（8）：78-96.

［148］杨丹萍，毛江楠．产业集聚与对外贸易国际竞争力的相关性研究：基于中国15个制造业变系数面板数据的实证分析［J］．国际贸易问题，2011（1）：20-28.

[149] 杨飞.信息技术应用与劳动力市场极化 [J].财经理论研究,2016 (5):68 -76.

[150] 杨继军.人口因素如何挑起外贸失衡:现象描述、理论模型与数值模拟 [J].国际贸易问题,2010 (11):3 -12.

[151] 杨柠泽,周静,马丽霞,等.信息获取媒介对农村居民生计选择的影响研究:基于 CGSS 2013 调查数据的实证分析 [J].农业技术经济,2018 (5):52 -65.

[152] 杨学山.工业技术与 ICT 技术共同推动数字经济发展 [EB/OL].https://www.infoobs.com/article/20200819/41443.html,2020 -08 -19.

[153] 姚鹏,张其仔.东部新经济指数发展现状及区域差异 [J].东岳论丛,2019,40 (9):152 -162.

[154] 于潇,续伊特.中国超大城市人口集聚、产业集聚与创新集聚影响机制分析 [J].商业研究,2020 (11):145 -152.

[155] 虞学群."新经济"的实质、影响及启示 [J].世界经济与政治论坛,2000 (5):25 -27.

[156] 袁辰,张晓嘉,姜丙利,等.人口老龄化对中国制造业国际竞争力的影响研究:基于贸易增加值的视角 [J].上海经济研究,2021 (11):59 -68.

[157] 袁冬梅,信超辉,袁瑞.产业集聚模式选择与城市人口规模变化:来自 285 个地级及以上城市的经验证据 [J].中国人口科学,2019 (6):46 -58.

[158] 翟振武,金光照,张逸杨.人口老龄化会阻碍技术创新吗? [J].东岳论丛,2021,42 (11):24 -35.

[159] 张传勇,蔡琪梦.城市规模、数字普惠金融发展与零工经济 [J].上海财经大学学报,2021,23 (2):34 -45.

[160] 张美慧.国际新经济测度研究进展及对中国的借鉴 [J].经济学

家，2017（11）：47－55.

[161] 张杰，何晔. 人口老龄化削弱了中国制造业低成本优势吗？[J].南京大学学报（哲学·人文科学·社会科学），2014，51（3）：24－36.

[162] 张宽，黄凌云. 贸易开放、人力资本与自主创新能力 [J]. 财贸经济，2019，40（12）：112－127.

[163] 张黎娜，夏海勇. 人口结构变迁对中国需求结构的动态冲击效应 [J]. 中央财经大学学报，2012（12）：65－70.

[164] 张其仔. 加快新经济发展的核心能力构建研究 [J]. 财经问题研究，2019（2）：3－11.

[165] 张先锋，等. 数字贸易 [M]. 合肥：合肥工业大学出版社，2021.

[166] 张秀武，赵昕东. 人口年龄结构、人力资本与经济增长 [J]. 宏观经济研究，2018（4）：5－18.

[167] 张燕，袁晓强. 人口老龄化影响技术密集型产品出口竞争优势吗？："倒 U 型"假说的提出与实证检验 [J]. 商业研究，2019（7）：26－35.

[168] 赵乐祥，蓝庆新，杨盈竹. 人口结构对中国贸易收支的影响研究：基于空间计量模型的实证分析 [J]. 当代经济管理，2021，43（10）：49－58.

[169] 赵羚雅，向运华. 互联网使用、社会资本与非农就业 [J]. 软科学，2019，33（6）：49－53.

[170] 赵昱名，黄少卿. 创造抑或毁灭：数字技术对服务业就业的双向影响 [J]. 探索与争鸣，2020（11）：160－168，180.

[171] 郑江淮，付一夫，陶金. 新冠肺炎疫情对消费经济的影响及对策分析 [J]. 消费经济，2020，36（2）：3－9.

[172]"十四五"数字经济发展规划 [EB/OL].（2021－12－12）.https：//www.ndrc.gov.cn/fggz/fzzlgh/gjjzxgh/202203/t20220325_1320207.html.

［173］关于构建更加完善的要素市场化配置体制机制的意见［EB/OL］. （2020 － 03 － 30）. https：//www. gov. cn/zhengce/2020 － 04/09/content _5500 622. htm.

［174］中国残疾人联合会，阿里巴巴集团. 网络时代助残：普惠与创富 ［R/OL］. （2017 － 5 － 21）. https：//csr-foundation-public. oss-cn-hangzhou. aliyuncs. com/foundation/official/20170521%20%E5%8D%B0%E5%88%B7% E7%89%88%20%E7%BD%91%E7%BB%9C%E6%97%B6%E4%BB% A3%E5%8A%A9%E6%AE%8B%EF%BC%9A%E6%99%AE%E6%83% A0%E4%B8%8E%E5%88%9B%E5%AF%8C. pdf.

［175］中国人民大学残疾人事业发展研究院，社会科学文献出版社，中 国残疾人事业新闻宣传促进会. 残疾人事业蓝皮书：中国残疾人事业研究报 告 ［R/OL］. （2023 －5 －15）. http：//pishu. hbsts. org. cn/ps/bookdetail？ SiteID = 14&ID = 14487101.

［176］中国商务部. "十四五" 服务贸易发展规划［EB/OL］. （2021 －10 － 13）. http：//www. mofcom. gov. cn/article/zcfb/zcfwmy/202110/20211003209143. shtml.

［177］中国商务部. 中国数字贸易发展报告［R/OL］. https：//cif. mof- com. gov. cn/，2021.

［178］中国商务部. 中国数字贸易发展报告［R/OL］. （2021）. https：// cif. mofcom. gov. cn/cif/html/upload/20230202091317300 _% E4% B8% AD% E5%9B%BD% E6%95% B0% E5% AD% 97% E8% B4% B8% E6% 98% 93% E5%8F%91% E5% B1% 95% E6% 8A% A5% E5% 91% 8A2021. pdf.

［179］中国信息通信研究院. 全球数字经济白皮书 ［R/OL］. （2022）. http：//www. caict. ac. cn/kxyj/qwfb/bps/202212/P020221207397428021671. pdf.

［180］中国信息通信研究院. 中国数字经济发展白皮书 ［R/OL］. （2021）. http：//www. caict. ac. cn/kxyj/qwfb/bps/202104/t20210423_374626. htm

［181］中国信息通信研究院．中国数字经济发展与就业白皮书［R/OL］．(2019)．http：//www. caict. ac. cn/kxyj/qwfb/bps/201904/t20190417_197904. htm.

［182］中国信息通信研究院．中国综合算力评价白皮书［R/OL］．(2023)．http：//www. caict. ac. cn/kxyj/qwfb/bps/index_3. htm.

［183］中华人民共和国人力资源和社会保障部．中华人民共和国职业分类大典（2022 年版）［EB/OL］. http：//www. mohrss. gov. cn/SYrlzyhshbzb/dong-taixinwen/buneiyaowen/rsxw/202207/t20220714_457800. html

［184］周宏仁．数字经济测度与经济社会转型［J］．计算机仿真，2022，39（9）：1 - 8.

［185］周慧．农村老年人数字鸿沟困境研究［J］．农村经济与科技，2023，34（8）：153 - 157.

［186］周茂，李雨浓，姚星，等．人力资本扩张与中国城市制造业出口升级：来自高校扩招的证据［J］．管理世界，2019，35（5）：64 - 77.

［187］周祝平，刘海斌．人口老龄化对劳动力参与率的影响［J］．人口研究，2016，40（3）：58 - 70.

［188］朱勤，魏涛远．中国人口老龄化与城镇化对未来居民消费的影响分析［J］．人口研究，2016，40（6）：64 - 77.

［189］朱云飞，赵志伟．欠发达地区"要素密集型"行业税收运行分析：以河北省为例［J］．地方财政研究，2021（4）：57 - 65.

［190］朱钟棣，杨宝良．试论国际分工的多重均衡与产业地理集聚［J］．世界经济研究，2003（10）：32 - 37.

［191］ABELIANSKY A，PRETTNER K. Automation and demographic change［R/OL］. Global Labor Organization Discussion Paper, 2017, No. 518. https：//www. econstor. eu/bitstream/10419/215800/1/GLO-DP-0518. pdf.

［192］ACEMOGLU D，AKCIGIT U，ALP H. Innovation，Reallocation，and Growth［J］. American Economic Review, 2018, 108（11）：3450 - 3491.

［193］ACEMOGLU Daron. Technical Change, Inequality, and the Labor Market［J］. Journal of Economic Literature, 2002, 40（1）: 7 –72.

［194］ACEMOGLU D, AUTOR D. What Does Human Capital Do? A Review of Goldin and Katz's The Race Between Education and Technology［J］. Social Science Electronic Publishing, 2012, 50（2）: 426 –463.

［195］ACEMOGLU D, LOEBBING J. Automation and Polarization［R/OL］. NBER Working Papers 30528.（2022 –09）. https: //www. nber. org/system/files/working_papers/w30528/w30528. pdf.

［196］ACEMOGLU D, RESTREPO P. Robots and Jobs: Evidence from US Labor Markets［R/OL］. NBER Working Paper, 2017, No. 23285. https: //www. nber. org/papers/w23285.

［197］ACEMOGLU D, RESTREPO P. The Race between Man and Machine: Implications of Technology for Growth, Factor Shares, and Employment［J］. American Economic Review, 2018, 108（6）: 1488 –1542.

［198］ACEMOGLU D. Why Do New Technologies Complement Skills? Directed Technical Change and Wage Inequality［J］. Quarterly Journal of Economics, 1998, 113（4）: 1055 –1089.

［199］AGRAWAL A, GANS J S, GOLDFARB A. Artificial Intelligence: The Ambiguous Labor Market Impact of Automating Prediction［J］. Journal of Economic Perspectives, 2019, 33（2）: 31 –50.

［200］AKERMAN A, GAARDER I, MOGSTAD M. The Skill Complementarity of Broadband Internet［J］. Quarterly Journal of Economics, 2015, 130（4）: 1781 –1824.

［201］AKERMAN A, GAARDER I, MOGSTAD M. The Skill Complementarity of Broadband Internet［J］. Social Science Electronic Publishing, 2015, 130（4）: 1781 –1824.

[202] ANDERSON J E, Van Wincoop. Gravity with Gravitas: A Solution to the Border Puzzle [J]. American Economic Review, 2003, 93 (1): 170 – 192.

[203] ANDREWS D, NICOLETTI G, Timiliotis C. Digital Technology Diffusion: A Matter of Capabilities, Incentives or Both? [R/OL]. OECD Economics Department Working Papers, 2018, No. 1476. https: //www. oecd-ilibrary. org/doc-server/7c542c16-en. pdf? expires = 1726798379&id = id&accname = guest&checksum = 0621869C1D1937E087E78C84F6403B8B.

[204] ARK B V, ERUMBAN A, CORRADO C, et al. Navigating the Digital Economy: Driving Digital Growth and Productivity from Installation to Deployment [R/OL]. Centre for the Study of Living Standards Working Paper. (2016 – 10 – 17). http: //www. csls. ca/Presentations/vanark. pdf.

[205] AUTOR, DAVID H, KATZ, et al. The Polarization of the U. S. Labor Market. [J]. American Economic Review, 2006.

[206] AUTOR D H, DORN D, HANSON G H. Untangling Trade and Technology: Evidence from Local Labour Markets [J]. The Economic Journal, 2015, 125 (584): 621 –646.

[207] AUTOR D, KATZL, KEARNEY S. Trends in U. S. Wage Inequality: Revising the Revisionists [J]. Review of Economics and Statistics, 2008, 90 (2): 300 –323.

[208] AUTOR D. U. S. Labor Market Challenges over the Longer Term [R/OL]. MIT Department of Economics and NBER. (2010 – 10 – 05). https: //economics. mit. edu/sites/default/files/publications/us% 20labor% 20market% 20challenges% 202010. pdf.

[209] BACKUS D K, COOLEY T, HENRIKSEN E. Demography and Low Frequency Capital Flows [J]. Journal of International Economics, 2014, 92 (1): 94 –102.

［210］BARTEN A P. Family Composition, Prices and Expenditure Patterns ［M］. Econometric Analysis for National Economic Planning, London: Butterworths, 1964.

［211］BECKER G S, LEWIS H G. On the Interaction Between the Quantity and Quality of Children ［J］. Journal of Political Economy, 1973, 81 (2): 279 – 288.

［212］BEGENAU J, FARBOODI M, VELDKAMP L. Big Data in Finance and the Growth of Large Firms ［J］. Journal of Monetary Economics, 2018, 97 (8): 71 – 87.

［213］BIANCHINI K, MACRO B, INSUNG K. Enhancing SMEs' Resilience Through Digitalisation: The Case of Korea ［R/OL］. (2021 – 06 – 30). https: // www. oecd-ilibrary. org/docserver/23bd7a26-en. pdf? expires = 1726798565&id = id&accname = guest&checksum = 0994E28688DF9F33432A23703B8056BB.

［214］BlOOM D. Demographic Change, Social Security Systems, and Savings ［J］. Journal of Monetary Economics, 2007 (54): 92 – 114.

［215］BlOOM D E, CANNING D, GRAHAM B. Longevity and Life-Cycle Savings ［J］. The Scandinavian Journal of Economics, 2003, 105 (3): 319 – 338.

［216］BlOOM D. Population Aging and Economic Growth in Asia ［R/OL］. NBER Working Paper, 2010, No. 8148. (2010 – 08). https: //www. nber. org/ system/files/chapters/c8148/c8148. pdf.

［217］BRAKMAN S, VAN MARREWIJK C. Lumpy Countries, Urbanization, and Trade ［J］. Journal of International Economics, 2013, 89 (1): 252 – 261.

［218］BROOKS R. Population Aging and Global Capital Flows in a Parallel Universe ［R］. IMF Staff Papers, 2003, 50: 200 – 221.

［219］CAI J, STOYANOV A. Population Aging and Comparative Advantage

［J］. Journal of International Economics，2016：1 – 21.

［220］ CHINN E S，PRASAD E S. Medium-Term Determinants of Current Accounts in Industrial and Developing Countries：An Empirical Exploration ［J］. Journal of International Economics，2003，59（1）：47 – 76.

［221］ CHISIK R，ONDER H，QIRJO D. Aging，Trade and Migration ［R/ OL］. World Bank Policy Research Working Paper，2016，No. 7740. https：//www. econ-jobs. com/research/33831-Aging-Trade-and-Migration. pdf.

［222］ COALE J，HOOVER E. Population Growth and Economic Development in Low Income Countries，Princeton ［J］. The American Economic Review，1959，49（3）：436 – 438.

［223］ COURANT P N，DEARDORFF A V. Amenities，Nontraded Goods，and the Trade of Lumpy Countries ［J］. Journal of Urban Economics，1993，34（2）：299 – 317.

［224］ Dauth W，Findeisen S，Suedekum J. Trade and Manufacturing Jobs in Germany ［J］. American Economic Review，2017，107（5）：337 – 342.

［225］ DEBAERE P. Does Lumpiness Matter in an Open Economy？Studying International Economics with Regional Data ［J］. Journal of International Economics，2004，4（2）：485 – 501.

［226］ DETTLING L J. Broadband in the Labor Market ［J］. ILR Review，2017，70（2）：451 – 482.

［227］ DOMEIJ D，FLODEN M. Population Aging and International Capital Flows ［J］. International Economic Review，2006，47（3）：1013 – 1032.

［228］ DURANTON G，PUGA D. Chapter 48-Micro-Foundations of Urban Agglomeration Economies ［J］. Handbook of Regional and Urban Economics，2004（4）：2063 – 2117.

［229］ European Commission. Digital Economy and Society Index（DESI）

[R/OL]. (2017 – 05 – 08). https://www. eubusiness. com/topics/internet/desi-2017/.

[230] European Commission Joint Research Centre. ICT and Regional Economic Dynamics: A Literature Review [R/OL]. (2010). http://europa. eu/.

[231] EUROSTAT. The EU-15's New Economy—A Statistical Portrait [R/OL]. (2005 – 04 – 21). https://europa. eu. int.

[232] FEROLI M. Demography and the U. S. Current Account Deficit [J]. North American Journal of Economics and Finance, 2003, 17: 1 – 16.

[233] FERRERO AA. Structural decomposition of the U. S. Trade Balance: Productivity, Demographics and Fiscal Policy [J]. Journal of Monetary Economics, 2010, 57: 478 – 490.

[234] FLAM H, HELPMAN E. Vertical Product Differentiation and North South Trade [J]. American Economic Review, 1987, 77: 810 – 822.

[235] FREY C, OSBORNE M. The Future of Employment: How Susceptible are Jobs to Computerisation? [R/OL]. Oxford Martin School Working Paper. (2013 – 09 – 17). https://ora. ox. ac. uk/objects/uuid: 4ed9f1bd-27e9-4e30-997e-5fc84 05b0491/download_file? safe_filename = future-of-employment. pdf&file_format = application%2Fpdf&type_of_work = journal + article&trk = public_post_comment-text.

[236] FUJITA M, MORI T. Structural Stability and Evolution of Urban Systems [J]. Regional Science and Urban Economics, 1997, 27 (5): 399 – 442.

[237] GEHRINGER A, PRETTNER K. Longevity and Technological Change, Macroeconomic Dynamics [J]. Macroeconomic Dynamics, 2019, 23 (4): 1471 – 1503.

[238] GOLDBERGER A S. Dependency Rates and Savings Rates: Further Comment [J]. American Economic Review, 1973, 63 (1): 231 – 234.

［239］Golley G，TYERS R. Population Pessimism and Economic Optimism in the Asian Giants ［J］. The World Economy，2012，35（11）：1387 – 1416.

［240］GRAETZ G，MICHAELS G. Robots at Work ［J］. The Review of Economics and Statistics，2018，100（5）：753 – 768.

［241］GU K，STOYANOV A. Skills，Population Aging，and the Pattern of Trade ［J］. Social Science Electronic Publishing，2019（28）：1 – 21.

［242］HASHIMOTO K，TABATA K. Demographic Change，Human Capital Accumulation and R&D-Based Growth ［J］. Canadian Journal of Economics，2016，49（2）：707 – 737.

［243］HENDERSON J V. Efficiency of Resource Usage and City Size ［J］. Journal of Urban Economics，1986，19（1）：47 – 70.

［244］HENRIKSEN E R A. Demographic Explanation of U. S. and Japanese Current Account Behavior ［R/OL］. Unpublished manuscript，Carnegie Mellon University，2002.（2002 – 12）. https：//pages. stern. nyu. edu/ ~ dbackus/BCH/capital%20flows/Henriksen_CA_02. pdf.

［245］HIGGINS M. Demography，National Savings and International Capital flows ［J］. International Economic Review，1998，39（2）：343 – 36.

［246］HIRAZAWA M，YAKITA A. Labor Supply of Elderly People，Fertility，and Economic Development ［J］. Macroeconomics，2017，51：75 – 96.

［247］IMF. Measuring the Digital Economy ［R/OL］.（2018 – 04 – 03）. https：//www. imf. org/en/Publications/Policy-Papers/Issues/2018/04/03/022818-measuring-the-digital-economy.

［248］Information Technology And InnovationFoundation. The State New Economy Index ［R/OL］.（2020 – 10 – 19）. https：//itif. org/publications/2020/10/19/2020-state-new-economy-index.

［249］JANSEN M. Income volatility in small and developing economies：export concentration matters [R/OL]. WTO Discussion Paper, 2004, No. 3. https: //www. econstor. eu/bitstream/10419/107038/1/wto-discussion-paper_03. pdf.

[250] JOHNSON D G. Population, Food, and Knowledge [J]. American Economic Review, 2000, 90 (1): 1 –14.

[251] KENC T, SAYAN S. Demographic Shock Transmission from Large to Small Countries: An Overlapping Generations CGE Analysis [J]. Journal of Policy Modeling, 2001, 23 (6): 677 –702.

[252] KIM S, LEE J H. Demographic Changes, Saving, and Current Account: An Analysis Based on a Panel VAR Model [J]. Japan and the World Economy, 2008, 20: 236 –256.

[253] KOPECKY J. Population Age Structure and Secular Stagnation: Evidence from Long Run data [J]. Journal of the Economics of Ageing, 2023 (24): 1 –5.

[254] KREMER M. Population Growth and Technological Change: One Million B. C. to 1990 [J]. The Quarterly Journal of Economics, 1993, 108 (3): 681 –716.

[255] KRUGMAN P. Increasing Returns and Economic Geography [J]. Journal of Political Economy, 1991 (99): 483 –499.

[256] KRUGMAN, P. Scale Economies, Product Differentiation, and the Pattern of Trade [J]. The American Economic Review, 1980, 70 (5): 950 –959.

[257] KRUGMAN P, VENABLES A J. The Seamless World: A Spatial Model of International Specialization [R/OL]. NBER Working Paper, 1995, No. 5220. https: //www. nber. org/system/files/working_papers/w5220/w5220. pdf.

[258] KUNH P, MANSOUR H. Is Internet Job Search Still Ineffective? [J]. The Economic Journal, 2014, 124 (581): 1213 –1233.

[259] LADD H F, MURRAY S E. Intergenerational Conflict Reconsidered:

County Demographic Structure and the Demand for Public Education [J]. Economics of Education Review, 2001, 20: 343 –357.

［260］LANDEFELD J S, FRAUMENI B M. Measuring the New Economy [J/OL]. Survey of Current Business, https: //www. researchgate. net/publication/2830942_Measuring_the_New_Economy, 2001, 81（3）: 23 –40.

［261］LANKISCH C, PRETTNER K, PRSKAWETZ A. Robots and the Skill Premium: An Automation-Based Explanation of Wage Inequality [R/OL]. Hohenheim Discussion Papers in Business, Economics and Social Sciences, 2017, No. 29. https: //www. econstor. eu/bitstream/10419/169370/1/898698979. pdf.

［262］LEE R D. Macroeconomics, Aging and Growth [R/OL]. Institute for Monetary and Economic Studies, NBER Working Paper, 2016, No. 22310. https: // www. nber. org/system/files/working_papers/w22310/w22310. pdf.

［263］LENDLE A, OLARREAGA M, SCHROPP S, et al. There Goes Gravity: eBay and the Death of Distance [J]. The Economic Journal, 2016, 126（591）: 406 –441.

［264］LUHRMANN M. Demographic change, foresight and international capital flows [R/OL]. MEA Discussion Papers, 2003, No. 38. https: //madoc. bib. uni-mannheim. de/295/1/mea14. pdf.

［265］MALECKI E J. Industrial Location and Corporate Organization in High Technology Industries [J]. Economic Geography, 1985, 61（4）: 345 –369.

［266］MANG C. Online Job Search and Matching Quality [R/OL]. IFO Working Paper, 2012, No. 147. https: //www. econstor. eu/bitstream/10419/73796/1/IfoWorkingPaper-147. pdf.

［267］MASON A, et al. Population Aging and Intergenerational Transfers: Introducing Age into National Accounts [R]. NBER Working Paper, 2009, No. 11312.

[268] MASONA. Population Change and Economic Development in East Asia: Challenges Met, Opportunities Seized [M]. USA: Stanford University Press, 2001: 503 – 528.

[269] MELITZ M J, OTTAVIANO G I P. Market Size, Trade, and Productivity [J]. Review of Economic Studies, 2008, 75 (1): 295 – 316.

[270] Michael J. Mandel, The Triumph of the New Economy [J]. Business Week, 1996, 35 (8): 68 – 70.

[271] MICHAELS G, NATRAJ A, REENEN J V. Has ICT Polarized Skill Demand? Evidence from Eleven Countries Over 25 Years [J]. The Review of Economics and Statistics, 2014, 96 (1): 60 – 77.

[272] MODIGLIANI F, BRUMBERG R. Utility Analysis and the Consumption Function: An Interpretation of the Cross Section Data [M]. Post-Keynesian Economics, Rutgers University Press, 1954: 388 – 436.

[273] MODIGLIANI F. The Lifecycle Hypothesis of Saving and Inter-Country Differences in the Saving Ratio [M]. UK: Oxford University Press, 1970.

[274] NAITO T, ZHAO L. Aging, Transitional Dynamics, and Gains from Trade [J]. Journal of Economic Dynamics and Control, 2009, 33 (8): 1531 – 1542.

[275] ODED GALOR. The Demographic Transition: Causes and Consequences [J]. Cliometrica, 2012, 6: 1 – 28.

[276] OECD. A Roadmap Toward a Common Framework for Measuring the Digital Economy [R/OL]. (2019 – 05 – 11). https: //www. oecd. org/sti/ieconomy/.

[277] OECD. Digital Economy Outlook [R/OL]. (2020 – 11 – 07). https: // www. oecd-ilibrary. org/science-and-technology/.

[278] OECD. Measuring the Digital Economy: A New Perspective [R/OL]. (2014 – 12 – 08). https: //www. oecd. org/sti/ieconomy/measuring-the-digital-economy-9789264221796-en. htm.

［279］OECD. OECD Internet Economy Outlook ［R/OL］. (2012 – 10 – 04).
https：//www. oecd. org/en/publications/oecd-internet-economy-outlook-2012 _ 97
89264086463-en. html.

［280］OECD, WTO, IMF. Handbook on Measuring Digital Trade Version 1
［EB/OL］. (2017 – 03 – 01). https：//www. oecd. org/sdd/its/Handbook-on-
Measuring-Digital-Trade-Version-1. pdf.

［281］OTTAVIANO G I P, PUGA D. Agglomeration in the Global Economy：
A Survey of the 'New Economic Geography'［J］. The World Economy, 1998, 21
(6)：707 – 731.

［282］PANTEA S, SABADASH A, BIAGI F. Are ICT Displacing Workers
in the Short Run? Evidence from Seven European Countries ［J］. Information Eco-
nomics and Policy, 2017, 39 (6)：36 – 44.

［283］PARKS W, BARTEN P. A Cross-Country Comparison of the Effects of
Prices, Income and Population Composition on Consumption Patterns ［J］. The
Economic Journal, 1973, 83 (331)：834 – 852.

［284］PAUL GAGGL, GREG WRIGHT, A Short-Run View of What Com-
puters Do：Evidence from a UK Tax Incentive ［J］. American Economic Journal：
Applied Economics, 2017, 9 (3)：262 – 294.

［285］POLLAK R A, Wales T J. Demographic Variables in Demand Analy-
sis, Econometrica ［J］. Journal of the Econometric Society, 1987, 49 (6)：
1533 – 1551.

［286］REDDING S J. The Economics of Cities：From Theory to Data ［R/
OL］. NBER Working Paper, 2023, No. 30875. https：//www. nber. org/system/
files/working_papers/w30875/w30875. pdf.

［287］RHUE L, SUNDARARAJAN A. Playing to the Crowd：Digital Visibil-
ity and the Social Dynamics of Purchase Disclosure ［J］. Management Information

Systems Quarterly, 2019, 43 (4): 1127 – 1141.

[288] RIOS-RULL J V. Population Changes and Capital Accumulation: The Aging of the Baby Boom [J]. The B. E. Journal of Macroeconomics, 2007, 1 (1): 1 – 48.

[289] SAYAN S. Heckscher-Ohlin Revisited: Implications of Differential Population Dynamics for Trade Within an Overlapping Generations Framework-Science Direct [J]. Journal of Economic Dynamics and Control, 2005, 29 (9): 1471 – 1493.

[290] SMUNT T L, MEREDITH J. Comparison of Direct Cost Savings between Flexible Automation and Labor with Learning [J]. Production and Operations Management, 2000, 9 (2): 158 – 170.

[291] STUART S R, WILLIAM C S. Chapter 49-Evidence on the Nature and Sources of Agglomeration Economies [J]. Handbook of Regional and Urban Economics, 2004, 4: 2119 – 2171.

[292] TAO H, ZHAO L, LUCKSTEAD J, et al. Does Population Aging Increase Pork Trade in Asia? [J]. The Singapore Economic Review, 2021, 66 (6): 1733 – 1758.

[293] The World Bank. E-commerce Development: Experience from China [R/OL]. (2019 – 11 – 23). https: //documents. worldbank. org/en/publication/ documents-eports/documentdetail/552791574361533437/e-commerce-development-experience-from-china.

[294] TRAJTENVERG M. AI as the Next GPT: A Political-Economy Perspective [R/OL]. NBER Working Paper, 2018, No. 24245. https: //www. nber. org/system/files/working_papers/w24245/w24245. pdf.

[295] USITC. Digital Trade in the U. S. and the Global Economies, Part I [R/OL]. USITC Publication 4415. (2013 – 07). https: //www. usitc. gov/publica-

tions/332/pub4415. pdf.

[296] USITC. Global Digital Trade 1: Market Opportunities and Key Foreign Trade Restrictions [R/OL]. USITC Publication, 2017, No. 4716. https://www. usitc. gov/publications/332/pub4716. pdf.

[297] WALDER B A. Effects of the Demographic Changes on Private Consumption: An Almost Ideal Demand System Analysis for Austria [J]. Journal of Economic and Social Studies, 2015, 5 (1): 50 – 70.

[298] World Economic Forum. The Future of Jobs [R/OL]. (2016 – 06 – 18). https://www3. weforum. org/docs/WEF_Future_of_Jobs. pdf.

[299] World Intellectual Property Organization (WIPO). Global Innovation Index [R/OL]. (2020). https://www. wipo. int/edocs/pubdocs/en/wipo_pub_gii_2020. pdf.

[300] WTO. Handbook on Measuring Digital Trade, Second Edition [R/OL]. (2023 – 07 – 28). https://www. wto. org/english/res_e/booksp_e/digital_trade_2023_e. pdf.

[301] YAARI M E. Uncertain Lifetime, Life Insurance and the Theory of the Consumer [J]. The Review of Economic Studies, 1965, 32: 137 – 150.

[302] YAKITA A. Different Demographic Changes and Patterns of Trade in a Heckscher-Ohlin Setting [J]. Journal of Population Economics, 2012 (25): 853 – 870.

[303] YAN S, MINGGAO S, QIN C. Measurement of the New Economy in China: Big Data Approach [J]. China Economic Journal, 2016 (9): 304 – 316.

[304] YORK R. Demographic Trends and Energy Consumption in European Union Nations, 1960 – 2025 [J]. Social Science Research, 2007, 36: 855 – 872.